한반도 평화학

서울대학교 통일평화연구원 평화학총서 1

한반도 평화학

보편성과 특수성의 전략적 연계

초판 1쇄 발행 2021년 3월 25일

지은이 김태균 외
펴낸이 오세정
디자인 장혜원
인쇄 수이북스

펴낸곳 서울대학교출판문화원
주소 08826 서울 관악구 관악로 1
도서주문 02-889-4424, 02-880-7995
홈페이지 www.snupress.com
페이스북 @snupress1947
인스타그램 @snupress
출판등록 제15-3호

ISBN 978-89-521-3028-0 94340
978-89-521-3027-3 (세트)

한반도 평화학

보편성과 특수성의 전략적 연계

김태균 외 지음

서울대학교 통일평화연구원 평화학총서 01

서울대학교출판문화원

머리말

우리에게 한반도 평화는 무엇을 의미할까? 단순히 남북한 간 무력분쟁이 없는 소극적 평화(negative peace) 상태를 의미할까? 아니면 무력분쟁의 긴장감이 해소되어 남북한이 평화롭게 공존하고 상호협력하는 적극적 평화(positive peace)로의 이행을 의미할까? 대한민국 국민이라면 사회적 지위와 경제적 안정 정도에 따라 한반도 평화와 통일에 대한 다른 시각을 가지고 있을 것이고, 이러한 다양한 시각은 국제사회에도 유사하게 산재해 있다. 한반도 주변 4강은 현재 남북분단의 현상유지(status quo)가 통일 한국보다 더 중요한 목표일 수 있다. 한반도 평화에 있어 최악의 시나리오는 한국만이 한반도의 적극적 평화와 통일을 갈구하고 주변국과 국제사회는 물론 북한마저 무관심으로 대응하거나 심지어 적극적 평화의 방해요소가 되는 상황일 것이다. 따라서 평화와 통일이 우리만의 소원으로 인식되어서는 한반도 평화는 요원한 일이 될 것이다.

한반도의 평화는 한반도에 사는 우리만의 평화가 아니다. 국제사회를 적극적으로 한반도로 유인해서 같이 소통하고 한반도의 비핵화에서 분단해소, 평화통일까지 이르는 일련의 과정이 국제사회의 평화와 직결된다는 것을 강조하여야 한다. 국제사회가 한반도 문제에 관심을 갖고 세계평화와 국제질서의 중요한 변수라고 인지할 때 비로소 주변 4강도 한반도 문제를 자국의 관점이 아니라 국제사회의 관점과 한반도 당사국인 남북한의 관점에서 바라보기 시작할 것이다.

이렇기 때문에 우리는 한반도 평화를 국제사회의 보편성과 한반도의 특수성 간의 적극적인 결합에 따른 교차지점에서 서로 이행하고자 하는 공동의 목표를 찾아가는 평화 프로세스의 핵심 프로젝트로 전략화해야 한다. 국제사회가 공유하는 보편적 규범과 원칙을 한반도 평화구축에 접목시켜 한반도 평화가 국제사회의 보편적 가치실현에 필요한 조건으로 인식되도록 평화구축의 내용과 지향점을 한반도 너머로 보편화시키는 것이 중요하다. 지속적으로 국제규범을 인용하고 국제행위자를 한반도에 개입시키며 한반도의 분쟁 가능성을 글로벌 거버넌스의 위기 상황으로 해석하도록 유인하는 전략이 필요한 것이다. 이러한 맥락에서 본 연구는 국제사회의 보편적 가치와 한반도의 특수한 조건이 상호전환할 수 있는 이슈 영역을 찾아 보편성과 특수성이 시너지 효과를 창출하고 한반도 평화구축과 유기적으로 연계되어 상승 효과를 만들어 낼 수 있는 지혜를 모으고자 시작되었다. 한반도 평화학의 시론 격이 될 수 있는 연구의 기초토대를 제공하여 앞으로 한반도 평화가 우리만의 시각에 국한된 것이 아닌 국제사회와 소통할 수 있는 영역으로 자리 잡을 수 있도록 기여하는 것이 본 연구 프로젝트에 참여한 연구자들의 공통된 의지이자 목표이다.

이러한 목표의식에서 본 연구는 2019년 서울대학교 통일평화연구원이 기획하는 통일평화기반구축사업의 일환으로 시작되었다. 서울대학교 사회과학대학 소속인 국제정치학자, 경제학자, 사회학자, 통일평화연구원 소속인 국제정치학자, 국제대학원 국제개발학자, 그리고 서울시립대 국제정치학자가 의기투합해서 '한반도 평화학: 담론의 정착과 실천의 동학'이라는 주제로 공동연구를 1년 동안 진행하였고, 이 연구의 결과물을 단행본으로 출간하기 위하여 보편성과 특수성의 상호전환을 토대로《한반도 평화학: 보편성과 특수성의 전략적 연계》라는 표제로 재정리하였다. 연구 결과물은 이론과 실천을 적절히 배합한 것으로, 세계질서와 비핵화 중심의 거시적인 국제관계 분석수준 연구와 한반도 내 남북협력, 통일비용, 통일담론 형성과 같이 분석수준을 남북한 및 한국 내부로 낮춘 연구로 양분된다. 국제사회의 한반도 평화 프로세스 개입을 유도하고 국제사회의 규범과 담론을 한반도 평화에 활용하기 위한 이론적 분석과 이를 토대로 이루어진 사례연구가 한국의 대북정책 그리고 더 나아가 한반도 평화정책에 실질적인 도움이 될 수 있기를 희망한다.

다시 강조하지만 한반도의 평화는 우리만의 것이 아니다. 그리고 우리만의 힘으로 성취할 수 있는 목표도 아니다. 우리를 지지할 수 있는 국제사회의 세력을 얼마나 확보하고 이들과 어떻게 전략적 협력을 확장하며 이러한 국제사회와의 연대를 어떻게 제도화하고 지속가능하게 만들 것인가가 관건이다. 앞으로 본 연구를 토대로 이러한 논의가 한반도 평화학이라는 연구영역을 통해 한국사회에서 활성화되기를 희망한다. 이 글을 빌려 서울대학교 평화학총서 발간에 전폭적인 지지를 보내 준 서울대학교 통일평화연구원 임경훈 원장님, 김범수 부원장님, 그리고 안동환 전 부원장님께 모든 연구자를 대표해서 감사의 마음을 전한다. 마지막으로 지난 1년 동안 한반도 평화학이라는 주제로 각각의 전문 영역에서 연구에 매진해 준 집필진에게 심심한 감사를 전한다.

2021년 3월

서울갈터 갓메 기슭에서

10인의 저자를 대신해서 김태균 드림

차례

결론

그림 차례

표 차례

서론

1 한반도 평화를 위한 보편성과 특수성의 상호전환

김태균

"평화는 쉽게 깨지고, 어렵게 만들어진다."(구갑우 외, 2020) 특히, 한반도와 같은 특수한 상황에서는 평화와 공존을 구축하기 위하여 예상보다 많은 변수가 통제되어야 한다. 요한 갈퉁(Johan Galtung)의 개념적 구분에 따르면, 한반도는 분단과 전쟁 이후 지금까지 많은 노력이 있었음에도 물리적 충돌만이 통제되는 '소극적 평화(negative peace)' 단계에 머물러 있으며, 구조적 폭력이 근절되는 '적극적 평화(positive peace)'로까지 발전하지 못한 상태이다(Galtung, 1969). 한반도 평화구축을 위한 노력은 1972년 7.4 남북공동성명, 1988년 7.7 선언, 1994년 제네바합의, 2000년 김대중·김정일 남북정상회담, 2007년 노무현·김정일 남북정상회담, 2018년 3차례에 걸친 문재인·김정은 남북정상회담, 2018년 싱가포르 북미정상회담, 2019년 하노이 북미정상회담에 이르기까지 지속적으로 시도되어 왔다. 1950년 한국전쟁 이후 한반도에는 열전이 다시 발생하지 않는 소극적 평화가 유지되고 관리되어 왔으나, 종전선언이나 평화선언 등 적극적 평화를 위한 실질적인 한반도 평화 프로세스의 결실은 아직 구체화되지 못하였다. 남북협력과 평화구축 간의 간극을 좁히려는 노력은 어렵게 반복적으로 이루어져 왔지만, 그 결과는 살얼음처럼 쉽게 깨져 버리는 불안정한 평화가 지속되고 있는 것이다.

지금까지의 한반도 평화연구는 한반도의 특수한 상황을 상수로 두고 정치적·군사안보적 변수에 집중하는 경향을 보여 왔다. 한반도 평화연구는 전통적으로 북한의 국내정치와 북핵문제 등 북한 대외전략 중심의 북한·통일연구와 국제정치질서의 변화에 따라 남북관계를 분석하는 국제정치학 연구로 크게 양분할 수 있다. 북한을 전체주의 집단으로 상정하고 특수한 전체주의 북한을 상대하는 북한연구와 남북관계연구는 한반도 평화연구의 제1세대로 정의할 수 있다. 제2세대 연구방법론은 북한의 특수성을 전제로 기존 북한정치체제 분석에서 북한의 일상생활연구 및 북한문화연구와 같은 비정치 분야까지 전문화하여 철저히 북한의 내부시각에서 한반도 문제를 재구성하는 이른바 '내재적 접근'으로 주목을 받았다(이종석, 2002). 이후에 제1세대와 제2세대 모두 북한의 특수성을 지나치게 강조하고 있다는 비판과 함께 내재적 접근의 방법론적 한계를 극복하기 위하여 국제사회가 공유하고 있는 인류보편적 가치에 입각한 보편성 중심의 외재적 접근법이 한반도 평화연구의 제3세대 연구방법론으로 부상한다(고유환, 2009; 김태균, 2017). 북한의 특수성을 북한연구 및 한반도 평화연구의 절대적 상수로 전제하는 기존의 접근법을 지양하고 인류보편적 기준에 따라 북한을 재평가하고 한반도 평화구축을 국제사회의 규범과 관행으로 환치해야 한다는 대안적 시각은 특수성 중심의 기존 연구방식에 보편적 가치 중심의 새로운 평화학적 요소가 가미되면서 더욱 포괄적이면서도 입체적으로 재구성된다.

한민족의 특수성, 북한의 특수성, 또는 한반도의 특수성에 매몰된 기존 연구에 보편성이 교차하는 시공간을 넓힘으로써 한반도 평화연구가 단순히 사회과학의 특수한 분야에서 다루는 전유물이 아니라 평화의 개념과 규범이 연결되는 다양한 학문 공동체가 집결할 수 있는 다학제적 공론장으로 확장된다. 즉, 보편성과 특수성의 시너지를 통하여 교차·구성되는 한반도 평화구축에 대한 통섭적 접근의 집합체가 '한반도 평화학'의 근간이 된다. 실제로 2000년대 후반부터 한반도의 특수성에 집중된 기존 연구에 비판적인 시각을 토대로 한반도 평화에 관한 보편적인 논의가 소개되기 시작하였다(서보혁, 2019; 구갑우, 2007). 새로운 대안적인 접근법은 아직까지 한국 학계에서 독립된 학문 단위로 정착하지 못한 다학제적 평화학(peace studies)을 기존 북한연구 및 한반도 평화연구에 적극적으로 접목한다. 그리하여 분단정전체제의 장기화 문제를 기존 국가안보 패러다임이 아닌 대안적 평화주의 시각에서 진단하고 지금까지 주목받지 못했던 평화학을 문제해법의 이론적 토대이자 동시에 정책제도 수립의 기초로서 제안하고 있다. 특히, 서울대학교 통일평화연구원의 HK평화인문학 연구단의 경우, 한반도 통일과 평화의 문제를 인문학적 논의와 평화 이슈 간의 접목을 통해 평화다원주의, 공존, 증오치유와 같은 평화인문학의 실천적 과제를 강조하는 연구를 추진해 왔다(김성철·이찬수, 2020; 서보혁·정주진, 2018; 김대식, 2018; 이찬수, 2016). 이렇듯, 최근 한반도 평화연구는 지속적으로 이슈 영역과 연구범위를 확장하고 있는 추세이지만 앞으로 한반도 평화학의 확장성에 대한 정치한 이론적·방법론적 논의를 통해 연구자 간에 공통의 근거가 공유되어야 할 것이다.

이러한 통섭적 접근 방식의 한반도 평화학을 새롭게 재조명하는 것이 본 연구에 참여한 한반도 평화 전문가들의 다학제적 연구목표로서 이는 곧 집단지성의 결과물이다. 본 연구의 주제별 각 장은 공통적으로 국제사회에서 통용되는 보편적인 가치·원칙·규범·질서와 한반도의 특수적인 상황을 어느 한쪽의 일방적인 소통이 아닌 상호교차하고 전환할 수 있는 관계성에 주목하여 분석하고 있다. 서론에 해당하는 제1장과 결론을 대신하는 제8장을 제외하면 총 6장으로 구성되는 연구 결과는 크게 2부로 나누어져 각기 다른 분석수준에서 보편성과 특수성의 상호전환 가능성을 타진한다. 제1부는 국제관계와 국제정치질서라는 거시적인 분석수준에서 세계질서가 요구하는 보편적인 조건과 남북한이 보유하고 있는 특수적인 상황을 살펴본다. 이를 통해 비핵화 이슈와 같이 전형적인 기존 안보 패러다임을 분석하고 대안적인 시각을 제시한다. 제2부는 분석수준을 한반도 남북관계로 낮추어 관여를 통한 남북협력 가능성, 통일비용, 그리고 통일 방식의 공론화와 같은 이슈를 보편성과 특수성의 관계성 프레임에서 재조명한다.

1. 보편성과 특수성의 교집합과 상호전환

한반도 평화학의 근간이 되는 국제사회의 보편성과 한반도의 특수성은 근본적으로 인식론적 중첩성에 기반한다. 한반도 평화구축, 비핵화 문제, 통일을 향한 다양한 여정 등의 이슈 영역은 어느 시각에서 바라보는가에 따라 해석과 대안이 다르게 도출될 수 있다. 국제사회에서 소통되는 보편적인 가치와 규범을 중심으로 한반도 문제를 접근하면, 북한의 특수한 위치와 사회적 조건들이 쉽게 사장될 수 있고 남북한의 특수한 관계가 중요한 독립변수로 작동하기 어려워 한반도의 특수성이 자칫 무리한 일반화로 귀결될 수 있다. 반면, 북한의 특수성을 지나치게 강조하면 특수한 한반도 조건에 모든 문제가 여과되어 보편적 규범이 한반도 평화 프로세스에서는 적용될 수 없는 사치스러운 변수로 배제되기 십상이다. 한반도의 평화는 남북한 두 주체만으로 해결할 수 있는 문제가 결코 아니다. 국제사회의 적극적인 개입과 지원이 있어야만 한반도 평화구축에 일말의 희망을 기대할 수 있다. 한반도에 국한된 통일·안보·평화 논의는 국제사회의 반향을 얻기 어려우며, 국제사회에서 일방적으로 현지 조건에 맞지 않은 원칙과 담론만을 강조하는 것도 한반도의 주인공들에게 설득력이 없을 것이다. 이제는 '한반도發 보편적 평화'라는 절충적 시각이 필요한 때이다. 다시 말해, 한반도의 특수성과 국제평화의 보편성 간의 교집합을 찾아내고, 보편성과 특수성이 교차하는 시공간에서 두 가치가 상호전환할 수 있는 제도장치와 해법을 만들어 가는 것이 앞으로 한반도 평화학이 천착해야 하는 연구의 방향성이다.

한반도 평화를 위한 보편성과 특수성의 시너지는 다양한 수위에서 논의를 시작할 수 있다. 우선, 통일과 평화의 이슈 영역 간 경계를 허물 수 있다. 소극적 평화는 현재 분단 상태에도 지속될 수 있지만 적극적 평화는 통일 이후에 실질적으로 가능하다는 단계적 접근은 그 이면에 통일과 평화는 상호전환될 수 있는 이슈가 아니라 단절적으로 분리되어 있다는 사고가 자리 잡고 있다. 이는 다시 한반도의 특수성을 강조하는 사고가 깊숙이 배태되어 있는 것을 의미하며 국제사회가 경험한 다양한 평화구축 사례를 남북한의 특수한 상황과 교차하여 비교하기를 꺼리는 경향으로까지 이어질 수 있다. 통일이 특수성에 기초한 가치라면 평화는 보편성에 토대를 두고 있기 때문에 두 가치가 상호교차하지 않으면 한반도 평화에 대한 논의는 각각의 제한된 경계 안에서만 맴돌 것이다.

또한, 보편성과 특수성의 시너지는 평화의 담론과 실천 사이에 형

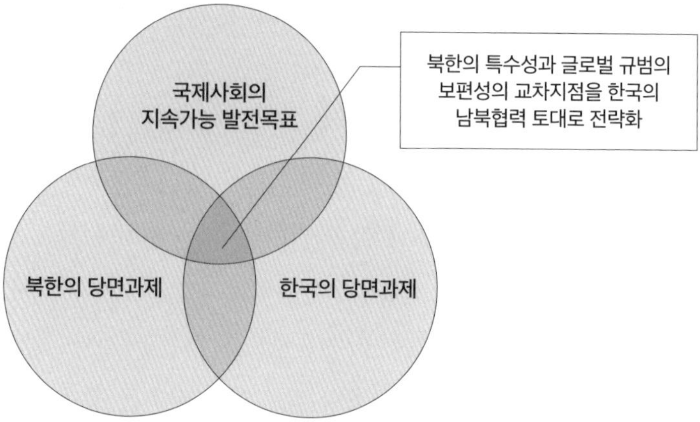

그림 1. 한반도 평화연구의 보편성과 특수성 관계
자료: 홍민 외(2020: 135).

성되는 단절적인 경계를 허물 수 있다. 한국 사회와 학계에 평화학의 이론적 담론이 아직 체계적으로 정착하지 않은 가운데 평화운동과 같은 실천의 동학은 상대적으로 활발하게 그 족적을 남기고 있다(서보혁·정주진, 2018). 실천으로 옮겨지지 않은 평화담론은 공허한 메아리일 뿐이며, 담론을 배제한 평화의 실천은 현실 세계에 대한 맹목적인 개입에 지나지 않는다. 보편적인 담론과 특수한 조건에서 나타난 구체적인 실천이 상호 교차되어 이론은 실천에 영향을 주고 실천적 경험은 다시 이론을 강화하는 상호 간의 전환 가능성을 제고할 때만이 평화의 담론과 실천 간의 간극을 좁힐 수 있다. 마찬가지로, 한반도 평화구축도 이론적 토대 없이 실천만을 강조하거나 실천의 동학 없이 담론만이 무성할 경우 실질적으로 지속가능하게 이행하기 어려울 것이다.

평화구축이라는 실천의 영역에서도 〈그림 1〉이 보여주듯이 보편과 특수의 상호전환은 필수요건이다. 북한에게 절실하게 필요한 당면과제와 한국에게 주요한 당면과제, 그리고 국제사회의 보편적 규범이 상호교차하는 교집합에서 우리는 평화구축의 실천 가능성을 모색할 수 있다. 북한의 특수성은 북한의 체제와 사회구성이 특수하게 제도화되었다는 현상적인 측면보다는 북한이 현재 가장 절실하게 요구하는 이슈가 무엇인지 파악하는 것으로 수렴되어야 한다. 마찬가지로, 한국의 특수성도 북한과의 체제 차별성, 문화와 사회의 이질성이 아니라 보다 구체적으로 한국이 원하고 실현할 수 있는 남북협력이 무엇인지 파악하는 데 있다. 이러한 한반도의 특수한 상황에 국제사회의 보편적 규범이 적극적으로 교차되는 지점을 찾아 평화를 전략화하여야 한다. 대표적인 사례를 들자면 보편적 국제규범인 '지속가능 발전 목표(Sustainable Development Goals, SDGs)'가 특수적인 북한의 당면과제인 경제발전전략, 그리고 한국의 남북협력 당면과제와 상호교차되고 상호전환되는 교집합을 생각해 볼 수 있다(김태균, 2020). 2016년부터 2030년까지 모든 UN 회원국이 공동으로 이행해야 하는 SDGs는 자국의 경제발전전략 및 사회발전계획과 연결 지어 회원국이 4년에 한 차례 UN 고위급 정치 포럼(High-Level Political Forum)에 '자발적 국별 리뷰(Voluntary National Review)'를 제출하도록 되어 있다. 이에 북한도 예외가 아니며 현재 다양한 제도화 작업을 통해 SDGs의 국내 이행을 추진하고 있다. 이러한 노력은 북한의 '국가경제발전 5개년 전략'과 긴밀하게 연결되어 있으며 북한은 국제규범인 SDGs를 국내 당면과제와 연결하여 국내적으로는 경제발전전략을 정당화하고 국제적으로도 국제규범을 적극적으로 이행하고 있다는 메시지를 전달하는 일거양득의 전략을 취하고 있는 것이다. 이러한 보편과 특수의 상호교차 지점에 한국도 한국이 원하는 평화구축 방안을 연결하여 북한과 소통하고 국제사회와 연대하는 전략이 필요한 것이다.

마지막으로, 보편과 특수의 상호전환성은 국익과 평화의 간극을 좁히는 데 기여한다. 지금까지 한국사회에서는 정부가 평화를 추구하는 인도주의적 대북지원을 시행하면 북한 정권의 연장을 위한 퍼주기라고 비판을 하거나 냉엄한 국제정치에 무지한 아마추어 진보좌파의 실책으로 간주하여 왔다. 그러나 국익과 평화는 상호보완이 되는 전략적 관계로 재구성할 수 있다. 이미 영국과 북유럽 선진공여국은 국익을 자국 중심 권력의 확장이라는 좁은 의미가 아니라 글로벌 문제를 해결함으로써 자국의 이익이 확대되는 보편적 의미로 재정의하고 이를 토대로 국제개발정책이나 외교정책의 보편적 국익 요소를 적극적으로 강화하고 있다(DFID, 2015). 평화의 개념 또한 단순히 보편적 시각에서 그 중요성을 당연시하지 않고 한국의 국제정치적 특수성에 기반한 문제를 해결하기 위한 전략적 자산으로 재조명하여 전략화할 수 있다. 이 책의 제8장에서 김태균이 강조하고 있듯이, 한반도 평화학을 둘러싼 인식론적 경계를 허물어 무한대로 확장하는 것이 평화학이 제공할 수 있는 보편과 특수 간 상호전환성의 핵심적 기여가 아니다. 보편과 특수의 상호전환은 한반도 평화구축을 위한 가능한 모든 평화정책을 나열하되 이 중 가장 중핵적인 정책을 선택하여 관련된 정책의 허브로서 이끌어가도록 전략화하는 것을 의미하며, 이러한 혼종적(hybrid) 기여는 '전략적 평화론(strategic peace)' 또는 '평화전략(strategies of peace)'으로 개념화되고 있다(Lederach and Appleby, 2010; Mac Ginty, 2011; Belloni, 2012).

2. 세계질서, 비핵화, 그리고 한반도 평화

앞서 언급하였듯이 본 연구는 보편과 특수의 상호전환성을 토대로 크게 2부로 구성되고, 이 중 1부는 '세계질서, 비핵화, 그리고 한반도 평화'라는 주제로 3개의 장을 포함하고 있다. 제1부는 국제관계라는 거시적인 단위로 분석수준이 이루어져 있다. 거시적 세계질서 변화 속에 한반도 평화와 직결되는 미중관계, 그리고 북한의 비핵화 문제를 전통적 안보 시각과 대안적 시각을 비교하면서 미국 주도의 세계질서에서 생산되는 보편성과 이것이 한반도에 적용될 때 발생하는 특수성과의 괴리에 초점을 맞추어 분석을 시도하고 있다.

제2장 '탈냉전기 미국 주도 세계질서와 평화'에서 전재성은 거시적 세계질서와 변화하는 국제정치 환경, 냉전 이후 30년 동안 미국 주도 세계질서에서의 평화 가능성, 탈냉전시대 미국 단극체제에서의 평화, 그리고 패권적 평화의 유지 가능성을 국제정치이론과 실제 국제관계 현상을 토대로 분석하고 있다. 단극체제의 평화 가능성은 곧 패권에 의한 평화 가능성을 타진하는 것을 의미하고 다자주의 중심의 글로벌 거버넌스가 패권적 평화와 어떻게 접목이 가능한가에 대한 분석이 최종적으로는 한반도 평화구축 문제로 수렴된다. 전재성은 현재 세계질서에서 미국의 패권적 리더십이 전 세계 평화의 안정적 유지에 성공하지 못한 이유로 탈냉전 시에 미국이 제3세계의 탈식민 문제를 미완결 상태로 끌고 왔던 점, 미단극의 경제적 기초로 신자유주의 세계화를 공격적으로 추진하였던 점 등을 강조하면서, 향후 미국이 진정한 패권적 리더십을 갖추고 국제적 공공재를 제공하는 역할을 회복하기 위해 국내외적으로 많은 노력을 선행해야 한다고 피력하고 있다. 미국 우선주의를 패권적 리더십으로 회향

할 수 있을지와 관련해서는 새로운 바이든 행정부의 정책 방향이 주목되고 있으며, 이러한 거시적인 패권적 평화가 한반도라는 특수한 상황에 어떠한 영향을 미칠 것인가라는 문제는 한반도 평화학의 거시적 분석 배경으로 중요한 함의를 던지고 있다.

제3장 '북핵 논의의 비판적 재고'에서 김성철은 북핵 연구가 전반적인 핵연구 관점에서 이루어져야 한다는 문제의식에서 출발한다. 한반도 비핵화라는 이슈가 한반도의 특수한 상황에서 탄생하였지만 보편적 핵연구의 관점에서 분석하여 다양한 시사점을 찾아야 한다는 보편과 특수의 상호전환이라는 관점을 토대로 북핵문제와 비핵화 이슈를 분석하고 있다. 1991년 말 남북한은 '한반도비핵화공동선언'에 합의·서명하면서 처음으로 비핵화라는 용어를 공식적으로 사용하였는데 이미 북한의 핵무장으로 인해 핵문제의 본질이 크게 변화된 상황에서도 이 용어가 새롭게 정의되지 않은 채 그대로 사용되어 왔다. 우리가 북핵을 한반도적 특수성 속에서뿐만 아니라 핵의 보편적 문제로 인식한다면, 비핵화를 핵비확산, 핵통제·폐기, 핵억제의 세 측면에서 종합적으로 정의하고 능동적으로 접근하는 데 용이할 것이다. 핵(무장)은 크게 핵비확산 문제인 동시에, 핵통제 및 폐기의 협상 대상이며, 핵억제를 수반하는 실존적 문제를 안고 있다. 김성철은 북핵이 한반도적 상황에서 기인한 것이라는 점 못지않게 핵 자체가 동반하는 보편적 문제를 안고 있다고 강조하면서, 비핵화란 용어의 외피를 벗겨 그 안에 얽혀져 있는 문제점들을 밝힘으로써 비핵화 실현과 평화구축을 위한 실질적 정책에도 기여하고 있다.

제4장 '남북한 군사협력과 한반도 비핵화-평화체제 넥서스'에서 황지환은 2018년 판문점 및 평양 남북정상회담을 통해 이루어진 군사분야 합의의 의미와 한계를 분석하면서 군축과 군비통제에 대한 양측의 신뢰

구축 메커니즘의 부재에서 기능주의와 역기능주의 방식의 군사협력이 실효성이 없는 이유를 찾고 있다. 보편적인 맥락의 군비통제는 잠재적 적국과의 모든 형태의 군사협력을 의미하는데, 전쟁의 가능성과 범위 및 폭력발생을 억제하고 전쟁을 준비하는 정치경제적 비용도 줄이고자 하는 노력을 포함하는 만큼, 잠재적 적국과의 군사적인 합의를 이끌어 내고 실천하는 것은 쉽지 않은 과정임에 틀림없다. 황지환은 과거 남북한이 사회문화 및 경제 분야에서의 협력을 바탕으로 확산(spill-over) 효과를 추구하는 기능주의적 접근을 통해 남북한 군사협력을 추진해 왔지만 성공하지 못한 반면, 2018년의 군사분야 합의는 사회문화 및 경제 분야의 합의 없이 군사분야의 과감한 합의를 통해 남북한 전 분야에 협력과 평화를 진전시키려는 역기능주의적 접근법을 취했다고 해석한다. 그럼에도 불구하고, 기능주의와 역기능주의 모두 성공적인 역할을 수행하지 못했다고 평가하며, 남북한 군사분야 합의와 이행을 위해서는 한반도 비핵화 및 평화체제의 논의와 이행이 동시에 진행되어야 함을 주장한다.

3. 남북협력, 통일, 그리고 한반도 평화

제1부가 국제관계라는 거시적인 분석틀에서 세계질서 변화와 패권적 평화, 북핵문제와 남북한 군사협력에 대한 이슈를 보편과 특수라는 관계성에서 분석하였다면, 제2부는 이를 토대로 한반도 평화공존을 위한 남북협력 및 한국 내부의 통일준비과정으로 분석수준의 수위를 조정하여 보다 구체적으로 한반도의 특수한 조건을 보편적으로 풀어 나갈 수 있는가에 대한 논의를 전개한다. 각 장이 분석하고 있는 이슈별로 보편성을 확

보하기 위하여 해외의 대표적인 유사사례를 동원하여 한반도 맥락과 대조하여 비교·분석을 시도하고 있다(Skocpol and Somers, 1980).

제5장 '긍정적 관여를 통한 한반도 평화공존'에서 최규빈은 남북경제협력(이하 남북경협)은 한국정부의 대북관여에서 독특한 지위와 의미를 갖고 있다고 강조하면서 남북경협을 경제적 국가통치술이라는 관점에서 국가 간 관계에서 영향력을 미치고자 하는 행위 양식으로 간주하고 이를 긍정적 관여로 재개념화를 시도한다. 한국정부의 대북정책은 북핵외교, 남북대화, 남북경제교류, 사회문화교류, 인도적 문제 등을 포함하는 광의의 개념이지만 남북경협이 행위와 수단으로 정책에서 주요한 비중을 차지하는 경우 이를 어떻게 개념화할 수 있을지는 여전히 논란 중이라는 점에서 보편적 접근과 특수한 시각이 공존하는 이슈 영역이다. 이 장에서는 남북경협을 운용한 지난 한국정부의 대북정책을 김대중·노무현 정부의 적극적 대북관여, 이명박·박근혜 정부의 조건적 대북관여, 그리고 문재인 정부의 적극적 대북관여로의 전환으로 구분하여 발전 경로를 분석하고, 향후 남북경협이 북한의 실질적 행동과 정책변화를 유도하는 전략이자 과정으로 진화하기 위해서는 어떤 방향성이 필요한지 고찰한다. 특히, 남북경협의 전면적 재개를 대비하여 북한의 수용 가능성과 한국 및 국제사회가 선호하는 방안 사이에서 현실 가능한 대안들을 면밀히 준비할 것을 주문하고 있다.

제6장 '통일비용 재정의와 비용추계 혁신 방안'에서 류덕현·조용신·주영찬·홍석철은 지금까지의 통일비용 추계 연구의 특징을 정리하면서 여기에 추가적으로 발전적 관점에서 통일비용 추계 연구의 개선점과 발전방향을 제시하고 있다. 기존 연구들의 통일비용 추계 결과와 추계방식에서 편차가 크게 나타나며 이에 따라 통일 과정과 결과의 불확실성을

제공하고 있다는 점에 천착하여, 비용 측면에서 통일 필요성 인식을 개선하기 위한 시사점을 제안하고 있다. 6장은 시기적으로 기존의 종합적인 통일비용 연구인 2011년 한국재정학회 이후에 발간된 주요 연구기관과 학자들의 통일비용 추계 연구들의 통일비용 정의, 통일비용 측정 항목, 통일비용 추계 방법 등을 비교·분석하고, 연구별 전제조건을 비교하여 남북 간 평화공존 조건과의 부합성을 검토한다. 구체적으로는 통일비용 연구의 주요 쟁점 중 하나인 통일 시기를 비롯해 남북한 소득격차 조정 목표도 함께 분석하여 이 같은 보편적인 쟁점이 최근 한반도 상황의 특수한 변화와 조건에 부합하는지 검토한다. 마지막으로 앞서 분석한 통일비용 추계의 여러 관점들을 바탕으로 기존 통일비용 연구 논의의 특징과 한계점을 지적하고 기존 연구에서 다루고 있는 통일비용 관련 논의의 쟁점사항을 종합하여, 향후 통일비용 연구가 나아갈 방향에 대하여 논의한다.

제7장 '평화로 함께 가는 여정: 통일 공론화에 대한 소고'에서 김석호는 통일과 평화로 가는 길에 가장 필요한 것 중 하나가 범국민적 차원에서 치열한 논쟁을 거쳐 통일 방안을 만드는 일이고 이를 위해서는 다양한 집단이 직접 참여하는 공론화 프로세스가 중요하다는 견지에서 공론화의 조건과 구체적 과정에 대한 그림을 타진한다. 이를 위해 우선 기존 자료 분석을 통해 한국인들의 마음에서 나타난 통일에 대한 인식 차이를 확인하고, 이를 토대로 독일의 통일 공론화 경험 사례를 검토해 우리의 공론화 원칙에서 참고할 만한 교훈을 도출해내고 있다. 최종적으로 논의를 종합하여 남북통일과 평화에 대한 공론화에서 반드시 고려해야 하는 원칙을 제시한다.

4. 한반도發 평화학을 위하여

국제 수준과 한반도 수준에서의 보편과 특수의 만남을 각 이슈 영역별로 분석함으로써, 본 연구는 궁극적으로 한반도發 평화학의 토대를 마련하는 것을 목적으로 한다. 통일과 평화의 경계, 이론과 실천의 경계, 국익과 평화의 경계를 허물지 않고서는 한반도 평화라는 우리의 염원은 계속해서 단절된 시공간에서 단절된 이슈만을 되풀이할 것이다. 특수한 국익을 보편화하고 보편적인 평화를 전략화하는 과정은 당연히 수많은 비판과 현실적 난관에 봉착하는 결과를 낳겠지만, 지속적으로 분리된 경계선을 넘나들고 허무는 노력이 동반될 경우라야 우리는 비로소 한반도 평화구축이라는 지난한 목표에 한 걸음 더 다가설 수 있을 것이다. 이러한 맥락에서 마지막으로 제8장 '한반도 전략적 평화를 위한 시론: 평화조건과 양자승인의 이중주'에서 김태균은 전략적 평화의 평화작전이 성공하기 위한 요건을 탐색하기 위해서 UN이 평화협정(peace accords)에 따라 부과하는 평화조건(peace conditionality), 그리고 양자원조 관계의 제3국이 얼마나 평화조건을 지지하는가 또는 적어도 암묵적 동의를 하는가에 따라 평화구축의 성공이 좌우된다는 평화 프로세스에 주목한다. 이를 검증하기 위하여 지금까지 시행된 UN의 평화유지활동(peacekeeping operations, PKO) 사례 중 기존 연구가 모두 성공사례라고 평가하는 나미비아, 모잠비크, 캄보디아 등 3개의 평화유지활동 사례와 각각의 사례에 적용되었던 평화조건, 그리고 이와 관련된 가장 핵심적인 제3국의 지지 정도를 비교·연구한다. 마지막으로 이러한 평화조건과 제3국의 양자승인을 중심으로 전략적 평화 방안의 한반도 적용에 관해 간략하게 검토함으로써 결론을 갈음한다. 국제사회에서 전략적 평화가 성공할 수 있었던 공통의 필수요건을 찾아내서 한반도라는 특수한 상황에 적용하여 앞으로 한국과 국제사회가 준비해야 하는 한반도 평화구축의 대안적 접근법을 모색하는 기초적 토대를 제공하고 있다는 점에서 그 의의를 찾을 수 있다.

보편적 국익과 전략적 평화의 만남은 일국 중심의 국익과 보편적 평화의 만남보다 소통의 폭을 넓히고 건설적인 해법을 제공할 가능성이 크며 국제사회가 개입할 수 있는 정당성을 제공한다. 한국 중심의 국익은 결코 한국이 추구하는 평화 프로세스에 부합하지 않으며, 보편타당한 국익으로 한국의 국익 범주를 확대할수록 국제사회의 규범과 원칙이 한반도 평화구축에 연결될 기회 공간이 넓어진다. 이러한 보편적 국익을 기획하고 추진하기 위해서 한반도가 처한 평화구축의 장애물을 오히려 전략적 자산으로 환치해서 한반도의 평화가 동아시아를 포함한 지구촌의 평화와 직결된다는 점을 강조하는 전략을 세워야 한다(서보혁, 2019). 따라서 한반도에서 발생하는 대북제재와 비핵화, 그리고 북미 간 평화협정 등, 한반도의 특수한 상황이 한반도발(發) 평화로 이어질 수 있도록 전략화하는 것이 결국 남북한의 국익이고 더 나아가 국제사회의 공공재가 될 수 있다. 전략적 평화와 보편적 국익이 한국 외교정책과 공공외교의 근간이 될 수 있도록 사회적 합의가 필요한 때이다.

참고문헌

고유환. 2009. 「북한연구 방법론의 현황과 과제」. 『통일과 평화』 제1권 제1호.

구갑우. 2007. 『비판적 평화연구와 한반도』. 서울: 후마니타스.

구갑우·김학재·요헨 프란츠케·장경룡·주링이. 2020. 『경계에서 평화를 찾다: 유럽·양안·한반도』. 서울: 두앤북.

김대식. 2018. 『함석헌의 평화론: 협화주의적 평화인문학』. 서울: 모시는사람들.

김성철·이찬수 편. 2020. 『평화의 여러 가지 얼굴』. 서울: 서울대학교출판문화원.

김태균. 2020. 「유엔 지속가능발전목표와 발전 이데올로기: 북한의 자발적국가리뷰 준비과정을 중심으로」. 박지연·손혁상 외. 『북한개발협력과 지속가능발전목표』. 서울: 오름.

김태균. 2017. 「북한개발협력을 위한 이론적 소고: 국제사회론을 중심으로」. 『국가전략』 제23권 제2호.

서보혁. 2019. 『한국 평화학의 탐구』. 서울: 박영사.

서보혁·정주진. 2018. 『평화운동: 이론·역사·영역』. 과천: 진인진.

이종석. 2002. 『새로 쓴 현대 북한의 이해』. 서울: 역사비평사.

이찬수. 2016. 『평화와 평화들: 평화다원주의와 평화인문학』. 서울: 모시는사람들.

홍민·김주리·이재영·이수형·이기동·김태균·문장렬·부형욱·이영기·황일도. 2020. 『한반도형 협력안보와 평화경제 연계구상』. 세종: 경제인문사회연구회.

Belloni, Roberto. 2012. "Hybrid Peace Governance: Its Emergence and Significance." *Global Governance* 18(1): 21-38.

DFID. 2015. *UK Aid: Tackling Global Challenges in the National Interest*. London: DFID.

Galtung, Johan. 1969. "Violence, Peace, and Peace Research." *Journal of Peace Research* 6(3): 228-257.

Lederach, John Paul, and R. Scott Appleby. 2010. "Strategic Peacebuilding: An Overview." Daniel Philpott and Gerard Powers (eds.). *Strategies of Peace: Transforming Conflict in a Violent World*. Oxford: Oxford University Press.

Mac Ginty, Roger. 2011. *International Peacebuilding and Local Resistance: Hybrid Forms of Peace*. Basingstoke: Palgrave Macmillan.

Skocpol, Theda and Margaret Somers. 1980. "The Uses of Comparative History in Macrosocial Inquiry." *Comparative Studies in Society and History* 22: 174-197.

제1부

세계질서, 비핵화, 그리고 한반도 평화

2 탈냉전기 미국 주도 세계질서와 평화

전재성

1. 서론

미국과 소련이 세계를 양대 진영으로 나누어 대립하던 냉전이 종식되면서 세계평화에 대한 기대가 한껏 부풀어 올랐던 것이 30년 전의 일이다. 1989년 11월 9일 독일의 베를린장벽이 무너지고 1991년 12월 8일 소련을 대체하는 독립국가연합(CIS)이 만들어진 후 현재까지 약 30년간 미국의 유일 초강대국 단극체제가 지속되었다. 이 과정에서 미국은 2001년 9.11 테러, 2008년 경제위기, 그리고 2020년 코로나19 사태 등을 겪으면서 점차 패권국의 역할을 줄여온 것이 사실이다. 그러나 국제정치에서 힘은 결국 상대적인 개념이며. 미국에 도전할 명백한 패권적 도전자가 없는 상황에서 미국의 힘은 여전하다.

냉전이 종식되었을 때 단극체제하의 국제질서는 과연 평화로울 것인지에 대한 질문이 제기되었다. 한 국가가 강력한 동맹국들을 거느리고 세계질서를 유지하는 단극적 패권체제가 평화로울 것이라는 직관적

이해가 있었던 것이 사실이다. 냉전 종식 이후 미국 주도의 국제질서 속에서 강대국 간 전쟁이 한 건도 일어나지 않은 것도 주목할 만한 일이다. 인류 역사에서 강대국들은 항상 무력을 사용하여 자신의 이익을 극대화하고자 하였다. 그러나 과연 단극적 패권체제가 유지 가능한 것인지, 어떠한 측면에서 평화가 유지되고 있다는 것인지를 두고는 논란이 가능하다. 세계 곳곳에서 여전히 많은 폭력이 행사되고 있으며, 또한 전쟁과 폭력의 부재라는 소극적 평화가 아닌 적극적 평화가 유지될 수 있는지는 별개의 문제이다.

비서구 지역은 근대국제체제가 시작됨과 동시에 서구 식민주의와 제국주의의 침탈을 받았고 1945년 이후 많은 구식민지들이 독립했지만 온전한 탈식민이 이루어졌는가 하는 문제가 새롭게 제기되어 왔다. 제국주의 세력은 20세기 위임통치를 거치고 제3세계 국가들의 독립 과정에 개입하면서 많은 분쟁의 씨앗을 뿌려 놓았다. 제3세계 국가들은 자신들이 생각한 국민과 영토의 범위를 온전히 포괄하는 정부를 갖는 데 대부분 실패했고 이 과정에서 정부는 효율적인 통치를 하지 못하고 대외적으로도 강대국과 주변 국가들에게 간섭을 받는 비자율적인 처지에 빈번히 처하게 되었다(전재성, 2020). 자신이 원하는 형태의 민족과 국가를 건설하지 못하는 이상, 온전한 평화가 이루어진다고 보기는 어렵다.

냉전 종식 이후 미소 초강대국의 개입이 약해지면서 오히려 억눌려 왔던 제3세계 국가들의 모순과 왜곡이 터져 나오기 시작했다. 어떤 경우에는 온전한 주권국가를 수립하려는 욕구가 분출되기도 하였고, 강대국의 개입을 비판하는 경우도 있었으며, 현재의 국가 경계를 넘어서는 초국가적 연대에 기반한 새로운 정치체를 건설하려는 노력도 있었다. 탈냉전기 많은 국가들이 내전을 겪고 있고, 내전에 강대국이 개입하고 있으며,

초강대국 미국에 도전하는 테러세력도 증가하였고, 이슬람 극단주의에 기초한 초국가적 정치체를 만들려고 시도한 이슬람국가(IS)와 같은 단체도 출현하였다. 이러한 상황은 냉전기 억눌리고 지연되었던 제3세계 국가들의 국가건설, 민족건설 과정으로 이해할 수 있다.

이러한 상황에서 진정한 평화는 어떻게 이루어질 수 있는가. 자유주의자들은 미국이 건설한 자유주의 국제질서가 더욱 강화되어야 한다고 믿는다. 자유롭고 개방된 무역질서와 다자주의에 기반한 국제경제질서가 강화되어야 하고 많은 국가들이 규칙에 기반한 행동을 해야 하며 다자주의 기구들을 유지해야 한다고 본다. 현실주의자들은 미국 주도 질서는 미국의 강력한 군사력에 기반한 질서이므로 미국의 패권적 능력과 의도가 유지되지 않는 한 안정이 올 수 없다고 본다. 탈냉전기 30년의 안정에 도전요인이 되고 있는 것은 많다. 중국과 러시아 같은 강력한 국가들이 미국에 도전하고 있어 지정학의 부활이라는 논의도 등장했다.

그러나 비서구 국가들이 겪고 있는 탈식민의 과제, 그리고 정치제도 발전과 경제적 번영을 이루어야 하는 소명도 중요한 도전요인이다. 제3세계 국가들의 안정과 발전이 유지되지 않을 때 미국 주도 질서에 대한 문제제기가 계속해서 일어날 것이고 이는 폭력을 동반한 사태나 자유주의에 반대하는 이념적 도전으로 나타나기도 할 것이다. 미국이 탈냉전기 패권의 경제적 기반으로 삼은 세계화 프로젝트 역시 역풍에 부딪혔다. 자본의 자유로운 이동과 신자유주의 개혁을 전 세계에 부과한 결과 미국과 유럽 국가들을 비롯한 선진국들 역시 신자유주의의 문제점을 몸소 겪게 되었다. 중산층이 몰락하고 빈부 격차가 심해지는 한편, 정치 양극화가 심화되고 포퓰리즘이 강화되어 민주주의가 약화되는 현상을 보이고 있다.

향후 국제질서의 평화는 강대국 간의 지정학적 타협과 안정, 비서구 국가들의 본격적인 탈식민 완성과 온전한 주권국가로의 이행, 그리고 세계화의 적절한 규제와 조절로 기존의 주권국가질서를 관리하고 더 나아가 지구 전체의 문제를 공동으로 관리할 수 있는 새로운 거버넌스와 세계정치 조직원리를 이루는 것에 달렸다.

이 글에서는 탈냉전 30년이 과연 평화로웠는지, 이 기간에 세계가 겪은 분쟁과 분란의 현상은 어떠하였는지를 살펴보고 미국 주도 국제질서가 과연 이러한 문제를 해결해 왔는지 알아본다. 미국이 각 영역에서 국가들 간의 평화와 안정을 보장할 수 있는 공공재를 제공하는 패권의 역할을 하는 것이 바람직하다는 점은 명백하다. 그러나 미국의 패권적 역할에 대한 국내적 합의는 점점 약화되고 미국에 대한 중국의 도전은 거세지고 있으며, 미국이 비서구 국가들에서 발생하는 문제를 해결하는 능력은 급격히 감소하고 있다. 특히, 트럼프 정부를 거치면서 미국의 역할은 점차 약화되었는데 과연 미국 주도 질서의 존속 가능성과 평화의 전망은 어떠한지 살펴보기로 한다.

2. 미국 주도 국제질서의 평화 가능성에 대한 고찰

1) 단극에 의한 평화

평화의 개념에 대한 다양한 정의와 논의가 있지만, 조직화된 폭력의 부재가 평화의 기초인 것은 사실이다. 국제정치에서는 전쟁, 특히 강대국들 간의 전쟁이 방지되고, 강대국들 간의 분쟁이 폭력에 의해 해결되어야 한다는 믿음이 상당 부분 줄어들 때, 소극적 평화 혹은 안정적 평화가 이루어진 시대라고 볼 수 있다(이상근, 2015). 미국이 역사상 유례없이 전 세계에 걸쳐 강력한 단극의 힘을 가지게 되면서 소극적, 안정적 평화가 유지될 것이라는 기대가 있었던 것이 사실이다. 세계의 경찰로서 막대한 군사력을 가지고 평화를 관리할 것이라고 믿었기 때문이다. 제3세계 지역의 잦은 내전, 무엇보다 9.11 테러는 이러한 믿음을 붕괴시켰다. 9.11 테러 이후 전 지구적 반테러 전쟁을 수행한 미국은 또한 2008년 경제위기에 시달리면서 과연 단극 평화가 유지 가능한가 하는 근본적인 문제가 제기되었다. 패권은 과대 팽창과 과다 지출로 반드시 약화된다는 패권의 주기에 대한 인식도 대두한 것이 사실이다. 과연 미국의 단극은 언제까지 유지될 수 있는가.

국제정치에서 국가의 힘에 따라 극성(polarity)을 정의하는 것은 어려운 일이다. 다른 나라에 비해 월등히 강한 군사력, 경제력, 문화력 혹은 소프트파워를 가지고 있을 때 극을 이룬다고 할 수 있지만 다른 국가들과의 격차가 어느 정도여야 하는지, 얼마만큼 월등한 힘을 가져야 하는지는 명확하지 않다. 19세기 말 영국은 패권국가의 역할을 하면서 소위 2개국 기준을 내세운 바 있다. 2등 국가와 3등 국가의 힘을 합친 것보다 많은 힘을 가져야 한다는 기준이다. 패권을 뒤따라오는 두 개 국가와 동시에 전쟁을 하더라도 종합국력에서 뒤처지지 않아야 안심하고 패권의 지위를 누릴 수 있다는 계산이다. 냉전기에 미국과 소련은 핵무기를 중심으로 한 군사력, 동맹국들의 수 등에서 다른 국가들을 압도했다. 경제적으로 미국은 세계경제질서를 이끌고 있었고 소련 역시 미국에 비해 경제력은 부족했지만 공산권 전체를 통제하는 힘을 가지고 있었다. 이념의 측면에서도 자유민주주의와 공산주의의 대립은 국제정치의 명백한 축을 이루고 있었다.

미국은 냉전에서 승리한 이후 현재까지 압도적 군사력을 소유하고 있다. 동맹국까지 고려하면 미국이 군사적 단극을 이루고 있다는 점에는 의심의 여지가 없다. 미국 다음의 국력을 가진 국가들 중 중국, 러시아를 제외한 10여 개 국가가 미국의 동맹국이거나 전략적 파트너였다. 단극체제에 대한 최초의 대규모 도전은 9.11 테러였다. 미국은 세계적 반테러전쟁을 시작했고 중동에 대한 군사적 개입으로 막대한 경제적 지출을 해야 했다. 트럼프 대통령은 이전 행정부들이 총 7조 달러를 지출했다며 비판하기도 하였다. 전문가들은 대략 6조 4천억 달러가 지출된 것으로 보고 있는데 2018년 미국 GDP가 20조 달러를 넘어섰다고 할 때, 1/3 이상의 비용이 지출된 셈이다.

경제적으로 단극체제가 유지되고 있다고 말하기는 쉽지 않다. 미국이 제2차 세계대전 직후 세계 GDP의 50%에 달하는 생산력을 가지고 있던 데 비해 현재는 대략 15%를 차지한다고 본다. 또한 미국의 재정적자도 GDP의 100%에 달해 많은 논자들이 미국 경제의 문제점으로 지적하고 있는 터이다. 그러나 여전히 기축통화국이면서 스스로 가지고 있는 국력으로 경제적 이점을 취할 수 있다는 점에서 미국의 경제력은 견고하다고 할 수 있다.

트럼프 대통령의 집권 기간 동안 세계경제는 하강세를 보였지만, 미국은 경제성장과 실업률 하강의 성적을 기록한 바 있다. 또한 미국은 재정적자에도 불구하고 이자율은 낮은 상태로 유지되고 인플레이션도 방지되고 있어 사실상 연방정부 발행 채권의 이자는 과거에 비해 크게 높지 않다는 견해도 있다. 향후 미국은 재정적자 증가에 유의하여야 하기는 하지만 중요한 것은 재정수입을 늘리는 방법을 찾는 것이지 재정적자의 증가 자체가 문제는 아니라는 것이다. 오히려 재정을 투입하여 경제 생산성 향상, 교육 투자, 인프라 투자 등으로 미국의 경제 기초를 다지는 것이 더 중요하다고도 본다(Furman and Summers, 2019).

코로나19 사태라는 변수가 있지만 중장기적으로 경제성장의 기로를 결정할 4차 산업혁명의 신기술 개발에서도 미국이 선두를 달리고 있으므로 장기적으로 미국의 경제력은 여전히 강력하다. 이에 반해 트럼프 정부 등장 이후 미국의 자유민주주의 선도력에 대한 도전은 거세다. 미국 스스로 자유주의 국제질서를 저해할 뿐 아니라 국내적으로도 민주주의가 약화되는 모습을 보이고 있어서다. 미국이 패권국으로 국력을 회복할 때 과연 현재의 정치적 양극화, 포퓰리즘, 인종주의적 경향 등을 극복하고 자유민주주의 본연의 가치들을 회복할 수 있을지가 관건이다.

2) 패권에 의한 평화

미국의 힘이 여전히 단극을 유지할 만큼 강력하다고 해도 이것만으로 패권국가가 되는 것은 아니다. 패권은 능력에 더해 의도를 갖추어야 하고 세계에 질서를 부여하는 규범의 힘을 지녀야 하는 것으로 국제관계에서 패권국은 정치, 경제, 문화 등 다양한 영역에서 공공재를 제공하는 국가이다. 공공재는 군사력과 재화 등 유형의 재화뿐 아니라 국가들 간 안보 딜레마를 해결하는 중재 또는 신뢰보장의 역할, 다수의 국가들이 혜택을 볼 수 있는 다자주의 제도들을 창출하고 유지하는 지도력과 이를 뒷받침하는 이념과 가치를 제공하는 역할을 모두 포함한다. 이러한 패권의 역할은 많은 비용과 노력이 필요할 뿐 아니라 국내적 지지도 필요하기 때문에 미국이라 하더라도 국력의 상승과 하강에 따라, 그리고 국내정치 지형의 변화에 따라 다양한 모습을 보여 온 것이 사실이다.

탈냉전 30년 동안 미국의 외교대전략은 한마디로 우세(primacy) 전략이었다고 할 수 있다. 단일 패권국으로 지도력을 발휘하여 세계의 질서를 이루고 미국 스스로의 중장기적인 국가이익을 추진하는 전략이다. 미국은 이를 통해 소극적 평화를 유지하면서 더 나아가 스스로가 추구하는 적극적 평화의 기초를 놓는 노력을 기울였다.

미국은 이를 자유주의 국제질서라고 명명했는데 그 뜻은 다의적이다. 우선 미국이 주창하고 대변하는 미국식 자유민주주의 정체의 확산이라고 볼 수 있다. 전쟁, 인도적 개입, 혹은 다양한 외교관계를 통해 전 세계 많은 국가들을 자유민주주의 국가로 변화시킨다는 전략이다. 미국이 탈냉전기 중동에 적극적인 개입정책을 추진하고 특히 9.11 테러 이후 아프가니스탄, 이라크, 시리아 등에 개입하면서 미국의 외교전략 목적이 소위 국가건설(nation-building)이라는 평가가 있었다. 문제는 이러한 전략이 성공할 가능성이 매우 적었다는 것이고 미국이 냉전기 소련과 공산권에 대항하기 위해 실제로 많은 독재 및 권위주의 국가들을 지원했다는 점이다.

둘째, 자유주의 국제질서를 국가의 정치체제와 무관하게 그 국가의 대외정책만으로 판단하여 자유주의 성격을 가진 국제관계를 고양하는 것으로 정의하는 방법이다. 다른 국가가 독재 혹은 권위주의 국가인가를 따지지 않고 그 국가의 외교정책이 다자주의 규범을 준수하고 미국 주도의 질서에 순응하는 한 이들 국가와 안정된 관계를 유지하는 것이 목표라는 관점이다. 탈냉전기 미국은 중국, 러시아 등의 경쟁 국가에 대해 굳이 민주화를 요구하지 않고 이들 국가가 미국 주도의 자유주의 국제질서에 적극 참여하도록 독려하는 경향을 보였다.

셋째, 위의 두 정책이 모두 적용되는 경우를 들 수 있다. 모든 국가의 자유주의 대외정책을 독려하면서 가능하면 자유민주주의 확산까지 추진하는 정책이다. 중국, 러시아 등에 대해 외교정책에 한정된 시각을 가지고 있었어도 양국의 인권문제를 제기하고 공정한 무역을 위해 이들 국가 내부의 경제구조 개편에 대한 압력을 넣는 정책도 병행한 것이 사실이다.

미국 주도의 단극체제가 점차 약화되면서 과연 이러한 자유주의 국제질서를 유지하고 이를 통해 평화를 창출, 유지하는 것이 가능한가에 대한 다양한 논의가 전개되고 있다. 우세전략이라는 대전략하에 자유주의 국제질서를 주창하고, 특히 중동에 대한 개입을 강화하면서 아프가니스탄에서는 19년에 걸친, 미국의 대외개입 전쟁 중 최장기의 전쟁을 수행했지만 별다른 성과가 없었다는 평가가 설득력을 얻고 있다. 다른 국가들을 자유민주주의 국가로 변화시키는 것이 사실상 불가능하고, 모든 국가의 대외정책을 기존 질서에 맞도록 노력하는 것도 한계가 있기 때문이다. 자유주의 기획에 대한 회의가 증가하면서 2017년에 등장한 트럼프 정부는 스스로 기존의 규범을 파기하고 변화시키는 바람에 다른 국가들에게 자유주의적인 대외정책을 요구하기가 더욱 어려워진 상황이다. 결국 세계에는 30개 남짓한 선진자유민주주의 국가가 존재하는 반면, 나머지 국가들은 상당한 독재 및 권위주의 요소를 지니면서 시장경제에도 한계를 가지고 있다(Krasner, 2020). 이미 상당히 세계화된 상황에서 선진자유민주주의가 아닌 국가들이 적절한 내부 거버넌스와 함께 기존의 다자주의 규범을 준수하는 질서를 이룩하도록 미국의 정책이 수정되어야 한다는 현실적 견해가 점차 대두하고 있다.

따라서 미국이 상대적 국력의 관점에서 여전히 세계 최대의 강대국 국력을 소유하고 있지만 단극의 지위를 유지할 정도로 강한지, 그리고 단극이면서도 세계에 질서를 부여하기 위해 국제적 공공재를 제공할 의도를 유지하고 있는지에 대해서는 논란의 여지가 생겼다. 강대국들 간의 전쟁을 방지하고 소극적 평화를 유지하는 데 성과를 거두었지만, 제3세계의 혼란은 지속되었고, 미국에 대한 제3세계의 비국가 행위자의 도전에 본토안보까지 흔들리는 상황이 되었다. 자유주의 국제질서의 기획은 약화되어 오히려 미국 내부에서 반대에 부딪혔고, 패권의 국내지지도 약화되었다. 급기야 중국의 부상으로 강대국 지정학 경쟁도 발생하여 미국은 패권의 지위를 유지하는 데 더욱 어려움을 겪고 있다. 세력배분구조에서 단극체제가 안정적이라고 믿었지만, 유지 가능성에 대해서는 결국 많은 회의가 발생하였고 미국이 제시한 자유주의 국제질서 전략과 우세전략은 국내외의 반대에 부딪혀 적극적 평화는 물론 소극적 평화까지 약화시키는 결과를 가져오고 있는 것이다.

3) 진화하는 거버넌스에 의한 평화

탈냉전으로 규정되는 30년은 구소련과 공산권의 몰락, 그리고 미국의 승리와 주도라는 현상만이 가장 두드러진 시간은 아니었다. 탈냉전을 냉전과 비교하여 정의하면 미국의 패권적 역할이 두드러지지만, 이 시기에 일어난 강대국 이외 국가들의 중요성 부각, 소위 나머지의 부상(rise of the rest)이라는 현상을 통해 냉전으로 억눌렸던 비서구 국가들의 다양한 문제들이 제기된 것이었다. 1945년 전후 비서구 국가들이 독립하면서 국경의 설정, 단일한 정부의 수립, 민족의 통일 등 근대 국가 이행 과정에서 해결해야 하는 문제들이 나타났다. 그러나 미소 초강대국 대결이라는 냉전의 논리에 따라 이러한 문제들은 지연되어 결국 근저에서 악화되고 있었던 것이다. 냉전이 종식되고서 이러한 문제들을 해결하기 위해서는 20세기와는 다른 조직원리, 국제정치 질서가 만들어져야 했고, 이를 주도

하는 패권국가의 역할 역시 더욱 진화해야 했다.

단극, 패권과는 이론적으로 구별되는 다른 역할로 국제정치의 기본 조직원리를 조성하고 유지하는 권력을 조직원리 권력이라고 할 수 있다(전재성, 2019). 정치체들 간의 질서가 만들어지기 위해서는 어떠한 단위가 정당한 단위인지, 그러한 단위들 간에 어떠한 기본적인 행동 규칙이 필요한지에 대한 헌정적이고 구성적인 원리가 필요하다. 이러한 원리를 조직원리라고 할 수 있는데 주권국가들로 이루어진 국제정치에서 조직원리는 무정부상태이다. 개별 국가들이 대외적 독립성을 주장하는 주권을 가지고 있기 때문에 국가 상위의 권위를 인정하지 않기 때문이다. 조직원리를 구성하고 변화시킬 수 있는 힘은 비단 패권에서만 비롯되는 것은 아니다. 오히려 구성원 전체를 압도하면서 새롭게 등장하는 질서의 문제를 정의하고 해결하는 세력으로 이는 제국의 역할이라고 할 수 있다.

근대국제체제의 무정부상태 조직원리는 유럽에서 만들어졌다. 유럽은 17세기 30년 전쟁을 거치면서 소위 베스트팔렌체제를 이룩하는데 이는 역사사회학자 틸리(Charles Tilly)의 논의처럼 전쟁을 통해 이루어진 체제로 이전의 다양한 정치단위들이 전쟁으로 소멸되어 선별되는 과정을 거쳤다. 30년 전쟁의 주역인 프랑스를 주축으로 한 강대국들이 베스트팔렌 질서를 만든 조직원리 권력을 행사했다. 근대주권국가체제는 평화보다는 전쟁을 핵심 요소로 삼고 있다. 중세 유럽은 세속적으로는 황제, 종교적으로는 교황이 전적인 권한을 행사하는 일원적 제국체제의 조직원리를 가지고 있었지만 복수의 주권국가들은 모두 군사력을 정당하게 독점하는 단위로 정립되었다. 그리하여 사실상 단위들 간의 전쟁을 막을 수 있는 규범과 규칙이 존재하지 않는 무정부상태의 조직원리를 이루어 국제정치를 수행해 온 것이다.

이러한 조직원리는 유럽에서 비유럽으로 확산되었다. 유럽에서 근대국제제체가 만들어지고 1945년 전 세계의 모든 국가가 주권국가로 변용되기까지 제국주의 침탈은 비서구 국가들의 운명에 엄청난 영향을 미쳤다. 유럽의 구제국주의 세력은 1492년의 아메리카 신대륙 발견 시점부터 비서구 정치체들의 주권적 지위에 대해 매우 부정적이었기 때문에 1945년 식민지 해방은 애초에 계획된 것으로 보기 어렵다. 오히려 제국주의 세력들 간의 전쟁으로 인한 상호 약화, 자유주의의 확산으로 인해 식민지들이 대외적 자립을 주장하게 된 뜻밖의 추세, 그리고 민족자결주의를 제창하며 세계 무대를 주도하게 된 미국과 소련의 새로운 리더십 등이 중요한 요인으로 작동했다. 미국과 소련은 자유주의와 공산주의에 기초하여 서로 다른 이유에서 비서구 국가들의 주권적 지위를 지지하였다. 그러나 유럽 구제국주의 세력보다 더 많은 정당성을 가지고 식민지 단위들의 민족자결주의에 부응했기 때문에 20세기 국제정치를 주도하는 초강대국이 될 수 있었다.

냉전이 진행되면서 소련은 사실상 다른 공산주의 국가들의 주권을 무시하는 제국의 행태를 보였고, 미국은 자유주의에 기반하여 다른 국가들의 발전과 주권을 옹호하면서 자유주의 국제질서를 이루었다. 물론 이 과정에서 필요에 따라 내정간섭, 쿠데타 모의, 일방주의 외교정책 등을 서슴지 않았지만 전반적으로 규칙기반의 다자주의 질서로 미국의 패권을 강화하는 전략을 추진하였다.

미국은 무정부상태 조직원리의 시대적 진화에 맞추어 적절한 패권 전략을 사용했기 때문에 냉전에서 승리하고 홀로 단극체제를 이룩할 수 있었다. 그러나 탈냉전시대는 어떠한가. 미국은 새로운 시대의 흐름에 맞추어 자신의 리더십을 진화시키고 새로운 조직원리를 만들어가는 노력을 기울였는가. 미국이 1990년대에 들어 구공산권 국가들과 제3세계의 실패한 국가들을 포용하려는 노력을 기울인 것은 사실이다. 그러나 21세기 들어 소위 네오콘을 중심으로 미국이 유일무이한 지도국이 되는 제국의 시대를 꿈꾸었고 이 과정에서 제3세계 국가들의 탈식민 요구에 부응하기보다는 미국의 이익을 극대화하는 데 주력했다. 미국 주도 자유주의 국제질서를 강화하고 강대국들 간 소극적 평화를 추구한 것은 그 자체로 잘못된 목표라고 할 수는 없지만 냉전 종식 이후 제3세계 국가들이 새롭게 이루고자 하는 온전한 주권국가의 추진이라는 대과제를 미국이 충분히 이해하고 이끌려고 했는지는 회의적이다. 특히 9.11 테러 이후 미국은 중동 지역에 전면 개입했지만 이를 통해 중동 국가들의 요구를 얼마나 이해하고 이에 부응했는지도 의문이다.

아시아의 경우도 마찬가지이다. 탈냉전기 아시아 안보에서 가장 심각한 문제인 북핵문제의 경우 미국은 남북 대립, 한반도 평화체제를 온전히 이해하기보다, 주로 핵비확산의 규범을 준수한다는 측면에서 북핵문제에 개입했다. 물론 각 단계별 다양한 변이가 있기는 하였지만 전반적으로 미국의 아시아 전략이 주권국가체제에서 아시아 고유의 문제를 이해한 바탕에서 수립되었다고 보기 어려운 부분이 있다. 현재 중국의 부상으로 미중 전략경쟁의 와중에 있지만 중국을 온전히 이해하고 적절히 관여해야 하는 또 다른 과제를 안고 있다.

미국은 냉전 종식 이후 단극체제의 패권국으로 존재하면서 평화를 유지하고자 노력해왔다. 그러나 21세기, 탈냉전기의 평화 조건은 물론 패권에게 요구되는 역할도 변화되고 있었다. 미국의 스스로에 대한 역할 규정은 변화하는 시대와 괴리를 보였고 그 와중에 제3세계 내부의 폭력은 증가하고, 결국 미국으로 향하여 세계는 반테러의 시대로 접어들었다. 반테러 전쟁으로 인한 과다 지출, 미국에 부과된 평화유지 임무에 대한 국내의 피로감 등이 겹치면서 결국 트럼프 정부는 미국 우선주의를 내걸어 미국민들의 지지를 받기에 이르렀다.

21세기 국제정치와 평화에서 국제적 리더십은 다른 국가들에게 공공재를 제공하고 질서를 부여하는 패권의 역할을 넘어서야 한다. 탈냉전기의 많은 국가들이 추구하는 진정한 가치, 특히 제3세계 국가들이 온전한 주권국가를 이루고자 하는 탈식민의 가치를 패권국, 혹은 지구적 리더십, 새로운 지구 거버넌스가 어떻게 수용할 수 있을지가 중요한 과제이다.

3. 탈냉전 미단극기는 진정 평화로웠는가?

1) 평화를 향한 인류의 진화

저명한 언어학자이자 인지과학자인 스티븐 핑커(Steven Pinker)는 『우리 본성의 선한 천사(*The Better Angels of Our Nature*)』에서 인류 역사 전체의 과정을 보면 인간이 매우 평화로운 방향으로 진화해 왔다고 주장하고 있다. 이러한 평화는 다른 종에게서 볼 수 없는 특징이며, 우리가 살고 있는 현재가 인류 역사에서 가장 평화로운 시대라는 것이다. 이는 조직폭력 발생률과 사망률에 관한 자료를 통해 입증된다고 한다.

핑커는 이러한 주장을 뒷받침하기 위해 다섯 가지 거시적 변화에 대해 논의하고 있는데, 이는 국제정치에 많은 시사점을 준다. 첫째는 평화화 과정이다. 인류가 초기 원시사회에서 출발하여 농업문명과 국가를 이루면서 점차 평화를 이루어 왔다는 것이다. 둘째, 중세 후기부터 20세기까지 유럽 민족국가체제의 성장과 통합에 수반하는 문명화 과정이 이루어졌다고 본다. 이 기간 동안 유럽은 도시화와 상업화를 거쳐 점차 세계화를 이끄는 주역이 되었다. 문명화 과정에서 살인율은 10배에서 50배까지 감소했다고 본다. 셋째, 17세기와 18세기에 시작된 인도주의 혁명 과정이다. 이는 법적 혹은 다른 형태의 고문을 서서히 없애고 모든 종류의 잔인하고 비인간적인 관행을 장기적으로 감소시켰다고 본다. 또한 노예제도가 쇠퇴되다가 결국 궁극적으로 폐지되기에 이른다. 넷째, 제2차 세계대전이 끝난 뒤 냉전기를 통해 이루어진 평화로 개디스가 명명한 바와 같이 '긴 평화'의 기간이다. 이 기간 동안 강대국 간 전쟁이 사라지고 다른 국제분쟁의 수와 사망률이 극적으로 감소하였다. 대규모, 고강도 전쟁이 전쟁 수행 당사자 모두에게 너무나 파괴적이 된 상황에서 전쟁이 더 이상 어떤 합리적인 목적에도 기여하지 못한다는 인식이 확산되는 시기였다고 본다. 제2차 세계대전의 대량 살육에 대중의 반발이 야기되는 한편, 유엔 안전보장이사회가 전쟁을 규제하는 규범을 강화해왔다. 1970년대 초까지 식민지 해방 전쟁은 대부분 끝났고 새로운 식민지 정복에 대한 생각은 그야말로 상상도 할 수 없는 것이 되었다고 본다.

특히 관심이 가는 시기는 탈냉전기이다. 냉전이 종식되면서 "새로운 평화(New Peace)"의 시대가 도래했다는 것이 핑커의 주장이다. 그전까지 약 40년 동안 증가했던 국가 간 분쟁의 수는 1990년대 초반부터 상당히 줄어들었다고 본다. 냉전이 종식되면서 국제 갈등의 근원이 상당 부분 제거되었을 뿐 아니라 새로운 안보제도들이 출현해 왔다고 본다.

이러한 논의는 탈냉전기가 매우 장기적 관점에서 보면 상대적으로 평화로운 기간이었다는 논의로 설득력이 있다. 조직화된 폭력이 줄고 폭력 사용에 대한 인간들의 거부감이 확산되었으며, 폭력을 막을 수 있는 기제들이 늘어난 것이 사실이다. 문제는 지금도 행사되고 있는 조직화된 폭력의 원인을 우리가 정확히 파악하고 이를 해결할 수 있는 능력을 가지고 있는가 하는 점이다.

2) 탈냉전기 폭력 분쟁의 발생

핑커의 주장은 국제정치학적으로 정치한 주장이라기보다는 긴 역사의 추세를 보여 준다는 점에서 매우 흥미로운데 특히 탈냉전기, 그리고 그 이후의 추세를 좀 더 깊이 생각해 볼 필요가 있다. 제2차 세계대전 이후 강대국 간 전쟁이 극도로 제한되었다는 것은 맞는 말이다. 현재까지 60년이 넘도록 강대국 간 무력 충돌은 존재하지 않았다. 수 세기 동안 강대국 간 가장 긴 평화지속기간이다. 냉전기 핵의 개발과 억지전략이 확실히 제3차 세계대전을 막는 데 도움이 되었던 것이 사실이다.

그러나 냉전을 선진국이 아닌 전 세계에 걸친 현상으로 보면 다른 결론을 도출할 수 있다. 강대국이 아닌 수십 개국이 많은 전쟁을 벌인 것도 사실이다. 냉전 기간 동안 한반도, 동남아시아, 중동, 인도, 사하라 이남 아프리카 지역에서 분쟁은 비교적 흔한 일이었다. 이러한 갈등의 대부분은 초강대국들의 개입으로 악화되거나 대리전의 성격을 띠기도 하였다. 물론 이들 지역의 분쟁이 확전되어 지역 질서 전체가 혼란으로 치닫는 것을 강대국들이 제한하는 역할도 수행하였다.

소련이 해체되고 탈냉전기에 접어든 이후 세계평화에 대한 명확한 판단을 내리는 것은 쉬운 일이 아니다. 미국 주도 단극체제가 강대국 간 전쟁을 상상할 수 없는 상황인 것은 확실하다. 미국은 냉전 종식 이후 30년 동안 도전을 불허하는 군사적 최강대국일 뿐 아니라 자신을 뒤따르는 대부분의 강대국들과 동맹관계를 맺고 있기 때문이다. 미국과 국제사회가 주도하는 핵비확산의 규범이 잘 유지되어 핵 분쟁의 위협도 급격히 감소했다.

2009년과 2010년의 인간안보보고서(Human Security Report)에 따르면, 1992년부터 2003년까지 국가 기반 무력 충돌은 40% 감소했다. 21세기 들어 발생한 전쟁당 사망자 수를 보면 1950년대의 분쟁보다 평균 90% 적은 사망률을 보인다는 점을 알 수 있다. 또한 지난 10년 동안의 전쟁 사망자 수는 19세기의 어떤 10년보다도 적었다는 점도 확인된다.

그러나 제3세계의 상황 및 비국가 행위자들을 고려한 세계의 분쟁 상황은 핑커의 논의처럼 새로운 평화로 규정하기가 쉽지 않다. 세계는 1991년 걸프전, 유고슬라비아의 인종 청소, 르완다의 대량 학살, 콩고에서의 끝없는 싸움, 소말리아 사태, 9.11 테러 공격, 이라크와 아프가니스탄 사태와 미국의 개입 등 많은 분쟁으로 얼룩졌다. 전체적으로 1989년 이후 비국가 분쟁은 균일하지 않은 장기적 증가 추세를 보였다.

20세기 중반과 크게 대조되는 현상으로 탈냉전기에 가장 문제가 된 것은 내전으로 인한 폭력이다. 매년 1,000명 이상의 전투 사망자가 발생하고 적어도 하나 이상의 국가 행위자가 참가하는 내전을 주요 내전이라고 정의할 때, 주요 내전은 1990년에서 2003년 사이에 약 72% 감소했다. 그러나 이 같은 추세는 이후 10년간 극적으로 역전되어 주요 내전 건수는 2015년 4건에서 11건(아프가니스탄, 이라크, 나이지리아, 파키스탄, 소말리아, 수단, 시리아, 우크라이나, 예멘 등)으로 늘었다. 이전까지 주요 내전의 수가 더 많았던 해는 1992년뿐이다. 이와 함께 소규모 내전도 증가하고 있다. 소규모 내전을 연간 25명 이상 전투 사망, 최소 하나 이상 국가 행위자 포함으로 정의했을 때 2015년에는 38건으로 1994년 이후 최대치를 기록했다. 2014년 이후 급상승한 것은 이슬람국가(IS)의 확산 때문이며,

2014년 3개국, 2015년 12개국이 관련 분쟁에 휘말렸다(Einsiedel, 2017: 2).

21세기 들어 발생한 중요한 내전을 열거해 보면 이라크, 시리아, 리비아, 예멘, 차드, 콩고민주공화국(DRC), 나이지리아, 파키스탄, 르완다, 소말리아, 스리랑카, 남수단, 말리, 중앙아프리카공화국(CAR), 우크라이나 등에서 대규모 내전이 발생했다.

국가는 자신의 수백만 시민을 학살하는 새롭고 독창적인 방법을 고안했고, 내전에서 반란군은 민간인 사망의 가장 큰 원인이 되었다. 민간인에 대한 조직폭력 군사작전은 1989년 이후 21세기 초까지 56% 증가했다. 이는 탈냉전기 민간인들이 정치적 폭력의 가해자들에 의해 점점 더 많은 희생을 당하고 있다는 사실을 보여준다. 내전으로 인한 전 세계 난민과 실향민 역시 전반적으로는 큰 문제로 대두되었다. 군사 쿠데타와 쿠데타 시도 횟수는 2004년 10건에서 2005년 3건으로 감소하여, 1963년 25건으로 최고치에 달한 이후 하락 추세에 있다.

2006년 인간안보보고서(Human Security Brief 2006)에 따르면 21세기 들어 무장 충돌의 수는 전반적으로 감소세를 보였다. 2002년 초부터 2005년 말까지 전 세계에서 벌어지고 있던 무장 충돌 통계를 보면 66건에서 55건으로 15% 감소했다. 또한 전 세계 무장 충돌 사망자 수는 거의 40% 감소했다.

국가에 의해 행해지는 일방적 폭력은 피해자의 무력 대응이 불가능한 경우이다. 탈냉전기의 대량 학살과 민간인 학살은 계속 감소 추세에 있지만 여전히 많은 폭력이 존재한다. 집단학살은 1956년부터 꾸준히 증가했으며, 1970년대 중반에서 후반 사이에 정점을 찍은 후 1989년부터 급격히 감소하고 있다. 1989년에서 2005년 사이에 정치적 대량 살인은 90% 감소했다. 같은 기간 군사작전의 일방적인 폭력은 55% 증가했다. 1994년

르완다 집단학살의 엄청난 사망자 수가 이러한 현상을 대변한다. 1990년대 중반 이후 일방적인 폭력으로 인한 사망자가 줄어든 것으로 보고된 사실은 분명하지만, 매우 고르지 못하다는 점도 눈에 띈다.

주목할 만한 다른 현상은 냉전기의 많은 전쟁들이 협상이 아닌 전투에 의해 결정되고 종식된 것과 달리 탈냉전기에는 협상에 의해 끝나는 추세를 보이고 있다는 점이다. 더 많은 전쟁이 승패보다는 협상 타결로 끝난다는 사실은 평화주의자들에게는 고무적인 소식이다. 하지만 통계적으로 협상 타결로 끝나는 전쟁은 승리로 끝난 전쟁보다 3배 더 오래 지속되는 경향을 보인다. 그러면서 5년 안에 재개될 가능성은 전쟁으로 종식된 경우보다 거의 2배나 높은 것으로 나타났다.

지역적으로 보면 가장 취약한 지역은 사하라 이남 아프리카로, 내전과 비국가 행위자들의 무력행사가 빈번히 발생했다. 2000년대를 보면, 2002년 국가 기반 충돌은 13건, 비국가 행위자들 간 폭력 행사는 24건 수준이었다가 2005년까지 점진적 감소 추세를 보여, 국가 기반 충돌은 5건, 비국가 충돌은 14건으로 감소하기도 하였다.

사하라 이남 지역을 제외하고는 중앙아시아와 남아시아가 가장 많은 분쟁에 영향을 받는 지역이다. 중동과 북아프리카, 동남아시아와 오세아니아, 그리고 아메리카도 분쟁의 횟수는 증가 추세에 있다. 반면 유럽에는 아무런 변화도 없었다.

테러의 경우도 비국가 행위자에 의한 폭력으로 국제 테러 데이터는 국가 내전, 대량 학살 및 정치 학살과 매우 유사한 추세를 보여주고 있다. 즉 냉전 기간 동안 가파르게 증가했지만 불균일한 양상이었고 1990년대 내내 급격히 하락했다. 그러나 21세기 들어 9.11 테러에서 보이듯이 국제 테러의 발생률은 거의 3배나 증가했다. 테러에 의한 대부분의 살인은 이라크에서 발생했다는 점이 특징이다. 그러나 국제 테러로 인한 사망자 수는 대량 학살과 정치 학살 그리고 다른 형태의 일방적인 폭력으로 인한 민간인 학살 사망자 수에 비해 상대적으로 적다는 점도 주목할 만하다.

21세기 들어 내전 역시 이전과는 뚜렷한 차이를 보이는데 우선 대부분의 내전이 이슬람 인구 지배지역에서 발생하고 있다는 점이다. 1989년에서 2003년 사이에, 내전의 약 40%가 이슬람교도들이 대다수인 국가에서 벌어졌지만, 2003년 이후 이 숫자는 약 65%까지 증가했다. 또한 대부분의 반란 세력이 이슬람 극단주의와 연계되어 있다는 점이다. 이전의 내전들은 인종, 사회경제적 문제로 발생하는 것이 대부분이었고 이념적 이유는 상대적으로 적었다고 본다. 또 다른 특징은 이러한 내전이 국가에 한정된 목적이 아니라 초국가적 목적을 위해 진행되는 경우가 다수라는 점이다. 이전에는 국가의 정부 통제, 혹은 국가로부터의 분리 등을 위해 싸웠다면 이제는 초국가적 연대 및 단체를 만들기 위해 싸우고 있다는 지적이다(Walter, 2017: 470).

2010년대에 들어서면서 폭력 수준은 전반적으로 약화하는 추세를 보였다. 고강도의 충돌은 비교적 낮은 수준에서 변동을 보였는데 2011년 진행된 6개 고강도 분쟁은 아프가니스탄, 리비아, 파키스탄, 소말리아, 수단, 예멘 등이었다. 아프가니스탄, 파키스탄, 소말리아, 예멘에서의 전쟁은 이슬람 단체와 관련한 국제 및 지역 분쟁이었던 반면, 수단의 폭력 사태는 대부분 남수단의 독립과 다르푸르 지역을 둘러싼 문제이다. 리비아의 분쟁은 '아랍의 봄'과 직접 관련이 있었다. 2010년대 국가 간 분쟁은 2011년 단기간 발생한 캄보디아와 태국 사이의 분쟁을 제외하면 1990년대와 21세기 초에 일어난 것에 비해 규모가 매우 작았다. 그러나 1998년부터 2000년까지 벌어진 에티오피아와 에리트레아 사이의 고강도 국가

간 분쟁은 내분보다 훨씬 더 치명적인 경향을 보였다.

2005년 이후 세계에서 가장 치명적인 지역으로 부상한 곳은 중앙아시아와 남아시아다. 아프가니스탄과 파키스탄에서 여전히 분쟁이 진행 중이며 높은 수준의 폭력사태를 보였다. 그러나 전투 사망률은 감소 추세를 보여, 2009년과 2011년 사이에는 50% 감소했다.

1980년대에 시작되어 2000년대에 불거진 스리랑카 분쟁이 2009년에 종식되면서 평화가 정착되었다. 2009년 타밀 반군에 대한 대규모 정부 공세 때 스리랑카는 지역 전체 분쟁에서 40%에 가까운 비중을 차지했다. 더불어 2008년 이후 파키스탄 정부군이 탈레반과 싸우면서 발생한 전투 사망자도 감소하였다. 2009년에 정점을 찍은 후, 2009년과 2011년 사이에 이 분쟁으로 인한 전투 사망률은 거의 60% 감소했다. 그러나 이런 감소에도 불구하고 2010년대 아프가니스탄 분쟁에 버금가는 강도 높은 충돌은 계속됐다. 미국을 비롯한 외부 강대국들이 지방정부와 맞서 싸우고 있는 아프가니스탄에서는 2011년 사망자 수가 여전히 많았을 뿐만 아니라 증가했다. 2011년 세계에서 가장 심각한 분쟁인 아프가니스탄의 분쟁은 그해 전 세계 전사자의 32%를 발생시켰고, 중앙아시아와 남아시아에서 나머지 70%가량을 기록했다.

세계적으로 비국가적 무력 충돌은 2010년 이후 증가해 2011년 38건의 충돌이 기록되고 있다. 이러한 경향은 주로 아메리카와 사하라 이남 아프리카의 정세 변화가 주도하였다. 중동과 북아프리카 지역은 아랍의 봄 사태와 같은 정치적 격변이 있는 상황에서 사망률이 높아지기도 하였다. 2010년 2,000명 미만에서 2011년 거의 6,000명으로 전투 사망자가 3배까지 증가한 적도 있어 추세는 일정하지 않다. 사하라 이남 아프리카에서 남수단의 독립을 둘러싼 사건들이 발생하고 이에 영향을 받은 분쟁이 수없이 계속되었다. 그러나 전투 사망률은 1990년대에 비해 비교적 낮은 것으로 나타났다.

비국가 분쟁은 심각성에 비해 덜 주목받는 경향이 있다. 이는 이들 분쟁이 국제 안보에 대해 실질적인 위협이 되지 않는 경우가 많고 갈등 기간도 짧기 때문인데, 대다수가 폭력사태가 시작된 지 1년 이내에 끝난다. 또한 비국가 행위자들에 의한 폭력은 상대적으로 적은 전투 사망을 야기한다. 예를 들어 2011년 평균 비국가 분쟁은 170여 명의 사망자를 낸 반면, 국가 기반 분쟁은 600여 명의 사망자를 냈다.

세계평화지수(Global Peace Index)는 군사 예산, 무기수출, 폭력범죄의 정도, 전쟁 사상자, 죄수 규모, 조직범죄 수준, 잠재적인 테러 공격 위험, 사회·정치적 갈등, 인접 지역이나 국가와의 상대적 관계 등 23개 지표를 종합하여 평화를 수치화하는데, 2019년 지수를 보면 분쟁으로 인한 사망자는 2008년 이후 140% 증가했음을 알 수 있다. 다만 2014년 최고치를 찍은 이후 분쟁사고는 26.5% 줄어들었다. 중동과 북아프리카가 최근까지 세계에서 가장 평화롭지 못한 지역으로 남아 있다. 이 지역의 어느 나라도 평화지수로는 평화로운 국가 30위 이상의 높은 순위에 들지 못한다. 또한 세계에서 가장 평화롭지 못한 10개 국가 중 4개국이 이 지역에 위치하고 있다.

세계에서 가장 영향력 있는 국가의 리더십에 대한 인식도 부정적으로 변화하고 있다. 미국의 리더십에 대한 신뢰는 지난 5년 동안 가장 많이 하락했고, 현재 세계인들은 평균적으로 미국보다 중국에 대해 더 많은 신뢰를 가지고 있다는 통계도 있다. 폭력사태가 경제에 미치는 영향은 부정적인데 2012년 이후 처음으로 폭력이 세계 경제에 미치는 효과가 개선되었음을 알 수 있다. 이러한 개선 경향은 이라크, 콜롬비아, 우크라이나에서의 무력 충돌 영향이 감소했기 때문으로 분석된다.

아시아의 경우 북한과 중국의 평화지수가 눈길을 끄는데, 북한은 세계평화지수 하위 25위 안에 든 유일한 아시아태평양 국가였다. 한국, 미국과의 비핵화 협상에도 불구하고 별다른 진전이 없는 상황을 반영하고 있다. 중국은 지속적인 분쟁과 군사력이 줄어두는 추세를 바탕으로 평화지수가 개선되었다. 중국은 유엔 평화 유지 기금을 늘리고 무기 수출과 군사 지출을 줄였지만, 약 100만 명의 위구르 무슬림들이 신장 지방의 수용소에 억류되어 있는 상황 등이 지수에 영향을 미쳤다.

3) 적극적 평화의 관점에서 본 탈냉전기 평화

전쟁의 부재를 의미하는 소극적 평화와 달리 적극적인 평화는 평화로운 사회를 만들고 유지하는 태도, 제도, 구조로 정의된다. 평화를 만드는 요소들로 번영하는 경제, 높은 수준의 내구성, 복지, 생태환경, 그리고 변화에 더 잘 적응할 수 있는 사회와 같은 점들을 중시한다. 경제평화연구소(Institute for Economics & Peace)는 적극적 평화의 지수화 과정에서는 낮은 부패 수준, 다른 사람들의 권리에 대한 수용, 정보의 자유로운 유통, 확고한 사업환경, 인적자원의 높은 수준, 평등한 자원배분, 주변국과의 우호적 관계, 효율적 정부 등 8개를 지표로 삼아 측정한다.

2010년대를 통해 세계적 차원에서 적극적 평화는 구조적 측면에서 개선되었지만 사회적 태도와 관련해서는 악화되었다. 우선 빈곤 및 보건과 같은 요인, 국민소득의 지속적인 증가, 신기술의 끊임없는 발전, 그리고 과학과 건강 분야의 새로운 발견 등의 영구적인 흐름을 반영하면서 개선되어 왔다. 반면 사회적 태도와 관련된 요소들은 상당히 악화되었는데, 사회적 대립, 잘못된 정보의 보급 증가, 부패의 증가, 정치적 견해의 심화된 양극화 등에 기인한다.

2009년 이후, 128개국이 개선되고 35개국이 악화되는 등, 적극적인 평화에서 개선된 나라들이 더 많았다. 이는 주로 정보자유화, 건전한 기업환경, 높은 수준의 인적자본 등에 의해 지난 10년간 전 세계적으로 2.6%가 개선되었다. 2009년부터 2018년까지 전 세계 9개 지역 중 8개 지역이 적극적 평화에서 개선되었으며, 북미만이 유일한 예외가 되었다. 러시아를 비롯한 유라시아, 아시아태평양, 남아시아는 모든 국가가 개선되는 등 지역적으로 가장 큰 향상을 보였다. 적극적인 평화가 가장 크게 개선된 나라는 조지아, 벨라루스, 코트디부아르, 아르메니아, 사우디아라비아였다. 적극적 평화에서 가장 큰 악화를 보인 나라는 시리아, 리비아, 예멘, 베네수엘라, 브라질이었다.

4. 패권적 평화는 유지 가능한가?

탈냉전 30년간의 평화에 대한 성적은 이중적이다. 냉전에서 미국이 승리하면서 강대국 간 전쟁이 방지되고 미국이 주창하는 질서가 구공산권 지역으로 확대된 것은 사실이다. 그러나 미국의 패권적 힘이 미치는 지역은 한정되었고, 미국은 비서구 폭력 사용의 논리를 충분히 이해하지 못하였거나 적절히 개입하지 못했다. 그 여파는 미국 본토에 대한 테러 공격, 그리고 이를 막기 위한 국력의 소진, 미국의 패권 역할에 대한 국내적 지지의 약화 등이다.

애초에 냉전의 종식을 마무리 지은 부시 대통령은 "새로운 세계질서"를 주창했고 미국 내 지지를 확보할 수 있었다. 소련과 협상하여 구공산권 국가들의 탈공산 이행에 개입하자 급기야 소련은 1991년 12월에 해체되기에 이르렀다. 뒤이은 클린턴 정부는 개입과 확대 전략을 통해 구공산권을 필두로 세계 각 지역에 적극적이고 선별적인 개입전략을 폈다. 미국 단극체제가 확립되었고 정보화산업의 부흥에 힘입어 제2차 세계대전 이후 보기 드물게 재정흑자를 기록하였다. 소말리아, 코소보 등 제3세계 분쟁에 개입하였지만 선별적이었고 앞서 논한 시대적 소명을 온전히 인식한 진화된 제국의 모습을 보이지는 못하였다.

9.11 테러 이후 상황은 악화되었다. 부시 대통령은 네오콘의 시각에서 미국 본토안보에 대한 도전을 일방주의적으로 극복하고자 했고 이 과정에서 아프가니스탄과 이라크에 대한 전쟁을 벌여 중동 질서를 미국의 이익에 맞게 재편하고자 했다. 이미 중동과 아프리카 등 제3세계의 많은 국가들이 냉전기에 완성하지 못했던 국가적 과제, 즉 과거 유럽 제국들이 야기했던 주권국가 형성과정의 문제들을 해결하고자 노력하고 있었다. 미국은 냉전기인 1956년 수에즈 운하 사건 이후 중동에 직접 개입하였고 이 과정에서 미국의 국익을 위해 소련을 배제하고 중동의 왕정을 지원하는 한편, 소련에 대항하기 위해 이슬람 세력과도 손을 잡았다. 그러나 냉전 종식 이후 상황은 급변하여 미국의 이익을 위해 군사력을 사용하는 개입전략, 국가건설전략을 추진하였는데 결과는 매우 부정적이었다.

탈냉전기에 벌어진 많은 폭력 분쟁들, 즉 소말리아 내전, 리비아 사태, 스리랑카 내전, 사하라 이남의 분쟁들, 이슬람국가의 대두, 그리고 이라크와 아프가니스탄의 반테러 전쟁은 모두 오랜 역사에서 비롯된 주권국가 수립 문제와 연결된다. 유럽 구제국주의 세력에 의해 매우 복잡하게 얽힌 국가 내부의 다양한 행위자들 간의 분쟁이 해결되지 못하고 있기 때문에 이에 대한 증상적 대응으로는 문제를 해결하기 어려운 상황이다.

미국은 비록 탈냉전 유일의 패권국이지만 지역마다, 국가마다 다른 많은 문제들을 모두 해결하기란 불가능하다. 그러나 적어도 미국 자신의 이익을 위해 지역질서를 더욱 왜곡하거나 국가들 간의 분쟁을 악화시키는 전략을 추진하는 것은 바람직하지 않다. 냉전기 소련과의 대결논리로 주목하지 못했던 새로운 시대의 문제를 온전히 이해하고 해결하는 과정에서 미국의 패권적, 장기적 이익을 추진하는 전략적 안목이 필요하다.

그러나 2008년 경제위기와 누적되는 재정적자 속에서 문제 해결은 쉽지 않다. 더욱이 정치양극화와 민족주의, 포퓰리즘이 강화된 상황에서 등장한 트럼프 정부는 기존의 미국 주도 다자질서를 스스로 저해하는 많은 정책을 폈다. 트럼프 정부의 노선에 찬성하는 미국민들의 비중이 작지 않았다는 것은 중요한 사실이다. 탈냉전기 미국이 추구했던 패권적 역할에 대한 미국 내 반대가 강화될 경우 미국의 패권적 의도는 약화되고 세계평화는 다른 국면에 진입할 것이다.

1) 미국의 패권적 역할에 대한 국내적 지지의 변화

9.11 테러와 경제위기를 거치면서 패권적 외교정책에 대한 미국민들의 지지가 약화된 현상은 이해할 만하다. 세계의 경찰국가로 많은 지출을 해왔는데도 테러집단의 공격에서 보이듯이 미국에 대한 비판은 거세어졌고 다른 국가들이 무임승차하면서 경제를 발전시키는 양상은 미국민들에게는 수용하기 어려운 변화였다. 트럼프 대통령은 이러한 미국 내 불만을 미국 우선주의라는 외교적 정책 변화로 수용하고자 하였다.

미국이 향후 지구적 리더십을 행사하는 전략에서 후퇴하여 자국 이익 우선주의, 혹은 선택적 고립주의를 택할 경우 어떠한 장단점이 있는지 논쟁이 치열하게 벌어지고 있다. 단극체제기 미국의 우세전략을 비판하는 측은 미국이 경제력을 소진했음은 물론 군사력을 무분별하게 사용하여 미국의 핵심이익이 아닌 영역에 많은 국력을 소진했다고 본다. 이 과정에서 미국의 이념적 정당성도 훼손되고 미국에 대한 세계의 반감도 늘었다고 본다. 특히 중동에 대한 개입은 미국의 국력을 훼손하였고 중국, 러시아 등 점증하는 지정학적 경쟁자에 대한 견제를 약화시켰다고 본다. 미국 패권에 대한 경계론자들은 가능하면 조속하게 아프가니스탄, 이라크, 시리아로부터 철군할 것, 중동 전역에서 미군을 철수시키고 소수의 해공군 기지만 남길 것, 이스라엘-팔레스타인 분쟁, 예멘 분쟁과 같이 미국의 사활적 이익이 걸리지 않은 분쟁에서 물러날 것, 사우디아라비아 등 핵심 동맹국과 기본적인 동맹관계를 유지하면서 중동 질서 유지의 책임을 주로 맡길 것 등을 주장하고 있다. 또한 유럽에서도 점차 개입을 줄여 나토에서 유럽 국가들의 역할을 확대하고 궁극적으로는 탈퇴하는 안도 제시하고 있다. 러시아는 군사적 강국이지만 경제력이나 전체 국력 수준에서 그리 강하지 않기 때문에 러시아의 영향력을 인정하고 전통적으로 그 영향권으로 인식되는 지역에서 점차 철수하는 것을 권고하고 있다. 우크라이나의 나토 가입 등을 포기하고 러시아와 우크라이나 양자 협상에 의해 문제를 해결할 것을 제시한다(Wertheim, 2020).

이에 대해 미국의 지속적 지구 전략을 주장하는 측에서는 미국이 패권의 역할을 거부하고 내향적 후퇴, 축소(retrenchment) 정책으로 환원할 경우 훨씬 큰 문제점이 발생할 것으로 본다. 첫째 미국의 후퇴전략은 유럽과 아시아의 안보 상황을 악화시킨다는 것이다. 이들 핵심 지역에서 안보 혼란이 가중될 경우 결국 미국의 개입을 불러올 것이고 이는 미국의 손해와 비용을 더욱 가중시킬 것이라는 것이다. 둘째, 미국의 후퇴전략으로 핵확산이 더욱 촉진된다는 점이다. 동맹국으로서 미국을 상실한 주요 국가들, 특히 한국과 일본 같은 국가들은 자국의 안보 이익을 위해 핵무장할 가능성이 높아지며 이는 전반적인 핵전쟁 위협을 증가시킬 것으로 본다. 셋째, 미국의 역할이 축소되면 세계적으로 민족주의와 배외주의가 확산될 수 있다는 점이다. 세계화의 역풍으로 이미 많은 나라들에서 배외적인 우파 정당들이 득세한 바 있는데, 미국이 주창하는 자유민주주의의 영향력이 약화될 경우 세계적 파장을 가져올 것이라고 본다. 넷째, 미국의 쇠퇴가 가중되면 결국 세계는 영향권 체제로 환원될 것인데 이는 중국과 러시아의 영향력 강화를 의미한다. 시간이 흐르면서 점차 중국과 러시아의 팽창이 시작될 것이고 이는 미국의 이익을 해치게 될 것이라고 본다.

이러한 각축이 벌어지는 속에서 미국이 패권의 능력을 재건하더라도 지구 유일의 패권국으로 리더십을 발휘할 의도를 회복할지는 알기 어렵다. 패권은 장기적인 국가이익을 도모하기 위해 다른 국가들에게 시혜적으로 보이는 전략을 지속적으로 행해야 하는데 국민들은 패권의 비용은 직접적으로 느끼지만 그 혜택은 쉽게 느끼기 어렵기 때문이다. 더욱이 21세기 들어 국가적으로 많은 난관을 경험한 미국 국민들이 미국의 지구적 역할, 동맹에 대한 공헌, 그리고 다른 국가들의 도전에 대한 과감한 대응을 어느 정도 수용할 수 있을지 면밀히 살펴보아야 한다.

변화하고 있는 국제정치 속에서 미국이 어떻게 대처할 것인가는 미국은 물론 세계적으로 큰 영향을 미칠 문제이다. 2008년 경제위기 이후 미국의 중산층 몰락, 제조업 쇠퇴, 빈부 격차 증가 등은 상당히 심화되고 있다. 트럼프 대통령은 미국의 기존 세계전략으로 이러한 국내 경제사회 문제를 해결할 수 없다고 보고 대외 개입을 줄이고 동맹국들의 더 많은 공헌을 요구하는 미국 우선주의를 제창한 바 있다. 민주당 역시 버니 샌

더스와 같은 진보정치가들은 미국 내 계급 격차가 심화되는 상황에서 정부가 주도가 되어 격차를 줄이고 일부 중요 산업들을 국가 경영으로 돌리는 정책을 논의했다. 이 과정에서 미국의 과대한 대외 개입과 패권전략은 득이 되지 않는다. 미국 경제의 근본 문제 해결을 두고 트럼프 대통령과 샌더스 같은 진보 인사들이 정치적 견해는 상반됐지만 대외정책에서는 유사한 처방을 내놓았던 것이다. 이에 대해 민주당의 중도 진보 인사들은 설득력 있는 대안을 내놓지 못하고 있다. 전통적으로 미국 중산층 및 제조업 계층과 밀접한 관계를 유지해온 민주당은 1990년대를 넘어서면서 상류 백인층, 밀레니얼 세대, 일부 소수 비백인층, 그리고 정보산업을 비롯한 첨단산업 계층 등과 연결되면서 광범위한 지지 계층을 놓치고 있다. 민주당 중도 인사들은 미국의 적극적 세계정책, 동맹 중시, 핵비확산 등 전통적인 대외전략과 유사한 대안을 제시하고 있지만 국내적 합의를 어느 정도 이끌어낼 수 있을지 미지수다.

결국 미국의 미래는 미국민들의 선택에 달려 있다. 퓨리서치가 2019년 12월 17일 시행한 여론조사에서 많은 시사점을 엿볼 수 있다. 미국인 10명 중 약 7명(73%)은 "좋은 외교가 평화를 보장하는 최선의 방법"이라고 답한 반면, 26%는 "군사력이 최선의 방법"이라고 답했다. 비슷한 표차로, 동맹국이 동의하지 않을 때 미국이 자국의 이익을 따라야 한다고 생각하는 것보다 타협을 하더라도 동맹국의 이익을 고려해야 한다는 미국인이 더 많았다(68% 대 31%).

민주당과 공화당 지지자에 따라 이러한 성향은 차이를 보인다. 민주당 지지자나 무소속층 대다수는 좋은 외교를 평화를 보장하는 최선의 방법(90%)으로 보고 있으며, 설사 그것이 타협(83%)으로 귀결되더라도 미국은 동맹국들의 이익을 고려해야 한다고 말한다. 이에 비해 공화당 성향

층의 절반 정도(53%)는 좋은 외교를 평화 보장의 최선의 수단으로 보는 반면 46%는 군사력이 이를 가장 잘 달성할 것이라고 생각했다.

보수적인 공화당원들 거의 다수는 군사력이 평화를 보장하는 가장 좋은 방법이라고 답한 반면, 10명 중 7명의 온건파 공화당원들은 외교를 더 중시한다. 민주당은 보수와 중도 대부분(86%)과 진보 성향의 압도적 다수(94%)가 "좋은 외교가 평화를 보장하는 최선의 길"이라고 답하여 큰 차이를 보이고 있다. 동맹국과의 관계에서 보수 공화당원의 55%는 동맹국이 동의하지 않더라도 미국이 자국의 국익을 따라야 한다고 답한 반면, 진보와 온건파 공화당원의 61%는 동맹국의 이익을 고려해야 한다고 답하고 있다.

전체 미국 성인의 53%가 "세계 문제에 적극적으로 나서는 것이 미국의 미래를 위해 최선"이라고 답한 반면, 46%는 "해외 문제에 덜 관심을 갖고 국내 문제에 더 집중해야 한다"고 답했다. 민주당원은 공화당원(62% 대 45%)보다 많이 지구적 포용정책이 국가를 위해 최선이라고 응답하고 있다.

미국의 군사 강대국 지위에 관해서는, 국민의 61%가 미국이 유일한 군사 강대국이 되도록 노력해야 한다고 생각하는 반면, 36%는 다른 나라가 미국처럼 군사적으로 강력해진다고 해도 받아들일 수 있을 것이라고 말했다. 공화당 지지층은 미국을 유일한 군사 강국으로 유지하는 데 초점을 맞춰야 한다고 생각하는 경향이 강하다. 이들 중 23%만이 다른 나라가 미국처럼 군사적으로 강대해지는 것을 허용할 것이라고 말했다. 민주당 지지층은 거의 절반(51%)이 미국이 유일한 군사대국 지위를 유지하는 정책에 찬성하는 반면, 46%는 다른 나라가 미국처럼 군사적으로 강대해지는 것을 받아들일 수 있다고 말했다.

연령대별 차이 역시 향후 미국의 외교전략을 결정하는 중요한 변수이다. 모든 연령대의 성인들이 평화를 보장하는 최선의 방법으로 좋은 외교를 지적하지만 50세 미만의 성인들은 나이든 미국인들보다 이러한 관점을 가질 가능성이 더 높은 것으로 나타났다. 30세 미만 성인의 절반(48%)이 다른 나라가 미국처럼 군사적으로 강대해지는 것을 받아들일 수 있다고 답했지만, 65세 이상 노인의 경우 1/4 정도(27%)에 그쳤다. 외교정책 불일치가 있을 때 미국이 동맹국들과 타협해야 하는지에 대해서는 연령별로 큰 의견 차이는 없다.

한편, 공화당 지지층 내에는 연령별 의견차가 상당한 반면, 민주당 지지층 내에서는 연령별 차이가 거의 없다. 50세 미만 공화당원의 약 2/3(65%)가 "좋은 외교가 평화를 보장하는 최선의 방법"이라고 답한 반면 50세에서 64세까지는 45%, 65세 이상 노인들은 38%만이 그렇게 말했다. 미국의 군사 강국으로서의 입지가 중요하다는 관점에서도 비슷한 추세가 뚜렷하다. 50세 이상의 공화당원 중 18%만이 다른 나라가 미국처럼 군사적으로 강해져도 받아들일 수 있을 것이라고 답한 반면, 30세에서 49세 사이의 25%, 18세에서 29세 사이는 거의 10명 중 4명인 38%가 받아들일 수 있다고 답했다.

민주당 지지층에서 외교 정책을 둘러싼 연령별 견해차는 덜 두드러진다. 모든 연령대에서 대략 90%의 민주당원들이 군사력보다는 훌륭한 외교가 평화를 보장하는 최선의 방법이라고 말한다. 마찬가지로, 모든 연령대에서 10명 중 8명 이상의 민주당원들은 비록 타협을 의미하더라도 미국이 동맹국들의 이익을 외교 정책에 고려해야 한다고 말한다. 그러나 미국 이외의 나라가 군사대국화하는 것을 받아들이는 50세 이상 민주당원이 40%에 불과한 데 비해 30대와 40대는 49%, 20대는 55%로 미국의 리더십에 대한 집착을 훨씬 덜 보이고 있다.

2) 중국의 도전에 대한 미국민의 여론

미국 대전략의 변화와 더불어 미래의 평화를 결정하는 또 다른 중요한 변수는 미국의 대중 전략이다. 미국이 중국과 전략경쟁, 혹은 패권경쟁을 위해 세계질서를 변화시킬지, 혹은 미중 간 전략 협력의 여지를 확보하여 대중 관여전략을 추진할지에 따라 세계평화는 큰 변화를 겪게 될 것이다. 현재 미국의 대중 전략을 둘러싸고 치열한 논쟁이 진행 중이며 미국민들의 중국 인식은 중요한 변수가 될 것이다.

오바마 정부 후반과 트럼프 정부를 거치면서 미중 간 안정된 협력관계가 지속될 것으로 보는 견해는 거의 소멸되었다. 이미 경제와 기술 분야에서 미중 간 분쟁은 격렬하게 진행되고 있다. 중국에 대한 강한 견제론자들은 중국의 국력 성장은 이미 불가역적이라고 본다. 물론 중국 내부에 많은 정치, 경제적 문제들이 존재하고 있어 현재와 같은 경제성장률이 지속될 것으로 보기는 어려우나 2030년대 들어 중국의 경제력과 군사력은 미국을 점차 능가할 것으로 본다. 이미 PPP 기준으로 중국은 미국을 넘어섰고, 2030년대 명목 GDP 역시 중국이 미국을 능가할 것으로 보기도 한다. 국방비 지출에서 미중 모두 빠른 성장세를 보이는 가운데 중국은 현재 미국의 1/3 수준에 머물러 있지만 앞으로 지속적인 지출 증가를 추구하고 있다. 더구나 초음속, 인공지능, 양자컴퓨팅 분야에 많은 연구투자를 하고 있고 군사기술 면에서 미국을 추월하기 위한 노력을 기울이고 있다. 이러한 상황에 따라 미국 내에서는 중국에 대해 선제적이고 공세적인 견제전략을 추진하는 것이 불가피하다는 견해가 팽배하다.

이에 대해 신중한 관여론자들은 여전히 중국과의 안정된 관계가 가능하다고 본다. 과거를 돌아볼 때 중국에 대한 관여정책이 실패했다고 단정할 수는 없다는 것이다. 중국은 경제개혁, 개방 이후 핵확산 방지는 물론 기후변화, 반테러 등 중요한 국가 사안에 미국과 협력해왔다. 중국의 경제발전은 미국 주도 경제질서 아래 이루어졌고 중국이 미국과 공동의 이해상관자라는 점은 여전히 유의미하다는 것이다(Zoelick, 2020).

미중 경제분쟁이 격화되어 경제분리(decoupling) 현상이 강화될 경우 그 폐해는 엄청날 것임에 틀림없다. 세계 모든 국가는 미중 양국과 긴밀한 협력관계를 가지고 있으며 인위적인 분리는 수십 년간 경제성장률을 상당히 저해할 것이다. 미중 간의 상호의존관계를 고려할 때 중국에 대한 신중한 관여정책이 최선이라는 점이 강조되고 있다.

현실주의 관점에서 미중 간에 경쟁과 공존을 병행해야 한다는 견해도 있다. 이들은 아시아에서 중국의 부상은 매우 중요한 문제이지만 중국의 영향권은 사실상 인정할 수밖에 없다고 본다. 미국이 전통적으로 영향권 정치를 도덕적으로 비판하고 이상주의 대안을 제시하였지만 사실상 영향권 전략을 추진할 수밖에 없었음을 지적한다(Allison, 2020). 심지어는 중국이 남중국해를 사실상 영향권에 편입하는 것은 불가항력이며 항행의 자유 등 기본적인 원칙 준수를 요구하는 것이 현실적이라고 본다. 아시아의 동맹국들이 중국의 팽창을 막을 수 있는 충분한 능력이 있다고 보고 미국의 사활적 이익이 침해될 때에만 개입해야 한다고 본다. 대만 문제 역시 미국의 사활적 이익일 수 있는가에 대해 다양한 의견이 있다. 2018년 실행된 모의 전쟁에서 미국은 중국에 대항해 대만을 지킬 가능성이 거의 없다는 결과도 제시된 바 있다. 이러한 상황에서 국력 소모를 무릅쓰고 대만에 대한 기존 정책을 고수할 것인가에 대한 문제제기가 존재한다.

미국의 대중 전략에 대한 미국민의 인식은 어떠한가. 퓨리서치가 2019년 8월 13일에 행한 여론조사를 보면 미국민 인식의 일단을 엿볼 수 있다. 트럼프 정부가 추진한 대중 경제분쟁의 맥락 속에서 중국에 대한 미국민의 부정적 견해는 14년 만에 최고치에 이르렀다. 현재 미국민의 60%가 중국에 대해 부정적인 견해를 갖고 있는데, 이는 2018년 47%에서 증가한 것이자 퓨리서치센터가 이 질문을 시작한 이래 가장 높은 수준으로 알려졌다. 미국민의 약 1/4(24%)이 미래에 미국에 가장 큰 위협이 되는 국가로 중국을 지목했는데, 이는 2007년보다 2배나 많은 수치이자 러시아와 동률을 이루는 것이며(24%) 이 밖에 두 자릿수로 나타난 국가는 북한(12%)뿐이다.

미국민들은 양자 경제관계에 대해 우려하고 점점 더 중국을 잠재적인 적으로 보고 있지만, 중국의 경제성장이 반드시 미국에 나쁘다고 생각하지는 않는다. 중국의 경제성장세가 미국에게 좋지 않다는 응답보다 좋다는 응답이 더 많은 것이 사실이다(50% 대 41%). 그러나 중국의 군사력 증강에 관한 한 미국인의 81%가 중국의 군사력 증강이 미국에 해롭다고 생각한다는 점에서 차이를 보인다.

공화당과 민주당 지지층은 중국의 경제성장과 군사력이 미국에 미칠 영향에 대해 대체로 동의한다. 공화당과 민주당 지지층 모두 중국에 대해 부정적인 견해를 갖고 있지만, 공화당 지지층은 70%나 부정적이다. 이는 민주당 성향과 무소속층의 59%와 비교된다. 공화당 지지층은 러시아에 비해 중국이 두 배 이상 위협적인 국가로 보는 반면(32%가 위협으로 인식), 민주당은 러시아에 이어 두 번째로 중국을 위협적인 나라(러시아 36%, 중국 19%)로 꼽는다.

역사적으로 미국의 여론조사에서 그랬듯이 노인들은 젊은 사람들보다 중국에 대해 부정적인 의견을 더 많이 갖고 있는 경향이 있다. 18~29세의 절반가량(49%)이 중국에 대해 부정적인 견해를 나타내는 데 비해, 30~49세의 미국민은 58%, 50세 이상의 2/3는 67%로 중국에 대해 부정적인 견해를 보이고 있다. 4년제 대학 이상 졸업자(64%)도 대학을 졸업하지 않은 사람(35%)보다 중국에 대한 부정적 평가가 많다.

미국민들의 인식 변화를 종합해 보면 여전히 미국의 패권 역할에 대한 지지도가 일정 부분 유지되는 것을 볼 수 있지만 점차 미국 이익우선주의, 중국에 대한 부정적 영향이 강해지는 추세는 뚜렷하다. 특히 젊은 세대에게는 탈냉전기 미국의 힘이 최대에 달했을 때 겪은 미국의 난관 때문에 선택적 고립주의 성향, 즉 중국의 영향력을 인정한 상태에서 미중 간의 공존을 추구한다는 것은 어떤 면에서 아이러니한 상황이다. 30년간의 탈냉전기 속에서 미국이 힘에 의존한 패권적 평화를 구조적으로 유지하기 어렵다는 미국민들의 인식을 보여주는 것이라 할 수 있다.

5. 결론

냉전이 종식되면서 세계는 평화가 도래할 것이라는 희망에 부풀었다. 세계는 자유민주주의의 물결을 타고 변화할 것이며 전 세계적 민주평화의 가능성이 증가할 것이라고 기대했다. 시장자본주의가 확산되면서 자유주의 국제경제질서가 확립되고 시장평화가 민주평화와 함께 세계를 이끌 것이라고 전망되었다. 이러한 가운데 규범과 규칙에 기반한 다자주의 제도들이 확산되고 갈등은 평화롭고 제도적으로 해결될 것이라는 희망이 팽배했다. 세계는 기술의 빠른 발전과 초국가적 공동 관심 사안의 증가로 점차 시공간적으로 축약되어 통합을 향해 갈 것이라는 세계화에 대한 기대가 심화되었다. 이 과정에서 미국은 자유민주주의와 시장경제를 축으로 세계질서를 이끌어가는 시혜적 패권국가의 역할을 하리라 많은 국가들은 희망을 품었다.

아직도 이러한 기대가 완전히 좌절된 것은 아니다. 그러나 이 과정에서 많은 문제점들이 발생했다. 자유민주주의가 정착되기 어려운 국가들에서 소위 민주주의 역진(democratic backsliding) 혹은 탈공고화(deconsolidation) 현상이 발생했다. 더 나아가 이러한 현상이 기존의 민주주의 국가들인 서구 선진국에까지 확산되었다. 민족주의, 포퓰리즘, 배외주의 등이 증가한 것이다. 시장자본주의 역시 지구적, 국가적 빈부 격차 심화와 중산층 몰락을 가져와 국제적 시장평화가 아닌 경쟁과 무역전쟁으로 나아가고 있다. 다자주의 규범은 미국 트럼프 정부에 의해 먼저 붕괴되기 시작했고 이는 다른 국가들의 지도자들이 트럼프주의를 따르는 허용요인이 되었다.

이러한 문제의 근원은 탈냉전 미단극기에 배태된 것이다. 미국은 제3세계에서 발생한 문제들을 온전히 파악하여 해결하지 못하고, 탈냉전을 이끌어 갈 미래지향적 패권기초를 만드는 데 한계를 보인 것이다. 제3세계 지역 국제정치의 문제는 19세기 이전으로 거슬러 올라가는, 제국주의와 탈식민의 미완결 과제에서 비롯된 것이다. 테러로 얼룩진 중동, 아시아의 문제들 역시 탈냉전기에 새로운 전기를 통해 발전해야 하는 과제를 안고 있었다. 이러한 문제는 역사적으로 뿌리 깊은 것이기에 쉽게 해결되기는 어려우나 그렇다고 증상적 대응으로 해결될 것도 아니었다. 미국은 중동에 대한 과도한 군사적 자원 투입, 미단극기를 미국 주도 질서로 변화시키려는 과도한 욕구 등으로 중요한 과제 해결에 큰 성과를 거두지 못했다. 또한 미단극의 경제적 기초를 신자유주의 세계화 속에 마련하려는 노력을 기울이다 결국 스스로 경제위기를 맞고 말았다.

향후 미국이 패권적 리더십을 회복할 국력을 도모하고 이후 보다 적극적으로 국제적 공공재를 제공하는 외교전략을 편다면 세계질서가 다시 안정될 가능성이 없는 것은 아니다. 이를 위해서는 패권의 국내적 기초를 놓을 수 있는 많은 노력들이 선행되어야 한다. 특히 미국민들의 인식 변화를 고려할 때 트럼프 정부의 미 외교정책이 하나의 일탈에 그칠지, 아니면 미국이 탈패권, 미국 우선주의의 기로를 택하는 시발점이 될지 향후 주목해야 할 문제이다.

참고문헌

이상근. 2015. 「안정적 평화 개념과 한반도 적용 가능성」. 『한국정치학회보』 제49권 1호.

전재성. 2019. 『주권과 국제정치: 근대주권국가체제의 제국적 성격』. 서울: 서울대학교 출판문화원.

전재성. 2020. 『동북아 국제정치이론: 불완전주권국가들의 국제정치』. 서울. 한울아카데미.

Allison, Graham. 2020. "The New Spheres of Influence: Sharing the Globe with Other Great Powers." *Foreign Affairs* 99(2): 30-40.

Center for Security Studies. 2006. *Human Security Brief 2006*. Zürich: Human Security Centre.

Congressional Research Service. 2020. *U.S. Role in the World: Background and Issues for Congress*. Washington, D.C.: Congressional Research Service.

Einsiedel, Sebastian von. 2017. *Civil War Trends and the Changing Nature of Armed Conflict* (United Nations University Centre for Policy Research, Occasional Paper 10). Tokyo: United Nations University.

European Commission and HR/VP contribution to the European Council. 2019. *EU-China: A Strategic Outlook*. Brussels: European Commission.

Fettweis, Christopher J. 2017. "Unipolarity, Hegemony, and the New Peace." *Security Studies* 26(3): 423-451.

Furman, Jason and Lawrence H. Summers. 2019. "Who's Afraid of Budget Deficits?: How Washington Should End Its Debt Obsession." *Foreign Affairs* 98(2): 82-94.

Institute for Economics & Peace. 2011. *Global Peace Index 2011: Measuring Peace in a Complex World*. Sydney: Institute for Economics & Peace.

Institute for Economics & Peace. 2019. *Global Peace Index 2019: Measuring Peace in a Complex World*. Sydney: Institute for Economics & Peace.

Institute for Economics & Peace. 2019. *Positive Peace Report 2019: Analysing the Factors that Sustain Peace*. Sydney: Institute for Economics & Peace.

Krasner, Stephen D. 2020. "Learning to Live with Despots: The Limits of Democracy Promotion." *Foreign Affairs* 99(2): 49-55.

Pinker, Steven. 2011. *The Better Angels of Our Nature: The Decline of Violence in History and Its Causes*. London: Allen Lane.

Walter, Barbara F. 2017. "The New New Civil Wars." *Annual Review of Political Science* 20: 469-486.

Wertheim, Stephen. 2020. "The Price of Primacy: Why America Shouldn't Dominate the World." *Foreign Affairs* 99(2): 137-146.

Wright, Thomas. 2020. "The Folly of Retrenchment: Why America Can't Withdraw from the World." *Foreign Affairs* 99(2): 10-18.

3 북핵 논의의 비판적 재고•

김성철

1. 서론

북한이 2017년 말 핵무력의 완성을 선언한 이래, 한국의 대외정책과 남북한 관계에서 북핵문제와 이에 따른 안보 불안(본 논문에서는 '북핵'으로 총칭)을 해소하는 것이 최대 현안과제가 되었다. 이제 북핵은 결코 회피하거나 우회할 수 있는 문제가 아니며, 비핵화는 평화체제 구축의 조건 또는 병행요건이 되었다. 2018년 김정은의 "완전한 비핵화" 공언 이후 비핵화가 성취될 수 있을지 모른다는 희망이 있기도 했으나, 북미협상이 내포하는 불확실성 요인 그리고 하노이 정상회담(2019. 2. 27~28.)의 결렬로 북핵 해결에 대한 기대감이 크게 낮아졌다. 더욱이 북한의 김정은은 2021년 1월 개최된 조선노동당 제8차 대회에서 핵전쟁 억제력을 재강조

• 이 글은 『통일과 평화』 11집 1호(2019)에 게재된 논문을 일부 수정한 것이다.

함으로써 사실상 과거의 핵·경제 병진노선으로 회귀하는 모습을 보였다.

북한의 핵무장 이전부터 학계 및 전문가 집단에서 북핵에 관한 다양한 분석들이 이미 진행되어 왔다. 기존 연구는 북핵을 한반도 주변국 간의 국제관계에서 분석하거나, 비대칭 전력 차원에서 설명하거나, 제재의 효과 또는 북한의 대응을 분석하는 내용들이 주류를 이루었다. 또 북미관계, 한국의 대북정책, 한미동맹, 협상전략, 탈냉전기 비핵화 사례 등도 자주 다루어진 주제였다. 그런데 기존 연구는 주로 북핵의 특수성 — 예를 들면, 냉전 종식에도 불구하고 북미 적대의 지속으로 인한 한반도 안보의 구조적 불안정성 — 을 강조하는 것이어서 보편적 핵연구 대상으로서 더 밝혀질 수 있는 점들이 간과되는 측면도 있었다.

이 글은 북핵 연구가 전반적인 핵연구 관점에서 이루어져야 한다는 문제의식에서 출발한다. 최대의 외교적 현안과제가 된 비핵화라는 용어를 보더라도 이것은 한반도의 특수한 상황에서 탄생하였지만 보편적 핵연구의 관점에서 분석하면 여러 시사점을 찾을 수 있다. 한반도에 냉전 해빙 무드가 급진전을 보이던 1991년 말 남북한은 한반도비핵화공동선언에 합의, 서명하면서 최초로 비핵화라는 용어를 공식적으로 사용하였다. 그런데 이미 북한의 핵무장으로 인해 핵문제의 본질이 크게 변화된 상황에서도 이 용어가 새롭게 정의되지 않은 채 그대로 사용되어 왔다. 물론 이런 현상이 북한, 미국 모두에게 의도된 모호성, 편의성을 주었으며 그런 이유에서 북한이 대화에 응한 측면도 있다. 그러다가 2019년 하노이 회담에서 미국이 북핵의 전면적 폐기를 요구함에 따라 비핵화가 트럼프 행정부의 정책대로 정의되는 것이 주류를 이루게 되었다. 만일 우리가 북핵을 한반도적 특수성 속에서뿐만 아니라 핵의 보편적 문제로 인식하였다면, 비핵화를 핵비확산, 핵통제·폐기, 핵억제의 세 측면에서 종합적으로 정의하고 능동적으로 접근하는 데 좀 더 서둘렀을 것이다. 핵(무장)은 크게 핵확산의 문제인 동시에, 핵통제 및 폐기의 협상 대상이며, 핵억제를 수반하는 실존적 문제를 안고 있다. 북핵은 한반도적 상황에서 기인한 것이라는 점 못지않게 핵 자체가 동반하는 보편적 문제를 안고 있다.

핵연구 관점에서의 분석은 북핵에 대한 분석의 심도를 높이고 새 연구 주제를 발견하게 한다. 예를 들면, 강제핵위협의 비효용에 관한 명제는 핵무장국 간에는 적용되지만, 확장억제하의 한국과 북한 간의 관계에는 그대로 적용될 수 없다는 새로운 문제의식을 우리에게 제시해 준다. 즉, 북한 핵무장 이후의 남북한 관계에서 발생하는 질적 변화에 대한 이론적, 경험적 분석 요구가 제기된다. 또 다른 예로, 핵확산 과정에서 핵, 미사일 민감기술의 이전은 국제관계의 동학 속에서 발생한다는 세력 투사 이론(power projection)은 북한의 핵개발 과정은 물론 비핵화 과정에서 한반도 주변 강대국 간 관계가 주요 변수가 됨을 일러준다. 강대국 정치가 대부분의 국제문제에서 주요 변수로 작용한다는 점이 특별한 것은 아니지만, 핵확산 과정에 연루되었을 강대국(사적 네트워크이기는 하지만)이 비핵화에서도 주요 변수로 작용한다는 점은 의미 있는 연구 주제가 될 것이다. 이상의 것들은 핵연구의 이론적 명제들이 북핵의 분석에 직접적으로 기여하거나 또는 간과한 문제를 새롭게 제기할 수 있음을 보여 준다.

이 글은 북핵과 비핵화를 핵연구의 차원에서 자리매김함으로써 그 분석을 심화하고 확장하고자 한다. 여기서는 북핵과 비핵화를 핵비확산(nuclear nonproliferation), 핵통제·폐기(nuclear arms control and dismantlement), 핵억제(nuclear deterrence) 등 세 가지 부류의 핵연구 관점에서 분석한다. 필자는 이 글이 비핵화란 용어의 외피를 벗겨 그 안에 얽혀 있는 문제점들을 밝힘으로써 비핵화 실현을 위한 정책에도 기여할 것으로 기대한다.

2. 북핵 연구의 삼각구도

북핵 연구는 그 사안의 중요성에 비추어 보아 양적인 측면에서 아직 미흡한 상태이다. 북한 연구의 대표 학술지인 북한연구학회 발행 『북한연구학회보』가 1997년부터 2016년 상반기까지 게재한 445편의 논문 중 26편만이 북핵에 직간접적으로 관련된 것이었다. 이는 전체 대비 5.8%로서 북핵에 대한 사회적 관심이나 중요성에 비추어 볼 때 매우 낮은 편이다. 최근 북핵 위협과 김정은의 국제무대 등장이 초미의 관심사가 되어 북핵 관련 논문의 비중이 다소 높아졌을 가능성은 있으나, 북핵이 학문적 분석 주제보다는 뉴스나 잡지 기사의 제목으로 더 관심을 끄는 측면이 있는 것 같다. 또 학술지에 게재된 북핵 논문들의 제목을 살펴보아도 핵연구 차원에서 본질을 파헤치는 데 미흡한 것으로 파악된다. 한미동맹을 연계해 분석하거나 미, 중, 러, 일 등과의 국제관계에서 분석하는 논문이 많고, 대북 경제제재를 평가하거나 군비통제와 비대칭 전력 차원에서 연구한 논문들이 다소 있었다. 반면 일반 핵연구의 선행연구를 비판적으로 검토하면서 북핵을 분석하는 논문은 찾아보기 힘들다(홍민, 2016).

핵연구는 인류가 핵무기를 개발해 사용한 것과 거의 동시에 시작되어 지금에 이르고 있는데, 크게 핵비확산, 핵통제·폐기, 핵억제 등 세 부류로 나눌 수 있다. 핵비확산 연구는 여타의 핵연구와 마찬가지로 안보정책과 밀접하게 관련하면서 발전하였는바, 특히 핵확산방지조약(Treaty on the Non-Proliferation of Nuclear Weapons 또는 Nuclear Non-Proliferation Treaty, NPT) 체결에 즈음한 새로운 국제규범의 탄생이 크게 자극한 바 있다. 냉전 종식 후 핵비확산 연구는 아카이브의 공개에 힘입어 핵확산의 역사를 재구성하고, 신흥 핵무장 국가 또는 핵무장을 의도했던 국가들의 동기를 규명하기도 했다. 십여 년 전부터는 핵 수요자의 동기 이외에도, 다음 절에서 살펴보는 바와 같이 민감기술의 공급 측면에 대한 연구가 보완되고 있다. 또한 원자력 협정과 핵확산 또는 비확산의 연관성에 대한 연구도 발전하고 있다. 북핵도 수요, 공급 두 가지 측면에서 모두 검토되어야 한다.

핵통제·폐기에 관한 연구는, 냉전기 미소 등 강대국들이 핵무기 경쟁에 박차를 가하면서 핵전쟁을 회피하려는 일련의 노력으로 붐을 이루게 되었다. 아이러니하게도 반핵평화운동과 궤를 함께하는 운명을 지니기도 했다. 1950년대 말 토머스 셸링(Thomas Schelling), 그의 젊은 동료 머튼 핼퍼린(Merton Halperin) 등이 참여한 하버드-MIT교수연합세미나는 핵군비통제 및 억제 연구 발전의 토대가 되었다. 이들과 함께 허먼 칸(Herman Kahn) 등은 1960년 『대달러스(Daedalus)』의 특별 호에 핵통제 연구의 바이블이라 할 만한 주요 업적을 남겼는바, 그 내용은 핵통제의 목표, 기본조건, 원칙, 정책 등을 제시한 것들이다.[1] 냉전 종식에 힘입어 핵통제·폐기 연구는 넌-루가 협력적 위협감소(Nunn-Lugar Cooperative Threat Reduction) 프로그램에 의해 기획 핵폐기가 추진된 우크라이나, 카자흐스탄, 벨라루스 등을 분석하거나, 리비아의 핵폐기와 유일한 자체 핵폐기국인 남아공 사례를 분석하였다. 또 중앙아시아, 동남아시아의 비핵지대화의 설정 및 몽골의 비핵국가 지위 인정 등도 핵통제 연구의 주요 주제이다. 북한의 경우, 현재 핵폐기의 방법을 둘러싸고 정체된 상태이나, 역사적 경험에 비추어 보건대 신고, 사찰, 검증 등은 필수임을 알 수 있다.

---

1 군비통제 특별 호인 *Daedalus* 89(4), Fall 1960을 참조.

핵억제 연구도 초창기에는 핵통제 연구자들에 의해서 이루어졌는 바, 상상력과 논리를 겸비한 이들 사회과학자들은 케네디 행정부에 참여하거나 자문을 제공하면서 공개 또는 비공개 연구를 진행했다. 핵억제 연구는 핵을 전장의 무기로서의 효용 이외에 핵위협과 관련한 다양한 논리, 심리, 인지과정을 면밀하게 분석하였다. 셸링과 허먼 등은 신뢰성, 불확실성, 불예측성, 의도적 모호성, 합리성, 상호성 등의 개념을 개발하고 위협, 리스크, 상승, 안정, 균형 등 억제정책과 관련한 주제들을 다루었다. 냉전 이후 핵억제가 불필요하게 될 것이라는 기대와 달리, 핵억제와 억제 연구는 새로운 차원에서 전개되었는데 이는 인도, 파키스탄의 핵무장과 저강도 무력 충돌, 북한과 같은 신흥 핵무장국의 등장 때문이다(Morgan, 2009; Delpech, 2012). 오늘날 중국의 핵무기 현대화와 미러 간 핵감축 협정의 파기 등으로 강대국들의 억제전략은 오히려 지속, 강화되고 있으며 억제 연구 논의도 이에 뒤따르고 있다. 북핵의 해결을 위해서는, 신흥 핵국가 간의 핵위협 및 상승의 패턴을 연구하는 영역과 핵위협을 대외적 목적으로 활용하는 강제외교(coercive diplomacy)라는 영역의 연구를 비판적으로 검토할 만하다. 북핵의 해결은 물리적 능력의 폐기만 아니라 억제라는 의지의 종결을 의미하기 때문이다.

핵의 행위주체가 국가이든, 군부이든, 최고지도자이든 간에 복잡한 국제관계 속에서 행동하는 만큼, 핵연구도 국제관계 연구의 맥락에서 탄생하고 발전하여 왔다. 따라서 핵연구는 타 국제관계 연구에서와 마찬가지로 다양한 학문 영역에 걸쳐 있으며 여러 방법론에 의거하고 있다. 실제로 핵연구는 심리학, 사회학, 정치학, 경제학, 역사학, 법학 등에서 사례, 네트워크, 아카이브, 통계 등을 활용하여 다양한 양적 및 질적 방법론에 의해 이루어지고 있다.

이상에서 언급한 세 가지 핵연구와 관련, 오늘날 관심사인 비핵화도 단순히 물리적 핵능력의 폐기만이 아니라, 비확산 규범 및 체제로의 회귀, 핵억제의 철회라는 의지와도 관련해 분석하고 설명해야 한다. 〈그림 1〉은 이를 삼각구도로 도식화한 것인데, 이상에서 말한 핵의 군사적 이용에 관한 세 부류의 연구(핵비확산, 핵통제, 핵억제)에 기초하고 있다. 삼각구도는 핵의 평화적 이용, 특히 원자력 안전에 관한 주제는 제외한다. 핵무기와 원자력은 동일한 기술을 상이한 목적을 위해 사용함에 따라 달리 나타나는 결과이며, 특히 농축 및 재처리 기술의 이전은 첨예한 핵확산 연구의 주제(다음 절의 핵비확산의 공급측면에서 설명)가 되고 있다. 그러나 평화적 이용에 머무르는 원자력 안전에 관한 주제는 이 논문에 포함하지 않기로 한다.

삼각구도의 각 영역을 살펴보자면, 첫째, 1990년대 초 북한에서의 핵확산을 저지하기 위한 한국과 국제사회의 노력이 처음으로 시도되었으며, 북핵의 최종 해결은 바로 북한이 핵을 포기하고 핵확산방지조약으

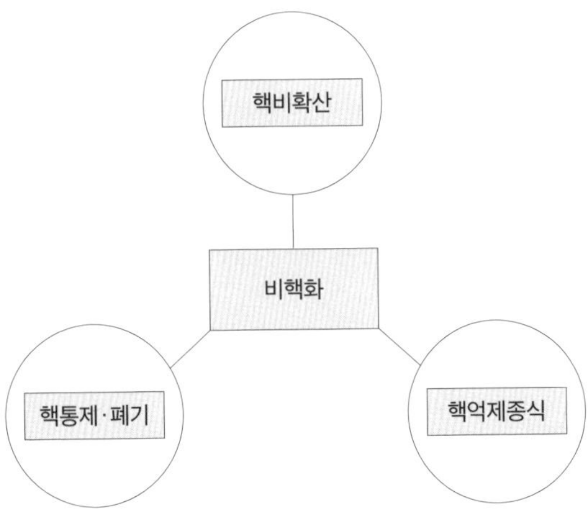

그림 1. 삼각구도

로 복귀하는 것이다. 남북한은 1991년 한반도비핵화공동선언에 서명하고 이듬해 발효함으로써 비핵화란 용어를 최초로 공식 사용하기 시작하였다. 이후 비핵화란 용어는 북한의 핵능력의 상승에도 불구하고 지속적으로 사용되었다. 1994년 제네바합의는 한반도비핵화공동선언을 인용하여 북한의 핵동결을 추진하였으며, 2003년부터 2008년까지 진행된 6자회담에서는 1991년의 공동선언에 기초하여 비핵화를 정의하였다. 그러나 오늘날 북한의 핵무장 상황을 타개하기 위한 협상에서 비핵화란 용어가 정확히 정의되지 않은 채 사용되고 있다. 2019년 2월 하노이 북미정상회담이 공동선언문 없이 결렬되면서 양측이 비핵화에 인식차가 크다는 점이 드러나게 되었다. 분명한 점은 비핵화란 북한이 모든 핵무기 프로그램을 폐기하고 NPT체제로 복귀함으로써 마침표를 찍는 것이라고 할 수 있다. 그래서 비핵화는 북한이 그 과정에서 NPT체제의 실행기관인 국제원자력기구(International Atomic Energy Agency, IAEA)의 안전조치를 이행해야 함을 뜻하기도 한다.

둘째, 2018년 초부터 한국과 미국의 외교적 노력은 북한의 핵능력을 제거하려는 핵통제·폐기 협상에 초점이 맞추어져 있다. 협상은 현재 북미 간에 이루어지고 있으나, 2019년 2월 하노이 정상회담에서 북한의 일방적 대상 설정 및 단계적 접근과 미국의 포괄적 일괄타결의 상충으로 협상이 결렬되었다. 비핵화의 종착점은 '능력'의 완전한 폐기를 의미하는 바, 이를 위해서는 신고, 방문, 사찰, 검증 등의 과정은 불가피하다. 그러나 북한은 비핵화의 대상 선정에 일방주의를 고수하여 왔다.

셋째, 북핵은 핵억제력을 통한 안보를 추구하는 것으로, 비핵화는 결국 핵억제력의 종식을 의미한다. 비핵화와 핵억제(종식)는 일견 관계가 없는 것으로 보이지만 실제로는 매우 밀접하다. 핵억제의 종식은 북한의 2013년 핵보유국법에 대한 대체법의 채택일 것이다. 즉, 핵무기가 더 이상 존재하지도 않으며 향후 이를 자신의 안보 수단으로 사용할 의사가 없다는 확약이다. 핵무기, 핵시설 및 프로그램이 폐기되어도 기술은 기술자들의 머리에 남아 있겠지만, 핵억제의 종식에 대한 확약은 '의지'의 표현인 것이다.

3. NPT체제 복귀로서의 비핵화

북핵은 오랜 시간을 거쳐 변화하고 발전하였다. 냉전 후 남북한 관계의 새로운 발전을 위해 서명된 남북기본합의서와 함께 중요한 문서로 꼽히는 것이 1991년 한반도비핵화공동선언이다. 한국은 농축 및 재처리의 잠재 기술력을 지니고 있었음에도 불구하고, 북한의 핵개발을 되돌리기 위해 "남과 북은 핵재처리시설과 우라늄농축 시설을 보유하지 아니한다"(3조)[2]라는 조항을 삽입하도록 북한을 설득하는 데 성공했다. 한국은 두 가지 민감 핵시설과 기술의 보유, 즉 핵주권을 포기하는 정책을 택한 것이다(Sheen, 2011). 이 공동선언은 한반도를 일종의 비핵지대(nuclear weapon free zone)로 설정하는 의도를 지닌 것으로 높이 평가할 수 있다. 그러나 아이러니하게도 공동선언은 한반도에서의 핵확산 특히 북핵이 최대의 안보 현안이 되었음을 알리는 경고이기도 했다. 당시의 비핵화는

2 "한반도비핵화공동선언" 3조 참조. http://www.archives.go.kr/next/search/listSubjectDescription.do?id=002895

확산과정의 북핵을 되돌려 놓으려는 것을 의미하였지만, 오늘날 북핵 상황에서 비핵화란 그 같은 최초의 의미를 상실하였다.

북한의 핵확산에 연관된 또는 연루된 제반 요소를 재정리할 필요가 있다. 즉, 북한의 핵무장 동기는 무엇이며 이를 기술적으로 가능하게 한 원천은 무엇인가에 관한 질문이다. 이 점에서 북핵은 두 부류의 핵확산 연구로부터 시사점을 얻을 수 있다. 수요측면(demand-side)의 연구와 공급측면(supply-side)의 연구가 그것이다. 경제에서 수요와 공급의 교차점에 가격이 결정되는 원리로부터 유추한 개념이다. 수요측면에서 많은 연구가 누적된 이후에 민감기술 이전의 국제정치에 대한 분석이 나오면서 공급측면이 보완되기에 이르렀다. 원래 수요측면 및 공급측면의 연구라는 구분은 없었으나, 핵무장을 의도하는 국가들의 동기에 대한 설명이 무르익고 이에 대한 반론 또는 새로운 연구 주제로서 외부 요인을 설명하게 되면서 그 같이 구분하는 경향이 나타나게 되었다.

수요측면의 연구는 한 국가가 왜 핵무장을 추구하느냐는 질문에 초점을 맞춘 것으로, 주로 국가의 내면적 동기를 다루었다. 예를 들어, 조지프 시린시오니(Joseph Cirincione)는 크게 안보, 국위(prestige), 국내정치, 기술 등을 지적한다(Cirincione, 2007). 즉, 주권을 보호하고, 강대국 이미지를 내세우며, 핵무장을 주장하는 특정세력의 이익이 있을 때, 해당 기술을 보유한 국가가 핵무장할 용의가 있다고 설명한다. 자크 하이만스(Jacques E. C. Hymans)는 외부적 요소보다는 정치지도자들의 국가 정체성에 대한 개념, 특히 민족주의를 핵무장의 주요 변수로 설명한다(Hymans, 2006a, 2006b).

동기는 복합적일 수밖에 없다. 북한의 경우, 이상의 이유들이 함께 적용된 것으로 보인다. 첫째는 안보적 이유이다. 북한은 냉전 종식과 함께 한국의 소련 및 중국과의 수교를 보면서 외교적 고립을 통감하였고, 1990년대 중반 극심한 식량난으로 체제의 정당성이 흔들렸다. 2001년 9.11 테러로 인해 미국의 안보정책이 급변하게 되었으며 이는 북한에게 치명적인 결과를 초래하였다. 미국은 반테러 전쟁을 수행하면서 이란, 이라크, 북한, 쿠바, 시리아 등 불량국가들에 대한 선제타격론을 대통령의 발언 또는 정부 문서를 통해 공공연히 내놓았다. 선제타격론에 대해 북한은 민감한 반응을 보였는데, 직접적인 안보 위협이라고 인식했기 때문이다(Kim, 2017: 42-47). 돌이켜 보면, 6자회담 기간 중인 2006년 북한의 1차 핵실험은 핵무장을 기정사실화한 사건이었고, 북한의 핵신고를 둘러싸고 6자회담이 붕괴된 이듬해인 2009년의 2차 핵실험은 핵무장이 돌이킬 수 없는 길임을 재확인하는 사건이었다.

둘째는 최고지도자 김정은의 '존엄성'으로 인해 정권안보와 국가안보가 동일하다는 점이다. 즉, 대내적 안보와 대외적 안보가 하나이다. 북한은 대외적으로 비핵화가 김일성의 유훈이라고 말하면서 협상의 여지가 있음을 보이기도 했지만, 핵무기를 '보검'으로 표현하면서 핵무기에 기반한 전략국가의 구축을 김일성, 김정일, 김정은의 3대 위업이라고 선전하고 있다.[3] 이로 보아 정권의 정당성과 안보를 국가안보와 동일시한다는 점을 알 수 있다.

셋째는 핵무장을 지속하려는 국내 세력이 형성되었다는 점이다. 노동당의 군수공업 부문, 원자력연구소, 산음동병기연구소, 166 및 628 로

3 윤형준, "北 간부들 '위력한 보검, 핵무력 완성'," 『조선일보』 2019년 4월 13일. http://news.chosun.com/site/data/html_dir/2019/04/13/2019041300240.html

켓연구소, 전략군 등은 핵프로그램의 개발, 핵무기 및 미사일 생산, 핵무기 저장, 전략적 운용 등에 관련된 특수 이익집단으로서 핵무장 존속을 지지하는 세력일 것이다(Solingen, 2007). 이 세력의 존재는 핵프로그램의 존재와 함께 핵폐기의 매몰 비용을 한껏 올려놓는 요인으로 작용한다(Volpe, 2017).

넷째로 북한은 핵무기 개발에 필요한 기술과 시설을 완성시키는 데 성공한 국가이다. 물론 핵의 원천기술 및 미사일 기술은 소련에서 그리고 우라늄농축 기술은 암시장 네트워크로부터 도입하여 국산화하였으며 재처리 기술은 스스로 마스터하였다. 2017년 수소폭탄 실험과 대륙간탄도미사일의 개발 및 실험은 핵무장 국가로서의 기술적 수준을 보여준 사건들이었다.

다시 말해, 북핵은 국가안보와 정권안보를 포함한 다양한 대내외적 요인과 연관되어 있다. 이 점에서 북미정상회담은 트럼프-김정은 정상에 의한 탑다운 방식이라 해도 북핵 해결에 유효하기를 기대하기 힘들다.

북핵은 핵확산의 공급측면에서도 분석되어야 한다. 공급측면 연구의 출발점은, 핵무장을 추구하는 국가의 동기도 중요하지만 외부로부터 민감 핵기술(sensitive nuclear technology)의 지원이 없으면 불가능하다는 인식이다. 북한의 재처리 기술은 영변 핵시설에서 개발되었으나, 우라늄농축 기술은 파키스탄의 핵 영웅인 칸(A. Q. Khan)으로부터 획득한 것으로 알려져 있다(Corera, 2009). 칸의 암시장 네트워크는 이미 1980년대 남아공의 핵무기 개발 당시 불법기술 획득에 작동하였으며 파키스탄의 핵무기 개발에 직접 기여하였다. 그 후 칸의 네트워크는 북한, 이란, 시리아 등의 우라늄농축 기술과 핵융합 기술의 제공원으로 작용하였다(Schulte, 2010). 여기서 두 가지 점에 유의할 만하다. 하나는 파키스탄이 정부 차원에서 칸의 타국에 대한 민감기술 이전 및 제공을 허용하거나 묵인했다는 점이고, 다른 하나는 민감기술의 이전이 양자적이 아닌 다자적 네트워크 속에 이루어졌다는 점이다. 실제 2008년 6자회담 붕괴의 한 요인이 되었던 북한의 시리아 핵시설 지원도 북한-시리아 양자적 차원이 아닌 북한-이란-시리아 삼각협력 관계에 의해 그리고 칸의 네트워크를 통해서 이루어졌다(Kerr et al., 2016). 북한은 자신의 우라늄농축 시설 확충과 핵무기 개발에 필요한 재원을 대이란 미사일 수출과 이란의 중재에 의한 대시리아 핵프로그램 수출을 통해 충당하였다. 이 밖에도 북한은 필요한 부품과 재료들을 자체의 중국 내 암시장 네트워크를 통해 조달한 것으로 보인다(Hastings, 2016).

북한은 미사일 기술을 주로 구소련 전문가들을 통해 획득하거나 직접적인 기술지원을 받은 것으로 밝혀지고 있다. 『워싱턴포스트』의 조비 워릭(Joby Warrick)은 북한이 1990년대 러시아의 기술자들을 입국하게 하였으며 2017년 시험 발사된 화성-15형이 구소련 ICBM의 외형과 유사하다고 보도하였다. 워릭에 의하면, 냉전 후 상당수의 러시아 기술자들이 경제적 이유에서 부품과 청사진을 소지하고 북한에 입국하였으며, 이로 인해 북한이 국제사회의 예상보다 빠르게 ICBM 개발에 성공하였다는 것이다. 실제로 북한의 미사일 엔진은 1960년대의 소련 RD-250과 유사하며, 화성-15형의 외형은 사정거리 1만 킬로미터의 SS-19와 유사한 것으로 평가되고 있다(Warrick, 2017).

공급측면의 분석에서 암시장 네트워크에 의한 기술 이전을 밝히는 것만 중요한 것이 아니다. 민감기술 보유국의 잠재적 수혜국에 대한 인식 및 입장이 중요하다. 재래식 무기의 판매나 기술 이전과 달리, 민감기술 보유국은 이를 아무에게나 이전하지 않으며 동맹국이라고 예외가 아니다. 세력 투사 이론은 이 점을 잘 설명하고 있다(Kroenig, 2010; Kim, 2017). 민감기술 보유국이 자신의 동맹국에게 기술을 제공하여 핵무장에 성공하면 그때까지 행사했던 영향력이 상실될 수 있다. 즉 신흥 핵무장국이 기술 제공국의 말을 듣지 않게 될 것이라는 우려이다. 반면 민감기술 보유국이 수혜국에 기술을 제공해도 영향력에 아무런 영향을 미치지 않을 경우에는 그렇게 할 수 있다. 또 민감기술 제공은 제공국의 적의 적(enemy of enemy)인 경우에도 이루어질 수 있다. 이 같은 예는 이스라엘이 1950년대와 1960년대 미국이 아니라 프랑스의 지원에 힘입어 핵무기 개발을 추진한 데서 찾아볼 수 있다. 미국은 이스라엘이 중동 내 강력한 동맹이기는 하지만, 핵무장을 통한 대아랍 강압외교를 행해 미국이 의도치 않게 갈등에 연루되거나 미국과의 정책 협력을 회피하는 자의적 외교를 펼칠 가능성을 우려했던 것이다. 반면, 프랑스는 알제리 식민지 내 독립운동 세력에 의한 이른바 알제리 전쟁으로 곤란을 겪고 있던 중에 이스라엘을 대알제리 및 대이슬람권 견제세력으로 보았으며 민감기술을 제공해도 자신의 역내 영향력과는 상관없다고 판단한 것이다. 결국 미국이 아닌 프랑스가 민감기술 제공자가 되었다.

왜 파키스탄의 칸은 북한에 농축우라늄 기술을 제공했을까? 이는 분명 금전적 차원만의 문제가 아니다. 암시장을 통한 기술 이전이라서 그 내막의 전모를 규명하기는 용이하지 않으나, 세력 투사 이론에 의거해 유용한 가설이 가능하다. 민감기술의 이전은 파키스탄-북한-중국의 삼각관계 속에서 발생했으며 이 삼각관계의 이면에는 중국-미국 관계의 긴장이 존재했다고 볼 수 있다. 즉, '미-중 긴장 속에서 중국의 파-북 민감기술 이전에 대한 암묵적 지지'란 가설이다. 중국은 영향력 감소를 우려하여 북한에 민감기술을 직접 이전하지는 않았으나 자신의 다른 동맹국인 파키스탄의 행동을 묵인했을 수 있다. 이 점에 대해서는 향후 아카이브 등을 통해 보다 면밀하게 입증되어야 할 필요가 있다. 분명한 것은, 천안문사건 이후 인권문제와 관련한 미국 주도의 대중 경제제재로 인해 1990년대의 미중관계는 1972년 닉슨 대통령 방중 이후의 황금기와는 다른 분위기였다. 인권문제로 국제제재를 받은 중국은 비서방 기존 우호국들과의 관계 강화를 원하였으며, 한소수교와 한중수교 등으로 고립의 충격에 빠진 북한과 군부독재로 서방의 제재를 받아 고립된 미얀마 등과의 관계도 중요하게 여겼다. 물론 북한은 중국에 대한 배신감을 느끼고 있었지만, 중국은 줄곧 북한, 더 넓게는 한반도의 전략적 가치를 인정하고 있었다.[4] 1990년대 중반 북한이 자연재해로 기근을 겪자 식량 지원에 나섰으며 1998년부터 한반도 평화를 위한 4자회담에 적극 참여하였다. 중국은 미국을 비롯한 국제적 제재에 대한 대응 차원에서 그리고 전략적 차원에서 한반도에 대한 자신의 영향력 유지 또는 확대 그리고 이를 통한 대미 견제를 꾀하기 시작하였다. 이런 국제관계의 맥락 속에서 중국은 북한에 우라늄농축 기술을 직접 이전해 줄 수는 없었으나 칸 네트워크의 이전을 묵인했을 가능성은 있다.[5]

과거 수요측면에서만 분석하던 경향에서 공급측면에 관한 분석틀이 더해지면서 핵확산 연구가 현실주의 국제정치이론의 주요 개념인 세력

4 중국은 1990년대뿐만 아니라 2000년대에도 지속적으로 북한을 의식하여 한중관계 발전에 신중을 기했다. 중국은 한국의 김대중 정부가 들어선 1998년 '21세기를 향한 협력 동반자 관계'를 수립한 후에도, 한동안 북한 변수를 의식하여 전면적 협력 동반자관계로 재설정하는 데 주저하였고 더욱이 전략적 관계로 격상하는 데는 부정적이었다. 한중이 '전략적 협력 동반자관계'로 격상한 것은 이명박 정부 시절인 2008년이었다. 김흥규(2011: 211-240).

5 이와 비슷한 맥락에서, 북핵문제를 중국의 대미 견제라는 관점에서 분석한 Wang(2018) 참조.

균형 이론과 동맹 내 정치(intra-alliance politics) 연구와 더 밀접히 연관되기에 이르렀다고 평가할 수 있다. 북핵문제도 안보 및 대내 동기 요인뿐만 아니라 미중 간 세력균형 및 북중 관계의 미묘성 또는 이중성 속에서 분석할 필요가 있음을 알 수 있다. 민감기술 이전의 국제정치적 역학관계, 구체적으로는 세력 투사 이론의 함의를 따지면, 민감기술 보유의 강대국, 신흥 핵무장국, 주변국 간의 관계를 더 설득력 있게 설명할 수 있을 것이다. 아시아 지역에서 세력균형이나 동맹 내 정치가 역전되지 않는 상황 — 정확히 말해, 미러 적대관계 존속, 미중 경쟁 가속화, 중-파키스탄 우호관계 지속, 중국의 대미 밸런싱에서 북한이 유용하게 남아 있는 상황 — 에서는 과거 대북한 민감기술 이전의 협력관계 같은 구도가 북한의 핵무장 이후에도 그대로 지속될 가능성은 충분히 있다.

4. 핵통제·폐기로서의 비핵화

2019년 2월 하노이 북미정상회담의 결렬로 '비핵화=북핵 철폐'의 등식이 결코 용이하지 않다는 점이 드러났다. 비핵화가 제한, 감축(limitation, reduction)인가, 아니면 일괄폐기(packaged dismantlement)인가? 이 질문은 비핵화의 정의와 관련된 또 하나의 중요한 문제로서, 스몰딜 또는 빅딜 등의 용어로 표현되기도 한다. 북한은 점진적인 감축을 원하고 그것도 일방주의적 방식을 택하려 하는 반면, 미국은 줄곧 CVID 또는 FFVD[6]를

6 미국은 2018년 7월부터 CVID 대신 FFVD라는 용어를 사용하였다. 홍알벗, "새로 등장한

주장해 왔듯이 포괄적 일괄폐기를 원한다. 이 둘의 차이는 너무나 크다. 따라서 2019년 2월 하노이 회담에서 영변 핵시설(또는 영변+α) 폐기 및 보상으로서의 제재 해제를 둘러싼 북미 간 이견 및 정상회담 결렬은 기본적으로 비핵화의 정의에 관한 문제에서 비롯된 것이다. 로이터통신에 의하면, 트럼프 대통령은 회담장에서 김정은 국무위원장에게 핵무기와 핵물질 등의 미국 이전(transfer), 총체적 핵신고, 핵활동 중단, 핵인프라 철폐, 인력의 민수전환 등을 요구하는 문건을 전달하였다(Wroughton and Bruunstrom, 2019). 그러나 회담에서(회담 결렬 후 리용호 외무상의 기자회견에서) 북한은 영변 핵시설 공동 폐기의 대가로 2016년 이후 민수부문 제재의 전면 해제를 주장했던 반면, 미국은 북한이 수십억 달러에 이르는 해제의 결과로 오히려 핵탄두, 미사일의 생산 및 배치를 강화할 것을 우려하였다. 미국은 북한이 영변 핵시설만 언급하고 사실상 전면적 제재 해제를 요구하자 북한의 완전한 비핵화에 대한 신뢰성을 의심했을 것이다(우정엽, 2019). 회담 후 트럼프 대통령이나 폼페이오 국무장관은 그 같은 불신이 담긴 표현을 자제하지 않았다. 하지만 핵능력의 전면적 폐기를 주장하는 미국과 그 같은 계산법으로는 절대 협상하지 않겠다는 북한이 언제 협상에 재진입할지는 미지수이다.

설사 북미 양측이 협상에 재진입하더라도 일방주의적 감축 대 포괄적 비핵화 사이의 간극은 쉽게 좁혀지지 않을 것이다. 향후 협상에서는, 타임라인을 지닌 일괄타결, 단계폐기만이 중간 타협점일 수 있다. 비핵화

북 비핵화 용어 'FFVD'," 『자유아시아방송』 2018년 7월 5일 https://www.rfa.org/korean/in_focus/spotlightnews/newsfocus-07052018152131.html

대상 신고 후, 동결, 폐쇄, 폐기 등의 타임라인을 정하고 상응하는 제재 해제의 시퀀스를 정해야 한다. 이를 위해 사찰을 통한 검증은 필수인바, 이를 위한 협상은 전문가 회담에서 이루어진 다음에 정상회담에서 타결되는 방식이어야 할 것이다. 과거 냉전기 미소 간 핵통제 협상의 역사를 보아도 신고와 검증이 필수이다. 큰 차이점이라면, 미소 핵통제 협상에서 보상이 상호감축이었던 것과는 달리, 북한 비핵화의 보상은 비대칭적이어서 대북제재 해제 및 경제지원과 한반도 평화체제 구축이다.

미국이 요구하는 CVID 또는 FFVD를 실현하는 데서 핵심은 검증이며(허인회, 2018), 검증의 대상이 있어야 하므로 신고가 전제된다. 검증이 없는 핵통제·폐기는 의미도 없으며 가능하지도 않을 것이다. 하노이 정상회담 이전이나 이후나 미국의 북한에 대한 전면적 핵폐기 압박은 여전하며, 이는 신고와 검증을 수반할 수밖에 없다. 그러나 북한은 신고가 곧 미국에게 타격대상을 제시하는 것이라면서 신고 자체를 거부해 왔다. 향후 북한이 신고를 하게 되든 또는 영변+α를 우선 폐기 대상으로 협상하든 어떤 경우라도 검증은 필수가 되어야 할 것이다. 이와 함께 미국이 추진하고자 하는 핵무기 및 미사일의 폐쇄 또는 폐기는 검증과 보상이 주요 쟁점이 될 것이다.

미소 및 미러의 핵통제 역사를 보면, 협상은 감축과 폐기의 대상을 밝히고 이에 대한 사찰 및 검증의 절차와 방법을 구체적으로 명시한 조약을 도출하게 된다. New START(Measures for the Further Reduction and Limitation of Strategic Offensive Arms 또는 New Strategic Arms Reduction Treaty)를 보아도 그러하다. 2011년 2월 5일에 발효되어 10년 동안 유효한 이 조약은 배치된 발사체를 총 700대(대륙간탄도미사일, 잠수함발사미사일, 폭격기 포함)로 감축, 제한하고, 배치 및 비배치를 포함하여 800대로 제한하며,

배치된 핵탄두는 총 1,500기로 축소, 제한한다는 내용을 담고 있다. 또 이 조약은 검증과 투명성 확보를 위해 매년 18차례의 사찰을 실시한다고 명기하고 있다.[7]

북한의 완전한 핵리스트 신고 그리고 폐기에 대한 사찰 및 검증이 위와 같은 방식으로 가능할까? 어떤 대안이 있을 수 있을까? 북한은 기본적으로 자신이 비핵화의 대상을 일방적으로 선정, 제시하겠다는 입장, 즉 '일방주의적' 비핵화 또는 '자체' 비핵화 방식을 주장해 온 것이다. 그런데 하노이 정상회담 결렬 후 리용호 외무상은 기자회견에서 "'공동의 작업'으로 영구적으로 완전히 폐기"란 표현을 사용하였다(Byrne, 2019). 회담 결렬이라는 당혹스러운 상황에서 영변 핵시설의 검증된 폐기와 민수부문 제재의 전면적 해제를 교환하자는 제안이었다. 아무튼 북한이 검증을 보장하는 폐기에 나설 수 있음을 시사한 것은 처음이다. 그러나 이는 북한이 일방적으로 비핵화 대상을 선정하고 폐기과정에서는 검증을 수용하겠다는 입장으로, 미국의 방식과는 대치되는 방안이었다.

혹시 북미협상이 진전을 보여 북한이 핵신고를 하는 경우라도, 전례에 비추어 보아 그 내용의 신뢰성, 정확성 여부가 비핵화의 관건이 될 것이다. 실제로 1993년 북한의 NPT 탈퇴 및 첫 북핵 위기는 IAEA에의 신고와 사찰 결과 사이의 불일치가 발견되어 IAEA가 특별사찰을 요구하자 북한이 반발하여 발생하였다. 2002년의 두 번째 북핵 위기는 우라늄농축이라는 새로운 핵프로그램의 존재를 중심으로 고조되어 6자회담 개최로 안정 국면에 들어갔으나, 2008년 북한이 제출한 신고서의 신뢰성(특히 북

7 U.S. Department of State, "New START" https://www.state.gov/t/avc/newstart/

한의 시리아 핵시설 건설 의혹) 문제를 둘러싸고 회담이 결렬되었다. 갈등의 근원은 신고 문제이며 이는 곧 신뢰의 문제라는 점에 주목해야 한다.

남아공 사례에 비추어 보더라도 북한의 완전한 핵리스트 신고를 기대하기는 힘들 것으로 보인다. 남아공은 1990년부터 1991년 사이 비밀리에 핵무기를 폐기한 후 비핵국가의 자격으로 1991년 7월 NPT에 가입하였고 9월 IAEA와 안전조치 협정을 맺었다. 이에 IAEA는 남아공이 제출한 신고기록에 따라 사찰을 시작하였다. 그러나 과거 핵무기 보유 의혹에 대한 미국의 압력이 거세지자 1993년 3월 드 클레르(F. W. de Clerk) 대통령은 이를 인정하면서 큰 파문을 일으켰다. 이후 IAEA 사찰은 핵무기를 포함하여 과거 핵에 대한 전반적인 사찰로 이행하게 되었다.

여기서 우리는 두 가지 교훈을 얻을 수 있다. 하나는 남아공과 같은 민주국가도 국제사회를 상대로 핵무기 프로그램에 대해 은폐, 기만을 행하였는데, 이는 폐기 후 잠재 핵능력의 보유와도 밀접한 관계를 지니고 있다는 점이다. 남아공은 1990년 맨틀 프로젝트(Mantel Project)라는 이름하에 '자체 비핵화'를 비밀리에 추진하면서, 대외적으로 농축우라늄 제조를 시인하는 한편 핵무기 생산의 최종 단계에는 진입하지 않았다고 발표하였다. 핵무기를 포함한 모든 프로그램과 시설을 해체하고 농축우라늄을 이동 보관하였다는 것이다. 하지만 남아공은 상시 핵무기 제조가 가능(이른바 breakout time zero)했던 것으로 평가된다(Albright, 2018). 남아공의 과거 핵프로그램 은폐와 기만은 NPT 가입 목적이었다고 해석할 수도 있다. 드 클레르 대통령은 핵폭발 장치를 가지거나 가졌다는 사실이 NPT 가입에 결격사유가 된다는 것을 분명히 인식하고 있었다. 남아공이 이후 NPT체제에서 적극적 역할을 수행하고 아프리카지역 비핵지대 설정을 주도했다는 점에서 당시의 은폐와 기만이 일부 선의적이었다고 볼 수도 있다. 그러나 핵무장의 노하우를 그대로 유지하려는 목적도 있었다는 점을 간과해서는 안 된다.

또 하나의 교훈은 초기 일방주의적 자체 비핵화를 추진함으로써 차후 국제사회의 검증이 용이하지 않았다는 점이다. 초기 IAEA 사찰팀은 금속괴(metal ingots) 형태로 보존되어 있는 고농축우라늄이 핵무기에서 축출한 것이라고 파악하였으나 문제를 제기하지 않았다고 한다. 물론 1993년 이후 핵무기 프로그램에 대한 사찰과정에서 이 같은 사실은 규명되기에 이르렀다. 그럼에도 불구하고 남아공 정부는 과거 핵의 검증에 필수적인 12,000건에 달하는 문건을 파기해 버림으로써, IAEA의 사찰은 주로 남아공 정부가 제시한 자료에 근거해야만 했고 결국 검증은 미완성에 그치고 말았던 것이다(Albright, 2018).

북핵 해결은 남아공의 사례에 견주어 결코 낙관적일 수 없다. 핵리스트 신고와 이에 따른 폐기, 사찰 및 검증 과정이 체제의 성격 때문에 신고 자체부터 논란거리이다. 미국은 과거의 경험에 비추어 보아 북핵의 일괄타결, 포괄적 폐기를 주장하는바, 이는 북한의 완전한 신고를 전제로 하거나 최소한 미국이 제시한 리스트를 근거로 한 핵폐기를 뜻한다. 만일 북한이 완전한 신고를 하지 않거나 미국이 제시한 리스트를 무시하고 자체적, 일방적 비핵화 또는 폐기 대상의 자체적 선정을 고집할 경우, 미국은 이를 수용하기 어려우며 설사 수용한다 해도 은폐 프로그램 및 시설에 대한 검증이 사실상 불가능하게 될 것이다. 이는 비핵화의 정도, 성공 여부와 밀접하게 관련된 사항이다. 은폐, 기만 외에 또 하나의 문제는 합의 사항에 대한 해석 차이다. 예를 들어, 한국과 미국은 1991년의 한반도 비핵화공동선언에 의거하여 북한의 핵폐기를 비핵화로 간주한다. 반면 북한에게는 오랫동안 주장해 온 '조선반도 비핵화'에 의거해 한국에 대한 미국의 핵우산 철거를 의미한다. 이는 중요한 해석 차이다(박원곤, 2019).

비핵화가 한국 안보의 최대 정책 현안인 만큼, 이익의 합치에 의한 협상 타결이 중요하다. 미국의 레이건 대통령은 소련의 고르바초프 대통령과의 회담에서 "신뢰하지만 검증한다(trust but verify)"라는 말로 검증을 통해서야 신뢰할 수 있다는 의사를 피력하였다. 그러나 냉전기 미소 핵협상 역사를 분석한 레보빅(James H. Lebovic)이 지적한 바와 같이, 양측이 어떤 합의가 상호이익에 기여한다고 판단하면 가능할 수 있으며 또 이행될 수 있다는 점이다. 레보빅에 의하면, 당시 미국의 많은 전문가들은 기본적으로 소련을 신뢰하지 않았고 특히 강경론자들은 소련이 합의를 깨고 기만행위를 할 것으로 보았다. 하지만 정부의 협상가들은 소련 측이 협상에 나선 이상 합의를 자신의 이익으로 판단하면 이행하리라는 신뢰를 가졌다(Lebovic, 2013). 물론 여기서 북한에 대해 신뢰를 말하기는 어려울지 모른다. 그러나 신뢰는 위에서 말한 이익에 의거하면서 상대방과 관계를 지속하고자 하는 태도이자 기대이다. 이 점에서 러셀 하딘(Russell Hardin)은 '관계의 지속'에 대한 의지를 신뢰의 중요한 요건으로 파악한다(Hardin, 2002: 3-6). 북미의 경우에도 상호 합의와 이행이 이익이 될 것이라 판단하면서 지속적으로 관계를 유지 또는 개선하고자 의도한다면 특수신뢰는 최소한으로 존재한다고 볼 수도 있다.

그러나 여전히 남는 문제는 최종의 핵폐기까지 북한이 원하는 이익의 보상이 주어질지 그리고 그 이익이 무엇일지 등이다. 이는 이미 논의한 북한의 핵무장 동기와 밀접한 연관을 가지는 문제이다. 북한은 때로는 체제안보와 평화를 원한다고 하면서도, 핵무장을 선대위업으로 여기며 핵무기로 인해 전략국가를 이루었다고 선전하는 점에서 외부적 생존안보와 내부적 정권안보 및 정당성이 동일시되거나 밀접하게 결부되어 있음을 알 수 있다. 또 하노이 회담에서 극명하게 드러났듯 북한은 제재 해제를 신뢰구축의 시발로 보고 있다. 김정은 정권은 적정 수준의 제재 해제, 그리고 핵능력의 보존을 최대 이익이라고 볼 것이다. 이는 한반도 평화체제의 구축과 공존하기 힘들 뿐만 아니라 궁극적으로는 김정은 정권 자체를 위협할 수 있다.

5. 핵억제 종식으로서의 비핵화

비핵화와 관련해, 거의 연관 없어 보이거나 무시되어 온 부분이 핵억제 문제이다. 과거 핵억제에 관한 국내 논의는 북핵을 억제하기 위한 한국형 미사일 방어체계, 킬체인 등의 군사적 수단만을 언급하는 경향을 보였으며, 핵무장이 수반하는 비군사적 측면의 행태, 특히 강제(coercion)의 유용성 여부에 대해서는 분석된 바 없다. 이는 일반적으로 핵연구에서 핵을 뒷받침으로 한 외교 행태에 대한 다양한 논의를 행했던 것과 대조된다 (Gartzke and Jo, 2009; Gaddis et al., 1999; Kohl, 1971). 이론적 및 경험적 연구를 검토함으로써 핵무장한 북한의 행태를 추론해 볼 필요가 있다. 즉, 북미협상의 실패 또는 지연의 경우 강제의 하나로 벼랑끝 전술을 택할 가능성 및 그것의 유형이다. 또 이는 북핵의 최종 출구는 북한에 의한 핵억제 종결 — 핵무기 부재 및 핵억제력 부재 선언 및 법안 채택 — 이라는 점에서도 중요하다. 핵억제 종결의 선언이나 행동은 비핵화의 '의지'의 표현으로서 물리적 '능력'의 폐기 못지않게 중요하다. 핵리스트 신고, 폐기, 검증 등이 '능력'의 제거에 관한 것인 반면, 북한의 핵억제 종결 선언은 분명히 '의지'에 관한 것이다.

핵무기 보유 자체는 강제성을 가진다. 로런스 프리드먼(Lawrence Freedman)은 강제를 "어떤 자의적 행위자의 행동에 영향을 미치기 위해 힘을 직접 사용하거나 사용할 수 있는 잠재력"이라고 정의하면서, 억제(deterrence)와 강요(compellence)로 나눈다. 억제는 상대방이 나를 해치기라도 하면 내가 가공할 만한 피해를 입히리라는 위협을 통해 상대방의 도전을 막는 것인 반면, 강요는 상대방이 내가 원하는 대로 하도록 행위를 강압하는 것이다(Freedman, 2004: 26-27). 이와 유사한 맥락에서 핵보유국이 펼치는 대외적, 외교적 행태를 설명하는 두 가지 이론이 발전하였다. 하나는 핵을 외부의 공격에 대한 억제의 수단으로 보는 핵억제론(nuclear deterrence)으로 오랜 전통을 지닌 이론이다.[8] 다른 하나는 핵의 가공할 위력을 뒷받침으로 상대의 행동 변화를 강제한다는 강제핵위협론(coercive nuclear threat)이다.

이들 이론에 대한 검토는 비핵화 이전의 단계, 특히 북한이 비핵화를 거부하는 상황에서 드러날 행태를 분석, 예측하는 데 매우 유용해 보인다. 북한은 2013년 핵보유국법 2조에서 "핵무력은... 침략과 공격을 억제·격퇴하고 침략의 본거지들에 대한 섬멸적인 보복타격을 가하는 데 복무한다"고 밝혔듯이 기본적으로 핵을 억제의 수단으로 파악한다. 북한이 핵을 억제 이외에도 강제적 위협의 수단으로 쓰고 있는가는 중요한 질문이다. 즉, 핵무장한 북한이 핵을 통한 억제를 취하는 것(핵억제론의 명제)

---

8 핵억제에 의한 세력균형을 설명하는 현실주의 학자로서 케네스 왈츠(Kenneth H. Waltz)는 이란의 핵무장이 그들의 안보와 지역 세력균형에 기여할 것으로 설명한다. 하지만 그는 이란이 핵을 1차 공격에 사용하는 도박은 하지 않을 것으로 본다. 그리고 이스라엘은 이란이 핵무장하는 단계에서 더 민감할 것이며 막상 핵무장하고 나면 덜 민감해질 것이라고 설명한다. Waltz(2012: 2-5) 참조.

은 기본이겠지만, 과연 핵에 바탕해 상대의 정책과 행동을 강요하는 행태를 보일 것(강제핵위협론의 명제)인가는 추가적으로 중요한 문제이다.

강제핵위협론에 대해 간단히 살펴보자면, 이는 핵무장 국가들이 위험감수(risk-taking)의 벼랑끝 전술을 통해 자신이 위기 고조를 조절하면서 유리한 외교적, 정치적 목표를 성취하려는 것으로 설명할 수 있다. 즉, 강제핵위협론은 핵무장 국가가 핵무기를 억제의 수단뿐만 아니라 타 목적 성취를 위한 위기 고조의 수단으로 사용할 수 있다고 본다. 약소 핵무장 국가도 벼랑끝 전술을 택할 수 있다는 것이다. 강제핵위협론은 상대방의 위험감수 행동에 대응하기 위해서 핵무력의 압도적 우월성(superiority)을 확보해야 한다고 주장한다. 또 핵무장을 추구하는 국가에 대해서 군사적 공격도 필요하다고 주장한다(Pape, 1996; Beardsley and Asal, 2009; Kroenig, 2013).

그러나 강제핵위협의 비효용성 주장에 주목할 필요가 있다. 토드 세셔 및 매슈 퍼먼(Todd S. Sechser and Matthew Fuhrmann)은 19가지 사례 분석을 바탕으로 핵억제력이 중요하다면서 강제핵위협은 성공하지 못한다는 것을 입증한다(Sechser and Fuhrmann, 2017). 여기서 북한의 사례도 예외가 아닐 것이다.

우선 세셔와 퍼먼의 주장을 살펴보면 그 핵심은 다음과 같다. 첫째는 위기 고조의 벼랑끝 전술을 사용해도 유용하게 작동하는 것이 흔하지 않다는 점이다. 그 이유는 벼랑끝 전술이 대부분 의사소통 장애, 시그널 실패 등으로 의도하는 바가 전달되지 못하기 때문이다. 닉슨 대통령은 1969년 10월 비합리적 미치광이(irrational madman)라는 벼랑끝 전술로 핵얼러트, 즉 핵전력에 경계령을 내린 적이 있다. 이 핵얼러트는 소련으로 하여금 북베트남을 협상테이블에 유도하도록 하려는 의도를 지녔던 것으로 대체로 해석되고 있다(Aftergood, 2011). 하지만 당시 중소분쟁에 매달려 있던 소련 지도부는 닉슨이 마오쩌둥과 연합하여 소련의 대중국 적대행위를 저지하기 위해 핵얼러트를 발령한 것으로 이해하였다고 하는 바, 이는 닉슨의 원래 의도가 제대로 전달되지 못했음을 뜻한다.

둘째는 핵능력의 우월성을 가졌다고 해서 강제핵위협이 성공하는 것은 아니라는 점이다. 한반도에서 발생한 1968년 푸에블로호 사건을 예로 들 수 있다. 미국은 압도적인 핵 및 재래식 무력을 보유하고 있었지만 무력 충돌을 감수하지 않으려는 이상 무력의 우월성은 효용을 발휘하지 못했다. 또 2017년 북한의 핵 및 대륙간탄도미사일 실험에 대해서 강력한 핵무력을 지닌 미국은 대북한 강제핵위협의 효력을 발휘할 수 없었다. 사실 효용은 핵의 우월성보다는 경제제재에 있었다.

셋째는 안정-불안정 패러독스에 해당하거나 이에 버금하는 군사력 동원, 즉 핵을 뒷받침으로 한 압박 및 강요는 성공하지 못한다는 점이다. 베를린 위기와 카길 전쟁에서 소련과 파키스탄이 성공하지 못한 것이 좋은 예라고 할 수 있다. 1958년 11월 10일 소련의 흐루쇼프는 서베를린을 점령하고 있던 미, 영, 프에게 6개월 이내에 철군하라는 최후통첩을 보냈고, 이를 둘러싸고 미소 간 협상이 진행되던 와중에도 지속적으로 압박 전술을 가했다. 1960년 소련 영공에서 미 정찰기 U2기 격추, 1961년 여름 6개월 이내 철군 최후통첩 재송신, 동년 8월 베를린장벽 설치 및 무력 대치 등이다. 소련의 강압은 오히려 미국의 외교채널 방식에 의해 무용하게 되었다. 카길 전쟁은 인도와의 분쟁지역인 카시미르에서 발생한 것으로, 파키스탄군이 인도 통제선(Line of Control) 내의 지점을 공격한 것으로 시작해 인도군이 공습을 통해 탈환하는 것으로 종결되었다(MacDonald, 2017). 이 전쟁은 인도, 파키스탄 양국이 1998년 핵실험을 행한 이듬해에 발생하여, 핵무장 국가들은 핵전쟁은 회피하지만 저강도 분쟁을 행해 불안정 상태가 지속한다는 안정-불안정 패러독스의 예로 활용되기도 한다. 이와 더불어 카길 전쟁은 강제핵위협이 성공하지 못한다는 점을 입증하는 사례가 되고 있다.

세셔와 퍼먼의 분석이 북한의 행태와 관련해 갖는 의미는 매우 크다. 북한은 북핵문제 협상의 실패 또는 지연에 대해 향후 벼랑끝 전술을 행할지도 모르나, 그 같은 강제핵위협으로 미국과의 적대적 관계에서 자신의 우월성을 투사하는 데 성공할 가능성은 매우 낮을 것이다.

다음과 같은 추론이 가능하다. 만일 북한이 이상과 같은 경험적 사례를 이해한다면, 그리고 미국이 자신의 경험에서 교훈을 제대로 얻었다고 전제한다면, (1) 북한은 핵무력을 강제적 위협의 수단보다는 억제(deterrence)의 수단으로 활용하는 편이 훨씬 유용하다고 판단할 것이다. 또 북한은 벼랑끝 전술 같은 위험감수 행동보다는 사실상의 핵보유국으로 인정받으려는 전략, 또는 핵억제력에 기반하여 안보 전략을 구사할 것이다. 이는 위험감수 행동이 오히려 국제사회와 미국의 제재 강도를 높일 뿐이며 중국의 지지도 확보하기 힘들기 때문이다. (2) 설사 북한이 위험감수 행동을 통해 위기 고조를 의도하더라도 미국은 군사적 대응이나 조치를 자제하는 편이 나을 것이며, 이로써 북한의 의도와는 반대의 결과, 즉 위험감수 행동이 무용함을 인식하게 만들 것이다. 미국은 북한이 오산할 수 있는 시그널을 회피해야 하며 분명히 의도하는 것 그리고 의도하지 않는 것에 대한 의사소통 채널을 유지해야 한다.[9]

9 시그널 문제와 관련, 2017년 위기 고조 시 미국의 주한 미국인 소개(疏開)작전 자제는 적

핵억제력을 지닌 북한의 대남 행태는 과연 어떤 양상을 띠게 될까? 위에서 언급한 이론적 설명과 경험적 사례는 핵보유국 간 양자적 관계에 관한 것으로, 제3국(핵우산하의 또는 그보다 넓은 의미의 확장억제하의 국가)에 미치는 영향에 관한 것은 아니다(조동준, 2017). 한국은 제3국에 해당하는 바, 북미 간의 관계로부터 영향받지 않을 수 없다. 분석적 설명이 어려운 상황에서 우리는 북한의 향후 대남 행태를 다음과 같이 가늠할 뿐이다. 신생 핵국가가 상대 핵강대국에 대해 강제핵위협을 감행하여 자신의 의도를 성취할 가능성은 낮다 하더라도, 상대 핵우산하의 제3국에 대해 강압을 행할 가능성은 충분히 있다. 신생 핵국가는 이 제3국을 상대 핵강대국으로부터 디커플링시키거나, 제3국을 인질로 삼아 상대 핵강대국과의 관계에서 유리한 고지를 점하려 하거나, 제3국의 약점을 직접적으로 유린하려 할 것이다. 신생 핵국가에 의한 강제의 성공여부는 상대 핵강대국-제3국 간 관계, 즉 동맹관계의 공고성 및 상대 핵강대국의 능력과 결의에 달릴 것이다.

이 같은 점에서 핵강대국과 핵우산하의 제3국 사이의 관계는 매우 민감하게 된다. 한미동맹을 약화시키는 트럼프 대통령의 발언들은 한국의 주한미군 경비분담 증대를 위한 압력으로서는 유용할지 모르지만 북한의 강압적 대남 행태를 조장하는 역할을 한다. 한미연합훈련은 너무 비싸다는(too expensive) 발언(Youssef and Lubold, 2018)과 함께 훈련을 취소, 축소한 것은 동맹관계에서의 방기(abandonment) 우려[10]를 낳아 한국이 미

절한 대응이었다고 할 수 있는바, 북한이 소개작전을 전쟁 준비로 오인할 가능성을 회피하였기 때문이다.

10 이와 관련, 북핵 위협과 더불어 동맹분열을 우려하는 국내의 핵무장론자들은 흔히 프랑스

국의 안보확약을 얻기 위해 경비분담의 상승을 감수하게 하는 효과를 낳는다(박휘락, 2019). 북한으로서는 핵강대국 미국에 대한 강제핵위협이 통하지 않음을 파악하고 한국에 대해 강압을 취하게 된다. 실제로 북한이 남북한 관계에서 강압을 행하거나 행할 수 있는 예를 들자면, 연합훈련에 대한 비판, 첨단무기 도입에 대한 비난, 그리고 개성공단, 금강산관광, 철도 연결 및 보수공사에 대한 재촉 및 지연에 대한 비판 등이다.

앞 절에서의 논의, 즉 핵통제·폐기로서의 비핵화는 북핵의 물리적 능력을 비대칭적 보상을 통해 제거하는 과정이다. 반면, 핵억제 종식으로서의 비핵화는 북한이 더는 핵무력을 강압적 수단이나 억제 수단으로 활용하지 않겠다는 '의지'의 확약이 될 것이다. 남아공의 사례에서도 볼 수 있듯이, 핵무기 및 핵프로그램의 자체 폐기 후 1991년 비핵국가의 자격으로 NPT에 가입하고 IAEA 안전조치 협정을 수용했다는 것은 더 이상 핵무장 국가가 아님을 천명하며 국제적 비확산 체제의 규범과 절차를 따른다는 의지의 표현이다. 즉, 1991년 남아공의 행위는 이미 비핵화의 스레시홀드를 넘은 것이다. 이런 맥락에서 1993년 드 클레르 대통령은 과거 핵무기를 보유하였다고 밝힌 후 핵무기 프로그램 및 고농축우라늄 시설에 대한 더 강화된 검증에 응하였다. 북한도 이와 같은 의지 표명 과정을 거쳐야 한다.

피에르 갈루아(Pierre Gallois)의 표현을 빌려 한국의 핵무장으로 남북한 간 "공포의 균형"을 이루어야 한다고 주장한다. 하지만 이는 경험적으로 입증하기 힘든 주장으로 주의를 요한다. 몇 년 전 프랑스의 전략분석가 테레즈 델페크(Thérèse Delpech)는 아카이브 분석을 통해 당시 소련이 프랑스 핵무기에 대해 공포의 균형을 믿지 않았으며 줄곧 핵의 우위를 추구하였다고 밝힌 바 있다. 갈루아의 전략적 의도가 소련에게 전달되지도 않았다는 의미이다. 따라서 갈루아의 공포의 균형 전략을 인용할 수는 있으나 그것이 상대방에게 언제나 통용되는 유용한 전략인 것처럼 주장하는 것은 타당하지 않다. Delpech(2012) 참조.

신뢰는 핵폐기에 합의하고 이행함으로써 축적되어 가는 것이지만, 설사 일부 은폐가 있다 하더라도 스스로의 핵억제력 종결 확약은 그 이후 북한의 모든 행위가 이를 거역할 수 없음을 의미한다. 핵무기를 배경으로 위협의 상승을 꾀하는 어떤 행위도 공약 또는 공언을 파괴하는 행위가 되기 때문이다. 따라서 북한의 의지의 확약은 비핵화의 시발점이자 종착점이라고 할 수 있다.

그러나 북한은 아직 그런 의지를 표명한 적이 없다. 2012년 북한은 헌법 전문에 핵보유국을 명시하였고, 2013년 최고인민회의에서는 이른바 '핵보유국법'을 통과시켰는바 이는 북한 버전의 핵독트린이다. 북한은 2016년 5월 노동당 7차 당대회에서 '책임 있는' 핵보유국을 주장하였고 2019년 12월 노동당 전원회의에서는 핵억제력을 포기할 수 없다고 강조하는 등 핵억제를 포기할 징후를 보이지 않고 있다.

6. 결론

이 글은 핵비확산, 핵통제·폐기, 핵억제의 삼각구도 속에서 북핵과 비핵화를 분석하였다. 이를 요약해 보자면, 첫째, 북핵문제와 비핵화는 한반도에서 NPT체제의 복원과 관련된다. 북한 핵무장의 동기, 즉 북한에서의 핵확산 요인은 대외적으로 생존안보의 위협에서 비롯된 것인 동시에 대내적 안보 및 김정은 정권의 정당성과도 밀접하게 관련되어 있다. 또 암시장 네트워크 및 세력 투사 이론을 통해 본 북한의 민감기술 획득 과정은 강대국 간 견제, 엄혹한 국제정치 밸런싱 속에서 이루어졌다는 점이다. 핵확산의 복합성은 북핵 해결의 장애로 작용하는 것이 사실이다.

둘째, 핵통제·폐기 차원에서 보면, 우리가 가장 흔히 말하는 비핵화는 핵능력의 제거를 의미한다. 남아공 비핵화의 한계를 보면서 얻은 교훈은 신뢰할 만한 리스트의 '신고'를 거쳐 '폐기' 및 '검증'에 이르러야 한다는 점이다. 한국과 미국의 우려는 북한이 일방주의적 비핵화를 추진하다 중단하여 핵무장 국가로 남는다는 점에 있었으며, 북한의 우려는 신뢰가 부재한 상황에서는 비핵화를 추진하여도 국가안보, 체제안보를 보장받지 못할 것이라는 점이었다. 향후 혹시 북미협상에서 타협 가능한 부분이 있다면, 미국이 신고의 완전성 부분에서 일부 양보하면서 폐기에 참여하고 검증을 확보하는 것이다.

셋째, 핵억제 차원에서 보면, 북핵의 궁극적 해결은 물리적 핵능력의 폐기만이 아니라 김정은에 의한 핵억제 '의지'의 포기로 가능하다. 북한은 종국적으로 2013년의 핵보유국법을 대체하는 비핵평화국가법 채택 등과 같은 조치를 취해야 한다. 북한은 이런 의지를 표명한 적이 없으며 그럴 징후도 없다. 오히려 그 반대라는 표현이 더 정확하다. 하지만 북한은 위험감수의 도발적 강제핵위협을 행하기는 힘들 것이며 이를 인지하고 있는 것으로 보인다.

핵연구의 유용성은 북핵과 비핵화의 본질에 보다 분석적, 종합적으로 접근하는 데 있다. 물론 핵연구 관점에서 접근한다고 하여 모든 문제에 명쾌하게 답할 수 있다는 말은 아니다. 오히려 새로운 연구 주제가 등장하는바, 이는 자연스러운 일이라고 할 수 있다.

먼저 핵확산 차원에서의 새로운 문제제기이다. 북한의 핵무장에는 국가안보나 체제안보 목적의 수요측면 이외에도 다른 요소가 작용하였는바, 우라늄농축 및 대륙간탄도미사일 관련 기술의 유입이라는 공급측면이 그것이다. 칸의 암시장 네트워크의 작동과 러시아 탄도미사일 기술자의 유입 정보에 관한 규명은 북핵을 둘러싼 파키스탄, 러시아, 중국 등의 대미관계라는 국제정치 역학을 밝히는 작업과 밀접하게 연관되어 추진되어야 한다. 우라늄농축 기술의 유입과 관련, 필자는 위에서 '미-중 긴장 속에서 중국의 파-북 민감기술 이전에 대한 암묵적 지지'라는 가설을 제시한 바 있다.

또 북한이 전략적 목표를 핵억제에 국한하는가, 아니면 억제는 물론 강제핵위협도 포함하는가 하는 문제이다. 필자는 북한이 강제핵위협의 비효용성을 보여준 역사적 사례를 이해한다는 전제하에 북한이 위험감수의 강제, 압박 행태보다는 억제에 초점을 둘 것으로 추론한다. 하지만 미국의 확장억제하의 한국과의 관계에서는 강제핵위협을 취한다고 본다. 북한은 한국을 한미동맹으로부터 디커플링시키려 하거나, 한국을 핵인질로 삼아 미국과의 협상에서 유리한 고지를 점하려 하거나, 남북한 관계에서 한국을 직접적으로 유린하려는 전술을 지속할 것으로 보인다. 예를 들면, 김정은이 금강산관광지구의 시설물들을 철거하도록 남측에 최후통첩을 보내도록 지시한 것이나, 개성의 남북연락사무소를 폭파하고 남북간 소통채널을 패쇄한 것 등이 있다. 이 같은 추론과 사례는 북한 핵무장 이후 남북한 관계의 질적 변화에 대한 새로운 접근이 필요함을 시사한다.

김홍규. 2011.「한중 수교 20년과 한중관계 평가: 미래 한중관계를 위한 방향과 더불어」.『세계지역연구논총』 제29집 3호.
박원곤. 2019.「북한 비핵화에 대한 한미의 시각 차이와 해법 모색」.『한국국가전략』 제4권 1호.
박휘락. 2019.「북한 비핵화 기대에 의한 한미동맹의 동요: 자율성-안보 교환 모델을 중심으로」.『신아세아』 제26권 1호.
서유미. 2020.「김정은 '충격 행동할 것' 핵·경제 병진 회귀」.『서울신문』.
우정엽. 2019.「제2차 북미정상회담에 대한 미국의 인식과 향후 전망」.『세종정책브리프』 No. 2019-4. 성남: 세종연구소.
조동준. 2017.「북한의 핵능력 증가가 미국의 확장억제에 주는 함의와 대처방안」.『한국국가전략』 제2권 1호.
윤형준. 2019.「北 간부들 "위력한 보검, 핵무력 완성"」.『조선일보』.
허인회. 2018.「이수혁, 北 스스로 제안한 것부터 제대로 실행하라 요구하는 게 순리」.『중앙일보』.
홍민. 2016.「북한 연구의 경향과 주요 쟁점」. 북한연구학회 편.『북한연구학회 20년사, 1996-2016』. 서울: 북한연구학회.
홍알벗. 2018.「새로 등장한 북 비핵화 용어 'FFVD'」.『자유아시아방송』.

Albright, David and Andrea Stricker. 2018. *Revisiting South Africa's Nuclear Weapons Program: Its History, Dismantlement, and Lessons for Today*. Washington, DC: Institute for Science and International Security Press.
Beardsley, Kyle and Victor Asal. 2009. "Winning with the Bomb." *Journal of Conflict Resolution* 53(2): 278-301.
Byrne, Leo. 2019. "North Korean FM says Pyongyang asked for "partial" sanctions relief." NK News. https://www.nknews.org/2019/02/north-korean-fm-says-pyongyang-asked-for-partial-sanctions-relief/
Cirincione, Joseph. 2007. *Bomb Scare: The History & Future of Nuclear Weapons*. New York: Columbia University Press.

Corera, Gordon. 2009. *Shopping for Bombs: Nuclear Proliferation, Global Insecurity, and the Rise and Fall of A. Q. Khan Network*. Oxford: Oxford University Press.

Delpech, Thérèse. 2012. *Nuclear Deterrence in the 21st Century: Lessons from the Cold War for A New Era of Strategic Piracy*. Santa Monica: RAND.

Freedman, Lawrence. 2004. *Deterrence*. Cambridge: Polity Press.

Gaddis, John Lewis, Philip H. Gordon, Ernest R. May, and Jonathan Rosenberg (eds.). 1999. *Cold War Statesmen Confront the Bomb: Nuclear Diplomacy Since 1945*. Oxford: Oxford University Press.

Gartzke, Erik and Dong-Joon Jo. 2009. "Bargaining, Nuclear Proliferation, and Interstate Disputes." *Journal of Conflict Resolution* 53(2): 209-233.

Hardin, Russell. 2002. *Trust and Trustworthiness*. New York: Russell Sage Foundation.

Hastings, Justin V. 2016. *A Most Enterprising Country: North Korea in the Global Economy*. Ithaca: Cornell University Press.

Hymans, Jacques E. C. 2006a. T*he Psychology of Nuclear Proliferation: Identity, Emotions and Foreign Policy*. Cambridge: Cambridge University Press.

Hymans, Jacques E. C. 2006b. "Theories of Nuclear Proliferation." *Nonproliferation Review* 13(3): 455-465.

Kerr, Paul K., Steven A. Hildreth, and Mary Beth D. Nikitin. 2016. "Iran-North Korea-Syria Ballistic Missile and Nuclear Cooperation." *CRS Report*. Washington, D.C.: Congressional Research Service.

Kim, Sung Chull. 2017. "Endangering Alliance or Risking Proliferation?: US-Japan and US-Korea Nuclear Energy Cooperation Agreements." *The Pacific Review* 30(5): 692-709.

Kim, Sung Chull. 2017. "North Korea's Nuclear Doctrine and Revisionist Strategy." In Sung Chull Kim and Michael Cohen (eds.). *North Korea and Nuclear Weapons: Entering the New Era of Deterrence*. Washington, D.C.: Georgetown University Press.

Kohl, Wilfred L. 1971. *French Nuclear Diplomacy*. Princeton: Princeton University Press.

Kroenig, Matthew. 2013. "Nuclear Superiority and the Balance of Resolve: Explaining Nuclear Crisis Outcomes." *International Organization* 67(1): 141-171.

Kroenig, Matthew. 2010. *Exporting the Bomb: Technology Transfer and the Spread of Nuclear Weapons*. Ithaca: Cornell University Press.

Lebovic, James H. 2013. *Flawed Logics: Strategic Nuclear Arms Control from Truman to Obama*. Baltimore: Johns Hopkins University Press.

MacDonald, Myra. 2017. *Defeat Is an Orphan: How Pakistan Lost the Great South Asian

War. London: Hurst.

Morgan, Patrick M. 2003. *Deterrence Now*. Cambridge: Cambridge University Press.

Pape, Robert A. 1996. *Bombing to Win: Air Power and Coercion in War*. Ithaca: Cornell University Press.

Paul, T. V., Patrick M. Morgan, and James J. Wirtz (eds.). 2009. *Complex Deterrence: Strategy in the Global Age*. Chicago: University of Chicago Press.

Sechser, Todd S. and Matthew Fuhrmann. 2017. *Nuclear Weapons and Coercive Diplomacy*. Cambridge: Cambridge University Press.

Sheen, Seong-ho. June 2011. "Nuclear Sovereignty vs Nuclear Security: Renewing the ROK-US Atomic Energy Agreement." *The Korean Journal of Defense Analysis* 23(2): 273-288.

Shulte, Gregory L. July/August 2010. "Stopping Proliferation before It Starts: How to Prevent the Next Nuclear Wave." *Foreign Affairs* 89(4): 85-95.

Solingen, Etel. 2007. *Nuclear Logics: Contrasting Paths in East Asia and the Middle East*. Princeton and Oxford: Princeton University Press.

Steven Aftergood. October 25, 2011. "Purpose of 1969 Nuclear Alert Remains a Mystery." *Federation of American Scientists*. https://fas.org/blogs/secrecy/2011/10/1969_nuclear_alert/

U.S. Department of State. "New START." https://www.state.gov/t/avc/newstart/

Volpe, Tristan. 2017. "The Unraveling of North Korea's Proliferation Blackmail Strategy." In Sung Chull Kim and Michael D. Cohen (eds.). *North Korea and Nuclear Weapons: Entering the New Era of Deterrence*. Washington, D.C.: Georgetown University Press.

Waltz, Kenneth H. 2012. "Why Iran Should Get the Bomb: Nuclear Balancing Would Mean Stability." *Foreign Affairs* 91(4): 2-5.

Wang, Fei-Ling. 2018. "China and the Prospects of Denuclearization of North Korea." *Asian Journal of Peacebuilding* 6(2): 267-288.

Warrick, Joby. 2017. "The secret to Kim's success? Some experts see Russian echoes in North Korea's missile advances." *Washington Post*. https://www.washingtonpost.com/world/national-security/the-secret-to-kims-success-some-experts-see-russian-echoes-in-north-koreas-missiles-advances/2017/07/08/5d4f5fca-6364-11e7-a4f7-af34fc1d9d39_story.html

Wroughton Lesley and David Brunnstrom. 2019. "Exclusive: With a piece of paper, Trump called on Kim to hand over nuclear weapons." *Reuters*. https://www.reuters.com/article/us-northkorea-usa-document-exclusive-idUSKCN1RA2NR

Youssef, Nancy A. and Gordon Lubold. 2018. "'War Games' Trump Said Were Too Expensive Cost Less Than a Fighter Jet." *Wall Street Journal*. https://www.wsj.com/articles/pentagon-puts-a-price-tag-on-military-exercises-1531310400

4 남북한 군사협력과 한반도 비핵화-평화체제 넥서스

기능주의와 역기능주의를 넘어서

황지환

1. 서론

2018년 초 한반도에 새로운 변화가 일어났다. 북한 선수와 대표단은 평창 올림픽에 참석했고 여자 아이스하키팀은 남북한 단일팀을 성사시킴으로써 평창 올림픽대회를 국제사회에 평화 올림픽으로 각인시켰다. 그 결과 남한의 대통령 특사단이 평양을 방문하였고 이후 남북정상회담과 북미정상회담으로 이어져 한반도에 평화의 봄이 오고 있다는 새로운 희망이 생겼었다. 사실 2018년 한반도의 평화 기운은 사전에 예상된 것은 아니었다. 2017년 말부터 트럼프 행정부는 국가안보전략보고서(National Security Strategy, NSS),[1] 트럼프 대통령의 국정연설(State of the Union,

1 White House, *National Security Strategy of the United States of America*, December 2017.

SOTU),[2] 국방전략보고서(National Defense Strategy, NDS),[3] 핵태세검토보고서(Nuclear Posture Review, NPR)[4] 등 다양한 대외전략 보고서를 연이어 발간하면서 북한에 대한 '최대의 압박 (maximum pressure)'을 강조했었다. 이에 대해 북한은 2017년 9월, 6차 핵실험을 감행하였고, 11월 29일 대륙간탄도미사일(ICBM)이라 주장한 '화성 15형' 로켓을 발사한 후 대미 핵억지의 완성을 선언하고 한반도 긴장을 고조시켰다.[5]

하지만, 김정은은 2018년 신년사에서 남북관계의 새로운 변화를 요구한 후 평창 올림픽 참가와 남북 및 북미 정상회담 개최를 시사하며 한반도 질서의 변화를 꾀했다. 김정은은 남북관계에 대해 신년사에서 "북과 남 사이의 접촉과 래왕, 협력과 교류를 폭넓게 실현하여 서로의 오해와 불신을 풀고 통일의 주체로서의 책임과 역할을 다해야 할 것입니다. 우리는 진정으로 민족적 화해와 단합을 원한다면 남조선의 집권 여당은 물론 야당들, 각계각층 단체들과 개별적 인사들을 포함하여 그 누구에게도 대화와 접촉, 래왕의 길을 열어 놓을 것입니다."라고 언급했다.[6] 이처럼 북한은 2018년 초부터 새로운 평화 공세를 통해 한반도 질서를 바꾸려고 노력했다. 이후 김정은 위원장은 4월, 5월, 9월 전례 없이 연속적인 남북정상회담에 참여했으며, 6월 12일 싱가포르에서 미국의 트럼프 대통

---

2 White House, *President Donald J. Trump's State of the Union Address*, January 2018.

3 U.S. Department of Defense, *Summary of the 2018 National Defense Strategy of the United States of America*, January 2018.

4 U.S. Department of Defense, *Nuclear Posture Review*, February 2018.

5 조선민주주의인민공화국 정부, "성명: 새형의 대륙간탄도로케트 시험발사 성공," 『로동신문』 2017년 11월 29일; 조선민주주의인민공화국 외무성, "대변인 성명," 『로동신문』 2017년 12월 3일.

6 김정은, "신년사," 『로동신문』 2018년 1월 1일.

령과 사상 최초의 북미정상회담을 개최함으로써 역사를 다시 써 나갔다(황지환, 2019).

특히 남북정상회담에서 남북 군사분야의 교류와 협력 합의는 상당히 인상적이었다. 문재인 대통령과 김정은 위원장은 4월 남북정상회담의 합의문인 '한반도의 평화와 번영, 통일을 위한 판문점선언' 2조에서 "남과 북은 한반도에서 첨예한 군사적 긴장상태를 완화하고 전쟁 위험을 실질적으로 해소하기 위하여 공동으로 노력해 나갈 것"을 약속했다.[7] 또한 '9월 평양공동선언' 1조에서도 "남과 북은 비무장지대를 비롯한 대치지역에서의 군사적 적대관계 종식을 한반도 전 지역에서의 실질적인 전쟁위험 제거와 근본적인 적대관계 해소로 이어나가기로 하였다."[8] 특히 '9월 평양공동선언'에서는 「판문점선언 군사분야 이행합의서」를 부속합의서로 채택하여 "한반도를 항구적인 평화지대로 만들기 위한 실천적 조치들을 적극 취해나가기로" 합의했다.

물론 남북한의 군사분야 협력은 그 합의에도 불구하고 낙관적인 것은 아니었다. 남과 북이 합의를 "철저히 준수하고 성실히 이행"하겠다고 약속했지만, 합의 초기의 일부 조항 실천 이후 근본적인 이행 움직임은 없었다. 오히려 북한은 2020년 6월 개성공단 남북공동연락사무소를 폭파하며 군사분야의 합의 파기를 암시하기도 했다.[9] 따라서 「판문점선언 군사분야 이행합의서」가 앞으로 이행될 수 있을지는 의문이다. 무엇보다

7 청와대, "한반도의 평화와 번영, 통일을 위한 판문점 선언" 2018년 4월 27일.

8 청와대, "9월 평양공동선언" 2018년 9월 19일.

9 "김여정 조선로동당 중앙위원회 제1부부장의 담화," 『로동신문』 2020년 6월 4일; "조선인민군 총참모부 공개보도," 『로동신문』 2020년 6월 17일.

도 남북한 사이에는 아직 이행되지 못한 이전 시기의 여러 차례 군사 합의들이 있기 때문이다. 또한 군사합의는 안보 불안에 대한 인식으로 인해 다른 경제, 사회, 문화적 합의보다 본질적으로 이행이 더 어려우며 일정 수준 이상의 실천을 해 나가기도 쉽지 않다. 군사분야의 합의는 군축(disarmament)과 군비통제(arms control)에 대한 여러 노력이 포함되기 때문에 양측의 신뢰구축 메커니즘이 매우 중요하다. 특히 군비통제는 잠재적 적국과의 모든 형태의 군사협력을 의미하는데, 전쟁의 가능성과 범위 및 폭력발생을 줄이고 전쟁을 준비하는 정치경제적 비용도 줄이고자 하는 노력을 포함한다(Schelling and Halperin, 1985: 2). 잠재적인 적국과의 군사적인 합의를 이끌어 내고 실천하는 것은 쉽지 않은 과정임에 틀림없다.

이러한 관점에서 이 글은 2018년 판문점 및 평양 남북정상회담을 통해 이루어진 남북한 군사분야 합의의 의미와 한계를 논의한다. 과거 남북한은 사회문화 및 경제 분야에서의 협력을 바탕으로 확산(spill-over) 효과를 추구하는 기능주의적 접근을 통해 남북한 군사협력을 추진해 왔지만 성공하지 못했다. 반면 2018년의 군사분야 합의는 사회문화 및 경제 분야의 합의 없이 군사분야의 과감한 합의를 통해 남북한 전 분야에 협력과 평화를 진전시키려는 역기능주의적 접근법을 취했다고 해석할 수 있다. 하지만, 이러한 새로운 접근 역시 남북한의 군사협력을 이행하고 평화를 만들어 내는 큰 역할을 하지 못했음을 설명한다. 이 글은 2018년의 남북 군사분야 합의 및 협력의 의미와 한계를 논의하며 이러한 군사분야 합의가 어떻게 이행될 수 있는지, 합의 이행을 위해 어떤 조건이 필요한지 분석한다. 특히 이 글은 남북한 군사분야 합의와 이행을 위해서는 한반도 비핵화 및 평화체제 논의와 이행이 동시에 진행되어야 함을 주장한다.

2. 판문점 및 평양 남북정상회담과 군사합의 평가

1) 판문점선언

노무현 정부 이후 거의 10년 동안이나 중단되었던 남북한 군사협력 논의는 2018년 초 김정은 국무위원장의 신년사와 북한의 평창 올림픽 참가 이후 새로운 전기를 맞게 되었다. 2018년 4월 27일 판문점에서 개최된 문재인 대통령과 김정은 위원장 간 남북정상회담의 결과로 발표된 '한반도의 평화와 번영, 통일을 위한 판문점선언'에서 남북한 군사협력이 명문화되면서 관련 논의가 다시 활기를 띠기 시작했다. 양 정상은 판문점선언의 전문에서 "한반도에 더 이상 전쟁은 없을 것이며 새로운 평화의 시대가 열리었음을 8천만 우리 겨레와 전 세계에 엄숙히 천명"하였으며, "냉전의 산물인 오랜 분단과 대결을 하루빨리 종식시키고 민족적 화해와 평화번영의 새로운 시대를 과감하게 열어나가며 남북관계를 보다 적극적으로 개선하고 발전시켜 나가야 한다"며 한반도 평화에 대한 강한 의지를 피력하였다.[10]

구체적으로 양 정상은 판문점선언 2조에서 남북한 군사협력에 대한 구체적인 비전을 제시하였다. 우선 "남과 북은 한반도에서 첨예한 군사적 긴장상태를 완화하고 전쟁 위험을 실질적으로 해소하기 위하여 공동으로 노력해 나갈 것"을 선언하였다. 이후 1항에서는 "상대방에 대한 일체의 적대행위를 전면 중지하기로" 하였고, 이를 통해 "비무장 지대를 실질적인 평화지대로 만들어 나가기로 하였다." 2항에서는 "서해 북방한

---

10 청와대, "한반도의 평화와 번영, 통일을 위한 판문점 선언" 2018년 4월 27일.

계선 일대를 평화수역으로 만들어 우발적인 군사적 충돌을 방지"하기로 약속하였다. 3항에서는 남북한 "상호 협력과 교류, 왕래와 접촉"을 위한

표 1. 판문점선언 중 남북한 군사협력 관련 2, 3조 내용

2. 남과 북은 한반도에서 첨예한 군사적 긴장상태를 완화하고 전쟁 위험을 실질적으로 해소하기 위하여 공동으로 노력해 나갈 것이다.

① 남과 북은 지상과 해상, 공중을 비롯한 모든 공간에서 군사적 긴장과 충돌의 근원이 되는 상대방에 대한 일체의 적대행위를 전면 중지하기로 하였다.
당면하여 5월 1일부터 군사분계선 일대에서 확성기 방송과 전단살포를 비롯한 모든 적대 행위들을 중지하고 그 수단을 철폐하며 앞으로 비무장지대를 실질적인 평화지대로 만들어 나가기로 하였다.
② 남과 북은 서해 북방한계선 일대를 평화수역으로 만들어 우발적인 군사적 충돌을 방지하고 안전한 어로 활동을 보장하기 위한 실제적인 대책을 세워나가기로 하였다.
③ 남과 북은 상호협력과 교류, 왕래와 접촉이 활성화되는 데 따른 여러 가지 군사적 보장대책을 취하기로 하였다.
남과 북은 쌍방 사이에 제기되는 군사적 문제를 지체 없이 협의 해결하기 위하여 국방부장관회담을 비롯한 군사당국자회담을 자주 개최하며 5월 중에 먼저 장성급 군사회담을 열기로 하였다.

3. 남과 북은 한반도의 항구적이며 공고한 평화체제 구축을 위하여 적극 협력해 나갈 것이다.
한반도에서 비정상적인 현재의 정전상태를 종식시키고 확고한 평화체제를 수립하는 것은 더 이상 미룰 수 없는 역사적 과제이다.

① 남과 북은 그 어떤 형태의 무력도 서로 사용하지 않을 데 대한 불가침 합의를 재확인하고 엄격히 준수해 나가기로 하였다.
② 남과 북은 군사적 긴장이 해소되고 서로의 군사적 신뢰가 실질적으로 구축되는 데 따라 단계적으로 군축을 실현해 나가기로 하였다.
③ 남과 북은 정전협정체결 65년이 되는 올해에 종전을 선언하고 정전협정을 평화협정으로 전환하며 항구적이고 공고한 평화체제 구축을 위한 남·북·미 3자 또는 남·북·미·중 4자회담 개최를 적극 추진해 나가기로 하였다.
④ 남과 북은 완전한 비핵화를 통해 핵 없는 한반도를 실현한다는 공동의 목표를 확인하였다.
남과 북은 북측이 취하고 있는 주동적인 조치들이 한반도 비핵화를 위해 대단히 의의 있고 중대한 조치라는 데 인식을 같이 하고 앞으로 각기 자기의 책임과 역할을 다하기로 하였다.
남과 북은 한반도 비핵화를 위한 국제사회의 지지와 협력을 위해 적극 노력하기로 하였다.

"여러 가지 군사적 보장대책을 취하기로 하였다." 이러한 "군사적 문제를 지체 없이 협의 해결하기 위하여" 남북한 사이에 "군사 당국자 회담을 자주 개최"하기로 합의하였다.

다른 한편, 3조에서 "남과 북은 한반도의 항구적이며 공고한 평화체제 구축을 위하여 적극 협력해 나갈 것"을 합의했다. 특히 "한반도에서 비정상적인 현재의 정전상태를 종식시키고 확고한 평화체제를 수립"하기 위해 1항에서 "남과 북은 그 어떤 형태의 무력도 서로 사용하지 않을 데 대한 불가침 합의를 재확인하고 엄격히 준수해 나가기로" 하였으며, 2항에서 "남과 북은 군사적 긴장이 해소되고 서로의 군사적 신뢰가 실질적으로 구축되는 데 따라 단계적으로 군축을 실현해 나가기로" 하였다. 3항에서 "남과 북은 정전협정체결 65년이 되는 올해에 종전을 선언하고 정전협정을 평화협정으로 전환하며 항구적이고 공고한 평화체제 구축을 위한 남·북·미 3자 또는 남·북·미·중 4자회담 개최를 적극 추진해 나가기로 하였다." 이를 통해 "남과 북은 완전한 비핵화를 통해 핵 없는 한반도를 실현한다는 공동의 목표를 확인하였다."

2) 9월 평양공동선언과 「판문점선언 군사분야 이행합의서」

한편, 9월 평양공동선언 1조에서도 남북한 정상은 "비무장지대를 비롯한 대치지역에서의 군사적 적대관계 종식을 한반도 전 지역에서의 실질적인 전쟁위험 제거와 근본적인 적대관계 해소로 이어나가기로 하였다."[11] 이후 1항에서 "「판문점선언 군사분야 이행합의서」를 평양공동선언의 부

11 청와대, "9월 평양공동선언" 2018년 9월 19일.

속합의서로 채택"하기로 하였으며, "한반도를 항구적인 평화지대로 만들기 위한 실천적 조치들을 적극 취해나가기로 하였다." 2항에서는 "남북군사공동위원회를 조속히 가동하여" 남과 북 사이의 "상시적 소통과 긴밀한 협의를 진행하기로 하였다." 또한, 5조에서 "남과 북은 한반도를 핵무기와 핵위협이 없는 평화의 터전으로 만들어나가야 하며 이를 위해 필요한 실질적인 진전을 조속히 이루어나가야 한다는 데 인식을 같이 하였다." 이를 위해 1항에서 "북측은 동창리 엔진시험장과 미사일 발사대를 유관국 전문가들의 참관하에 우선 영구적으로 폐기하기로" 약속하였으며, 2항에서 "미국이 6.12 북미공동성명의 정신에 따라 상응조치를 취하면 영변 핵시설의 영구적 폐기와 같은 추가적인 조치를 계속 취해나갈

표 2. 평양공동선언 중 남북한 군사협력 관련 1, 5조 내용

1. 남과 북은 비무장지대를 비롯한 대치지역에서의 군사적 적대관계 종식을 한반도 전 지역에서의 실질적인 전쟁위험 제거와 근본적인 적대관계 해소로 이어나가기로 하였다.

   ① 남과 북은 이번 평양정상회담을 계기로 체결한 「판문점선언 군사분야 이행합의서」를 평양공동선언의 부속합의서로 채택하고 이를 철저히 준수하고 성실히 이행하며, 한반도를 항구적인 평화지대로 만들기 위한 실천적 조치들을 적극 취해나가기로 하였다.
   ② 남과 북은 남북군사공동위원회를 조속히 가동하여 군사분야 합의서의 이행실태를 점검하고 우발적 무력 충돌 방지를 위한 상시적 소통과 긴밀한 협의를 진행하기로 하였다.

5. 남과 북은 한반도를 핵무기와 핵위협이 없는 평화의 터전으로 만들어나가야 하며 이를 위해 필요한 실질적인 진전을 조속히 이루어나가야 한다는 데 인식을 같이 하였다.

   ① 북측은 동창리 엔진시험장과 미사일 발사대를 유관국 전문가들의 참관하에 우선 영구적으로 폐기하기로 하였다.
   ② 북측은 미국이 6.12 북미공동성명의 정신에 따라 상응조치를 취하면 영변 핵시설의 영구적 폐기와 같은 추가적인 조치를 계속 취해나갈 용의가 있음을 표명하였다.
   ③ 남과 북은 한반도의 완전한 비핵화를 추진해나가는 과정에서 함께 긴밀히 협력해나가기로 하였다.

용의가 있음을 표명하였다.” 3항에서 “남과 북은 한반도의 완전한 비핵화를 추진해나가는 과정에서 함께 긴밀히 협력해나가기로 하였다.”

송영무 국방부장관과 노광철 인민무력상이 서명한 「판문점선언 군사분야 이행합의서」는 평양공동선언의 부속합의서로 전문과 총 6개 조 22개 항으로 구성되었다.[12] 전문에서 “남과 북은 한반도에서 군사적 긴장상태를 완화하고 신뢰를 구축하는 것이 항구적이며 공고한 평화를 보장하는 데 필수적이라는 공통된 인식으로부터 「한반도의 평화와 번영, 통일을 위한 판문점선언」을 군사적으로 철저히 이행”할 것을 밝혔다. 이후 1조에서는 “상대방에 대한 일체의 적대행위를 전면 중지”할 것을 규정했다. 이에 따라 1항 무력 충돌 방지 대책 강구, 2항 군사분계선 일대에서 군사연습 중지, 3항 비행금지구역 설정, 4항 우발적인 무력 충돌 방지대책, 5항 상시 연락체제 가동을 규정하였다. 2조에서는 “남과 북은 비무장지대를 평화지대로 만들어 나가기 위한 실질적인 군사적 대책을 강구하기로 하였다.” 이를 위해 1항 감시초소(GP) 철수, 2항 판문점 공동경비구역 비무장화, 3항 비무장지대 내 남북공동유해발굴, 4항 비무장지대 내 역사유적 공동조사 및 발굴 관련 군사적 보장대책 협의를 규정하였다. 3조는 “서해 북방한계선 일대를 평화수역으로 만들어 우발적인 군사적 충돌을 방지하고 안전한 어로활동을 보장하기 위한 군사적 대책을 취해 나가기로 하였다.” 이를 위해 1항 2004년 6월의 ‘서해 해상에서의 우발적 충돌 방지’ 관련 합의의 재확인 및 이행, 2항 서해 해상에서의 평화수역과 시범적 공동어로구역 설정, 3항 평화수역과 시범적 공동어로구역

---

12 청와대, “판문점선언 군사분야 이행합의서” 2018년 9월 19일.

표 3. 판문점선언 군사분야 이행합의서

남과 북은 한반도에서 군사적 긴장 상태를 완화하고 신뢰를 구축하는 것이 항구적이며 공고한 평화를 보장하는 데 필수적이라는 공통된 인식으로부터 「한반도의 평화와 번영, 통일을 위한 판문점선언」을 군사적으로 철저히 이행하기 위하여 다음과 같이 포괄적으로 합의하였다.

1. 남과 북은 지상과 해상, 공중을 비롯한 모든 공간에서 군사적 긴장과 충돌의 근원으로 되는 상대방에 대한 일체의 적대행위를 전면 중지하기로 하였다.

① 쌍방은 지상과 해상, 공중을 비롯한 모든 공간에서 무력 충돌을 방지하기 위해 다양한 대책을 강구하였다.
쌍방은 군사적 충돌을 야기할 수 있는 모든 문제를 평화적 방법으로 협의·해결하며, 어떤 경우에도 무력을 사용하지 않기로 하였다.
쌍방은 어떠한 수단과 방법으로도 상대방의 관할구역을 침입 또는 공격하거나 점령하는 행위를 하지 않기로 하였다.
쌍방은 상대방을 겨냥한 대규모 군사훈련 및 무력증강 문제, 다양한 형태의 봉쇄·차단 및 항행방해 문제, 상대방에 대한 정찰행위 중지 문제 등에 대해 '남북군사공동위원회'를 가동하여 협의해 나가기로 하였다.
쌍방은 군사적 긴장 해소 및 신뢰구축에 따라 단계적 군축을 실현해 나가기로 합의한 「판문점선언」 을 구현하기 위해 이와 관련된 다양한 실행 대책들을 계속 협의하기로 하였다.

② 쌍방은 2018년 11월 1일부터 군사분계선 일대에서 상대방을 겨냥한 각종 군사연습을 중지하기로 하였다.
지상에서는 군사분계선으로부터 5km 안에서 포병 사격훈련 및 연대급 이상 야외기동훈련을 전면 중지하기로 하였다.
해상에서는 서해 남측 덕적도 이북으로부터 북측 초도 이남까지의 수역, 동해 남측 속초 이북으로부터 북측 통천 이남까지의 수역에서 포사격 및 해상 기동훈련을 중지하고 해안포와 함포의 포구·포신 덮개 설치 및 포문폐쇄 조치를 취하기로 하였다.
공중에서는 군사분계선 동·서부 지역 상공에 설정된 비행 금지구역 내에서 고정익항공기의 공대지유도무기사격 등 실탄사격을 동반한 전술훈련을 금지하기로 하였다.

③ 쌍방은 2018년 11월 1일부터 군사분계선 상공에서 모든 기종들의 비행금지구역을 다음과 같이 설정하기로 하였다.
고정익항공기는 군사분계선으로부터 동부지역(군사분계선표식물 제0646호부터 제1292호까지의 구간)은 40km, 서부지역(군사분계선표식물 제0001호부터 제0646호까지의 구간)은 20km를 적용하여 비행금지구역을 설정한다.
회전익항공기는 군사분계선으로부터 10km로, 무인기는 동부지역에서 15km, 서부지역에서 10km로, 기구는 25km로 적용한다.
다만, 산불 진화, 지·해상 조난 구조, 환자 후송, 기상 관측, 영농지원 등으로 비행기

표 3. 판문점선언 군사분야 이행합의서(계속)

운용이 필요한 경우에는 상대측에 사전 통보하고 비행할 수 있도록 한다. 민간 여객기(화물기 포함)에 대해서는 상기 비행금지구역을 적용하지 않는다.

④ 쌍방은 지상과 해상, 공중을 비롯한 모든 공간에서 어떠한 경우에도 우발적인 무력 충돌 상황이 발생하지 않도록 대책을 취하기로 하였다.
이를 위해 지상과 해상에서는 경고방송 → 2차 경고방송 → 경고사격 → 2차 경고사격 → 군사적 조치의 5개 단계로, 공중에서는 경고교신 및 신호 → 차단비행 → 경고사격 → 군사적 조치의 4개 단계의 절차를 적용하기로 하였다.
쌍방은 수정된 절차를 2018년 11월 1일부터 시행하기로 하였다.

⑤ 쌍방은 지상과 해상, 공중을 비롯한 모든 공간에서 어떠한 경우에도 우발적 충돌이 발생하지 않도록 상시 연락체계를 가동하며, 비정상적인 상황이 발생하는 경우 즉시 통보하는 등 모든 군사적 문제를 평화적으로 협의하여 해결하기로 하였다.

2. 남과 북은 비무장지대를 평화지대로 만들어 나가기 위한 실질적인 군사적 대책을 강구하기로 하였다.

① 쌍방은 비무장지대 안에 감시초소(GP)를 전부 철수하기 위한 시범적 조치로 상호 1km 이내 근접해 있는 남북 감시초소들을 완전히 철수하기로 하였다.

② 쌍방은 판문점 공동경비구역을 비무장화하기로 하였다.

③ 쌍방은 비무장지대 내에서 시범적 남북공동유해발굴을 진행하기로 하였다.

④ 쌍방은 비무장지대 안의 역사유적에 대한 공동조사 및 발굴과 관련한 군사적 보장대책을 계속 협의하기로 하였다.

3. 남과 북은 서해 북방한계선 일대를 평화수역으로 만들어 우발적인 군사적 충돌을 방지하고 안전한 어로활동을 보장하기 위한 군사적 대책을 취해 나가기로 하였다.

① 쌍방은 2004년 6월 4일 제2차 남북장성급군사회담에서 서명한 '서해 해상에서의 우발적 충돌 방지' 관련 합의를 재확인하고, 전면적으로 복원·이행해 나가기로 하였다.

② 쌍방은 서해 해상에서 평화수역과 시범적 공동어로구역을 설정하기로 하였다.

③ 쌍방은 평화수역과 시범적 공동어로구역에 출입하는 인원 및 선박에 대한 안전을 철저히 보장하기로 하였다.

④ 쌍방은 평화수역과 시범적 공동어로구역 내에서 불법어로 차단 및 남북 어민들의 안전한 어로활동 보장을 위하여 남북 공동순찰 방안을 마련하여 시행하기로 하였다.

표 3. 판문점선언 군사분야 이행합의서(계속)

4. 남과 북은 교류협력 및 접촉·왕래 활성화에 필요한 군사적 보장대책을 강구하기로 하였다.

   ① 쌍방은 남북관리구역에서의 통행·통신·통관(3통)을 군사적으로 보장하기 위한 대책을 마련하기로 하였다.

   ② 쌍방은 동·서해선 철도·도로 연결과 현대화를 위한 군사적 보장대책을 강구하기로 하였다.

   ③ 쌍방은 북측 선박들의 해주직항로 이용과 제주해협 통과 문제 등을 남북군사공동위에서 협의하여 대책을 마련하기로 하였다.

   ④ 쌍방은 한강(임진강) 하구 공동이용을 위한 군사적 보장대책을 강구하기로 하였다.

5. 남과 북은 상호 군사적 신뢰구축을 위한 다양한 조치들을 강구해 나가기로 하였다.

   ① 쌍방은 남북군사당국자 사이에 직통전화 설치 및 운영 문제를 계속 협의해 나가기로 하였다.

   ② 쌍방은 남북군사공동위원회 구성 및 운영과 관련한 문제를 구체적으로 협의·해결해 나가기로 하였다.

   ③ 쌍방은 남북군사당국 간 채택한 모든 합의들을 철저히 이행하며, 그 이행상태를 정기적으로 점검·평가해 나가기로 하였다.

6. 이 합의서는 쌍방이 서명하고 각기 발효에 필요한 절차를 거쳐 그 문본을 교환한 날부터 효력을 발생한다.

   ① 합의서는 쌍방의 합의에 따라 수정 및 보충할 수 있다.

   ② 합의서는 2부 작성되었으며, 같은 효력을 가진다.

2018년 9월 19일
대한민국 국방부장관 송영무
조선민주주의인민공화국 인민무력상 조선인민군 대장 노광철

출입에 관한 안전 보장, 4항 남북 공동순찰 방안 마련 및 시행을 규정하였다. 4조는 남과 북의 "교류협력 및 접촉 왕래 활성화에 필요한 군사적 보장대책을 강구하기로 하였다." 이를 위해 1항은 통행·통신·통관(3통)의 군사적 보장대책, 2항은 서해선 철도·도로 연결과 현대화를 위한 군

사적 보장대책, 3항은 해주 직항로 이용과 제주해협 통과 문제 협의, 4항은 한강(임진강) 하구 공동이용을 위한 군사적 보장대책 강구를 규정하였다. 5조에서 "남과 북은 상호 군사적 신뢰구축을 위한 다양한 조치들을 강구해 나가기로 하였다." 이를 위해 1항 남북군사당국자 사이에 직통전화 설치 및 운영, 2항 남북군사공동위원회 구성 및 운영, 3항 남북군사당국 간 합의 이행 및 점검 평가를 규정하였다. 마지막으로 6조는 합의서의 효력 규정으로 "쌍방이 서명하고 각기 발효에 필요한 절차를 거쳐 그 문본을 교환한 날부터 효력을 발생한다"고 규정하였다.

3) 남북한 군사합의의 의미와 한계

2017년 말까지 북한이 6차 핵실험과 ICBM급으로 추정되는 화성 15형 장거리 미사일 발사를 감행했던 점을 고려할 때, 2018년 이후 남북정상회담을 통해 합의된 판문점선언, 평양공동선언, 판문점선언 이행을 위한 군사분야 합의서는 한반도 평화를 위한 획기적인 진전이었다. 또한 이들 합의는 2000년의 6.15 선언이나 2007년의 10.4 선언보다 진전된 합의로서 남북한의 군사분야 협력을 구체화했던 것이 사실이다. 6.15 선언 및 10.4 선언은 남북관계 발전, 전쟁위험 해소, 한반도 평화체제 구축에 대한 합의를 하면서도 비핵화, 군축, 종전선언, 평화협정의 문제는 적극적으로 담지 못했었다.[13] 이에 비해 2018년의 남북정상회담 합의들에서 이러한 이슈들을 논의하고 합의했다는 것은 한반도 평화를 위한 커다란 진

13 청와대, "6.15 남북공동선언" 2000년 6월 15일; 청와대, "남북관계 발전과 평화번영을 위한 선언" 2007년 10월 4일.

전이었으며, 북한 입장에서도 엄청난 정책변화였음에 틀림없다.

우선, 비핵화나 평화체제 관련해서 2018년의 합의들은 이전보다 훨씬 더 진전된 내용을 담아 평화를 위한 한반도 안보환경에 긍정적인 영향을 준 것이 사실이었다. 6.15 공동선언은 비핵화나 평화체제 관련 내용을 합의에 담지 못했다. 반면 10.4 선언은 "남과 북은 현 정전체제를 종식시키고 항구적인 평화체제를 구축해 나가야 한다는 데 인식을 같이하고 직접 관련된 3자 또는 4자 정상들이 한반도지역에서 만나 종전을 선언하는 문제를 추진하기 위해 협력해 나가기로 하였다. 남과 북은 한반도 핵문제 해결을 위해 6자회담, 9.19 공동성명과 2.13 합의가 순조롭게 이행되도록 공동으로 노력하기로 하였다."라고 언급하며 비핵화와 평화체제 구축 문제를 다루었다.[14] 판문점선언은 3조에서 "남과 북은 한반도의 항구적이며 공고한 평화체제 구축을 위하여 적극 협력해 나갈 것이다"라고 언급하였으며, 3항에서 한발 더 나아가 "정전협정체결 65년이 되는 올해에 종전을 선언하고 정전협정을 평화협정으로 전환하며 항구적이고 공고한 평화체제 구축을 위한 남·북·미 3자 또는 남·북·미·중 4자회담 개최를 적극 추진해 나가기로 하였다"라고 보다 구체적으로 평화협정 체결 문제를 다루었다.[15] 비핵화 문제에 대해서도 판문점선언은 3조 4항에서 "남과 북은 완전한 비핵화를 통해 핵 없는 한반도를 실현한다는 공동의 목표를 확인하였다"고 언급하며 한반도의 완전한 비핵화를 구체적으로 규정하였다. 이를 받아 9월 평양공동선언 5조에서도 "남과 북은 한반

---

14 청와대, "남북관계 발전과 평화번영을 위한 선언" 2007년 10월 4일.

15 청와대, "한반도의 평화와 번영, 통일을 위한 판문점 선언" 2018년 4월 27일.

도를 핵무기와 핵위협이 없는 평화의 터전으로 만들어 나가야" 함에 공통된 인식을 보여주었으며, 구체적으로 동창리 엔진시험장과 미사일 발사대 및 영변 핵시설의 영구적 폐기를 논의하며 "한반도의 완전한 비핵화를 추진해 나가는 과정에서 함께 긴밀히 협력해" 나갈 것을 재확인하였다.[16]

한편 군축 분야에서 남과 북은 보다 구체적인 합의를 내놓았다. 2007년의 10.4 선언 3조에서 "남과 북은 군사적 적대관계를 종식시키고 한반도에서 긴장완화와 평화를 보장하기 위해 긴밀히 협력하기로 하였다." 또한 "한반도에서 어떤 전쟁도 반대하며 불가침의무를 확고히 준수하기로" 하였으며, "서해에서의 우발적 충돌방지를 위해 공동어로수역을 지정하고 이 수역을 평화수역으로 만들기 위한 방안과 각종 협력사업에 대한 군사적 보장조치 문제 등 군사적 신뢰구축조치를 협의"하기로 했었다. 이에 판문점선언은 3조 1항에서 "남과 북은 그 어떤 형태의 무력도 서로 사용하지 않을 데 대한 불가침 합의를 재확인하고 엄격히 준수해 나가기로" 하였으며, 2항에서 "군사적 긴장이 해소되고 서로의 군사적 신뢰가 실질적으로 구축되는 데 따라 단계적으로 군축을 실현해 나가기로 하였다."

이러한 남북한 사이의 군사적 신뢰구축과 단계적 군축은 「판문점선언 군사분야 이행 합의서」에서 보다 구체화되었다. 9월 평양공동선언은 1조에서 군사적 적대관계 종식과 남북군사공동위원회 가동에 관해 간략히 언급했지만, 부속합의서인 「판문점선언 군사분야 이행 합의서」는 군

16 청와대, "9월 평양공동선언" 2018년 9월 19일.

사적 긴장 상태 완화와 신뢰구축을 위해 무력 충돌 방지, 군사분계선 일대 군사연습 중지, 비행금지 구역 설정, 상시 연락체제 가동, 감시초소(GP) 철수, 판문점 공동경비구역 비무장화, 비무장지대 내 남북공동유해발굴, 비무장지대 내 역사유적 공동조사 및 발굴 관련 군사적 보장대책, 서해 해상에서의 우발적 충돌 방지, 서해 해상에서의 평화수역과 시범적 공동어로구역 설정 및 출입에 대한 안전보장, 남북 공동순찰 방안, 통행·통신·통관(3통)의 군사적 보장대책, 철도·도로 연결 및 현대화를 위한 군사적 보장대책, 해주 직항로 이용과 제주해협 통과, 한강(임진강) 하구 공동이용을 위한 군사적 보장대책, 남북군사당국자 사이의 직통전화 설치, 남북군사공동위원회 구성, 합의 이행 및 점검 평가 등 매우 세부적인 군사협력 및 군축 방안을 포함하였다. 이러한 논의는 10.4 선언에서 언급했던 군사적 적대관계 종식, 불가침 의무, 우발적 충돌 방지 등을 훨씬 뛰어넘는 구체적인 진전으로 남북한 군사협력과 군축 가능성을 높인 것으로 평가된다.

실제 「판문점선언 군사분야 이행 합의서」는 합의 초기 상당한 이행성과를 이룬 것이 사실이다. 남북 군사당국은 상호 적대행위 전면 중지 조치를 시행해 왔으며, 공동경비구역(JSA) 비무장화 조치, 비무장지대(DMZ) 내 상호 GP 시범 철수, 남북공동유해발굴 지역 지뢰제거 및 도로 개설, 한강 하구 남북공동수로조사 등을 계획대로 완료하였다.[17] 사실 그 동안의 남북관계를 고려할 때 2018년의 남북한 군사분야 합의와 협력은

---

17 국방부, "'9.19 군사합의' 1주년 이행 현황 및 성과: 남북간 군사적 긴장완화 및 신뢰구축을 위한 실질적 토대 마련," 대북정책관실 북한정책과 보도자료 2019년 9월 18일.

상당히 이례적인 측면이 있었다. 1991년 '남북 사이의 화해와 불가침 및 교류협력에 관한 합의서(남북기본합의서)'와 '한반도의 비핵화에 관한 공동선언(비핵화 공동선언)' 이후 지난 30년 동안 남북한 사이의 군사 합의가 여러 차례 있었는데, 대부분 사회, 문화, 경제 부문에서의 합의와 협력 이후에 이루어진 것이었다. 하지만, 2018년의 남북한 군사 부문 합의는 사회, 문화, 경제 부문의 합의 이전에 이루어졌다는 점에서 특이한 것이었다. 일반적으로 경제 및 사회 영역은 연성 이슈로서 정치 및 군사 문제와 같은 경성 이슈보다 합의와 이행이 상대적으로 쉽다고 알려져 있다. 따라서 남북한은 과거 사회, 문화, 경제 분야에서의 협력을 바탕으로 확산(spill-over) 효과를 추구하는 기능주의적 접근(functionalist approach)을 통해 남북한 군사협력을 추진해 왔지만 성공하지 못했다(구영록, 2000). 반면 2018년의 군사분야 합의는 사회문화 및 경제 분야의 합의 없이 군사분야의 과감한 합의를 통해 남북한의 전 분야를 진전시키려는 역기능주의적 접근법(functionalist approach reversed)을 취했다고 판단된다. 이는 북한의 연이은 핵실험과 장거리 로켓 발사에 대한 국제사회의 대북 경제제재로 인해 남북 경제협력이 선행되지 못한 가운데 이뤄진 것으로 이러한 모습은 매우 흥미로운 것이었다.

하지만, 2019년 이후 남북 간의 군사적 합의 이행이 진전되지 못했는데, 이에 대해 남북 군사공동위원회 구성을 통한 추가적인 조치와 이행이 필요하다는 비판이 제기되어 왔다.[18] 남북 간의 군사협력이 더 이상

18 안소영, "9.19 남북 군사합의 이행 부분적 GP 폐쇄에 그쳐, 추가 조치 필요," *Voice of America* 2019년 9월 6일.

진전되지 못한 가장 큰 이유는 무엇보다 2019년 2월 하노이 북미정상회담 이후 한반도 비핵화와 평화체제 논의가 난관에 부딪혔기 때문이다.[19] 결국 북핵문제에 대한 진전이 없는 상태에서는 남북정상회담의 어떠한 합의에도 불구하고 남북한 관계 진전은 쉽지 않았던 것이다(황지환, 2013).

3. 남북한 군사협력에서 기능주의 및 역기능주의적 접근의 한계

전술하였듯이 2018년의 남북한 군사합의와 협력이 놀라웠던 이유는 남북한의 경제적, 사회적 합의 이전에 이루어졌다는 사실 때문이었다. 이전의 남북 군사 합의가 여러 경제적, 사회문화적 합의와 협력 이후에 이루어졌음에도 불구하고 붕괴되었기 때문에, 연성 이슈의 합의가 선행되지 않은 군사분야의 합의 이행이 지속되기에는 구조적 한계가 존재했다. 유럽통합의 경우 '확산 효과'로 인해 상대적으로 쉬운 경제협력에서 보다 어려운 정치 및 군사 협력으로 이어졌지만, 이러한 기능주의적 접근은 과거 남북관계에서는 비교적 효과가 없었기 때문이었다(Hwang and Kim, 2015).

19 북미협상 실패에 따른 남북한 관계 경색은 문재인 정부의 운전자론을 비판한 김여정 제1부부장의 담화에서도 잘 나타난다. "김여정 조선로동당 중앙위원회 제1부부장 담화," 『조선중앙통신』 2020년 6월 17일.

1) 남북한 군사협력의 기능주의적 접근의 한계

남북관계나 한반도 통일에 대한 논의에서 기능주의(functionalism) 접근법은 종종 그 타당성을 상실한 이론으로 비판받아 왔다(구영록, 2000). 이는 아마도 김대중, 노무현 정부 시절의 대북포용정책이 기능주의적 접근법에 기초하고 있었다는 평가에 기인한다(김근식, 2011).

이론적으로 기능주의는 경제와 정치 사이의 상호작용을 강조한다(Haas, 1958, 1961, 1964; Mitrany, 1966, 1975). 기능주의 이론의 핵심은 통합의 점진적 확산(spill-over) 효과인데, 특정한 경제 분야에서 통합이 이루어질 경우 다른 분야와의 상호의존성으로 인해 여타 분야에서도 통합이 가능해진다는 것이다. 따라서 경제통합이 결국은 정치적 통합으로까지 확산된다는 주장인데, 이는 통합과정이 일단 시작되면 점진적으로 확산되는 경향을 갖기 때문이다(최진우, 2004).

대북포용정책은 김대중 정부의 햇볕정책에서 시작되어 노무현 정부의 평화번영정책으로 계승되었는데, 이는 북한과의 화해협력 및 남북한 관계의 개선을 통해 한반도의 평화를 정착시키고 북한의 변화를 유도함으로써 한반도의 평화통일을 지향하려는 정책이었다(Moon, 2012). 대북포용정책은 그 의도가 어떻든 기능주의적 접근법에 기초하여 시행된 정책이라고 평가할 수 있다. 따라서, 대북포용정책에 대한 비판은 자연스럽게 한반도에서 기능주의 이론의 한계로 연결되었다(Hwang and Kim, 2015).

대북포용정책은 분명 이슈적으로 덜 민감한 경제부문과 사회문화부문에서의 협력을 진전시켜 이를 확산시킴으로써 정치 및 군사 분야에서도 협력을 진전시키고 북한의 변화를 유도하는 확산 효과를 의도하고 있었다(황지환, 2010). 이는 대북정책의 협상을 작은 부분부터 단계적으로 협상하고 점진적으로 확대해 나가자는 것으로 점진적이고 단계적인 대북정책 방식이다. 이러한 대북포용정책은 남북관계를 개선시켜 줌으로써 북한의 협력을 일정 부분 유도한 측면이 있었으며, 북한의 대외적 상황 인식을 개선시켜 주었다는 점에서 긴장완화 효과도 일정하게 존재했다. 실제로 2000년 6월의 남북정상회담 이후 지속적으로 진행된 대북포용정책으로 2000년대 후반까지의 남북관계가 이전과는 질적으로 다른 모습을 보여 주었다는 설명은 주목할 만하다. 하지만, 대북포용정책은 북한이 국제사회의 지원과 포용에 선의로 화답할 것을 전제로 하는데, 북한이 국내정치적인 고려 때문에 반드시 상호성의 원칙에서 유화적인 맞대응 전략을 펼치지 않을 수도 있다는 문제점이 지적되었다. 북한이 내부적인 이유로 국제사회의 포용정책을 악용할 우려가 있으며 이 경우 남북관계는 불안정해질 수밖에 없었다(조민, 2008).

한편, 대북포용정책이 추구하는 기능주의적 접근법은 북한이 각 현안마다 협상테이블을 다각화하고 의제를 세분화하여 대응하는 소위 '살라미' 전술에 대한 대응책으로 한계를 지니고 있었던 것이 사실이다. 특히 초기에 덜 민감하고 쉬운 부분부터 합의해 나가기 때문에 초기의 협상 합의 가능성은 높았지만, 중장기로 가면서 정치군사적인 사안에 직면하면서는 문제의 근본적 해결 가능성은 여전히 난관에 봉착했고 확산 효과는 나타나지 못했다(황지환, 2012). 이러한 문제가 발생하는 기본적인 원인은 기능주의적 통합 접근이 국가와 국가이익을 단일하게(unitary) 보지 않고 다양하게 보는 다원주의적 관점에 입각하고 있지만, 이를 북한에 적용시키기에는 아직 한계가 있기 때문이다(Haas, 1961: 377-378; 강성학, 1995: 113-114). 유럽통합 과정에서 나타났듯, 국가이익은 정부, 시민사회, 이익단체, 개인, 초국가기구 등의 다양한 관점에서 재해석되고, 이러한 다양한 행위자들의 행동에 의해 복잡한 양상을 띠게 된다. 이 과정에서 비국가 행위자가 추구하는 이익이 반드시 정부의 이익과 일치하지 않기 때문에 정부의 의도와는 다른 결과가 발생하는 측면이 있었고, 그 효과가 확산되는 과정이 존재했다. 하지만, 북한의 경우 아직 국내정치 환경이 성숙되지 못했기 때문에 다원주의적 관점에서의 기능주의적 접근이 성공하기에는 어려운 구조적 한계가 있었다.

기능주의적 대북정책이 성공하려면, 북한 정권의 성격이 근본적으로 변하여 개혁개방과 국가발전에 대한 명확한 확신이 전제되어야 하지만, 현재 북한 정권의 속성상 이러한 변화를 기대하기는 어려운 것이 사실이다. 정권안보에 대한 불안이 팽배한 상황에서 북한 정권이 근본적인 성격변화를 하기는 아직 한계가 많고 기능주의적 대북포용정책도 기본적인 한계점을 가지고 출발할 수밖에 없기 때문이다. 이것이 김대중 및 노무현 정부 10년간의 대북포용정책 노력에도 불구하고 북한을 변화로 이끌지 못한 주요한 요인이라고 할 수 있다. 이런 이유로 기능주의 이론 자체도 한반도에서는 정책적 효용성을 상실한 이론으로 비판받기도 했었다.

결국 기능주의적 접근은 남북한 관계에서 상대적으로 덜 민감한 경제 및 사회 협력 문제에 대해서는 비교적 쉽게 동의할 수 있었지만, 북한 정권 안보에 필수적인 정치적, 군사적 문제에 대한 합의에 도달하는 것은 거의 불가능했다. 이와 관련하여 한반도에 경제에서 군사분야로 파급 효과를 일으키려는 한국의 노력은 그다지 성공적이지 못했던 것이다(Hwang and Kim, 2015).

2) 비핵화-평화체제 딜레마와 역기능주의적 접근의 한계

남북한 군사협력에서 기능주의적 접근이 한계에 부딪혔지만, 사회, 문화,

경제적 협력이 전제되지 않은 상황에서 군사협력을 우선적으로 추진한 역기능주의적 접근법 역시 커다란 한계를 노정했다. 2019년 들어 남북한 군사협력은 더 이상 진전되지 못했는데 이는 하노이 북미정상회담의 합의 실패와 밀접하게 연결되어 있기 때문이다. 남북정상회담에서의 합의에도 불구하고 북미정상회담의 실패와 비핵화 과정의 난관이 남북한 사이의 군사합의 이행을 어렵게 만드는 주요한 원인이 된 것이다.

무엇보다 북한이 그동안 수차례의 핵실험 이후 핵무기 보유국임을 선언해 왔다는 사실은 합의를 어렵게 만든다. 북한은 2012년 4월 이후 조선민주주의인민공화국 사회주의헌법에 '핵무기 보유국'임을 명시하고 있다.[20] 북한은 또한 2013년 4월 1일 최고인민회의 제12기 7차 회의에서 "자위적 핵보유국의 지위를 더욱 공고히 할 데 대하여"를 핵무력경제 병진노선의 근거 법령으로서 채택하였다.[21] 북한은 '병진노선'을 선포한 지 5년 후인 2018년 4월 사회주의 경제발전을 중심으로 하는 '새로운 전략적 노선'을 발표했다. 북한은 2017년 11월 29일, 화성 15형 로켓을 발사한 직후 대미 핵 억지력 완성을 선언했는데, 이는 2017년 말까지 진행된 핵무기 및 장거리 미사일 프로그램에 대한 자신감에서 비롯된 것으로 해석된다(황지환, 2018). 이러한 핵 억지력에 대한 자신감을 바탕으로 북한은 2018년 4월 20일 조선노동당 중앙위 전원회의에서 핵능력을 바탕으로 경제발전을 꾀한다는 '새로운 전략적 노선'을 선언했다. 이는 2013년 3월 선언된 '핵무력경제 병진' 노선의 일부 수정을 의미하는 것이었다.

20 김수정, "북한, 새 헌법에 '핵 보유국' 못 박았다," 『중앙일보』 2012년 5월 31일.
21 『조선중앙통신』 2013년 4월 1일.

김정은 위원장은 "당중앙위원회 2013년 3월 전원회의가 제시하였던 경제건설과 핵무력건설을 병진시킬 데 대한 우리 당의 전략적 로선이 밝힌 력사적 과업들이 빛나게 관철되였다는 것을" 선언하고, "우리 공화국이 세계적인 정치사상강국, 군사강국의 지위에 확고히 올라선 현 단계에서 전당, 전국이 사회주의경제건설에 총력을 집중하는 것, 이것이 우리 당의 전략적 로선"이라고 천명하였다.[22]

결국, 북미 사이에 비핵화와 평화체제/체제보장 사이의 딜레마를 해소하려는 노력 없이는 역기능주의적 접근에도 불구하고 우선적인 남북한 군사협력의 가능성은 그리 높아 보이지 않는다(황지환, 2019). 2018년 세 차례의 남북정상회담과 2019년 6월의 판문점 남북미 정상회동 이후에도 여전히 2019년 2월의 하노이 북미정상회담의 실패를 극복하지 못했다. 미국이 북한에게 CVID(Complete, Verifiable, Irreversible Denuclearization)와 FFVD(Final, Fully Verified Denuclearization)를 요구할 때 북한은 미국으로부터 CVIG와 FFVG(Guarantee)를 요구할 것이기 때문에, 양자 간의 딜레마를 해결하는 것이 중요하다(Hwang, 2018). 미국과 북한의 딜레마가 해결되지 않는다면 남북한 군사협력은 기능주의적 접근이나 역기능주의적 접근이나 어느 경우에도 진전되기 어려울 것이다. 이러한 교환관계에 대한 고려가 없으면, 북한은 완전한 비핵화 과정에 동의하지 않을 것이며, 미국은 완전한 체제보장 과정에 동의하지 않을 것이므로 또 다른 위기를 맞이할 수도 있다.

2018년의 남북정상회담과 2019년의 북미정상회담도 비핵화와 평화

22 『로동신문』 2018년 4월 21일.

체제 사이의 딜레마를 근본적으로 해결하지 못했다. 비핵화와 평화체제 사이의 관계를 어떻게 설정하고 어떤 단계를 통해 상호 간에 이행할 것인지가 둘 사이의 딜레마를 해결할 것이다. 비핵화와 평화체제의 딜레마를 해소하기 위해서는 새로운 프레임이 필요한데, 이에 따라 남북한 군사협력의 가능성도 영향을 받을 것으로 판단된다.

4. 결론: 비핵화-평화체제 넥서스와 남북한 군사협력

2018년 남북정상회담에서 채택된 판문점선언, 9월 평양공동선언, 「판문점선언 군사분야 이행합의서」는 한반도 군축과 남북한 군사협력에 커다란 의미를 가진 문서임이 틀림없다. 군사분야에 관한 이 합의들은 향후 북핵문제가 긍정적인 방향으로 진전될 경우 한반도 평화에 커다란 영향을 미칠 수 있을 것이다. 이 경우 한반도 평화를 구체적으로 보장하는 군사적 방안으로 남북한 군비통제를 추진할 수 있는 상황이 전개될 것으로 예상되기 때문이다. 다만, 남북한의 합의에도 불구하고 군축 문제가 쉽게 이행되리라고 낙관하기는 어렵다. 기능주의적 접근에서나 역기능주의적 접근에서나 남북한 군사협력과 군축은 쉽사리 이행되기 어려운 구조를 가지고 있다. 군사협력과 군축 문제는 북한의 생존과 관련된 부분이기 때문에 가장 핵심적인 북핵문제가 해결되지 않는다면 쉽지 않은 상황이다. 결국 남북한 군사합의는 비핵화와 평화체제의 긴장관계 속에서 진전 혹은 좌초할 수 있는 문제이다. 북핵문제가 진전되고 둘 사이의 딜레마가 잘 해소된다면, 남북한 군축 문제는 '운용적 군비통제'의 단계를 넘어 '구조적 군비통제'의 단계에 접어들 수도 있을 것이다. 하지만, 그러한 과정이 지체된다면 남북한 사이의 초보적인 군사합의도 이행되지 않고 좌절될 가능성이 크다.

이러한 관점에서 이 글은 남북한 군사협력과 군축 문제를 비핵화 및 평화체제의 협상 과정과 연계해야 함을 주장한다. 북미 사이의 한반도 비핵화 및 평화체제 협상이 진전되어 북핵문제에 대한 실마리가 풀려갈 때 남북한 사이의 군사협력이 진전될 수 있음을 의미하는 것이다. 남북한 군사협력과 군축 이행은 사회, 문화, 경제 협력의 확산 효과로써 이루어지는 것도 아니고, 군사분야에서의 합의 자체만으로 이루어지는 것도 아니다. 북한이 안보를 고려할 때 가장 중요하게 생각하는 체제보장과 평화체제의 문제가 해소될 때 가능한 것인데, 이는 또한 북한 비핵화의 과정 속에서 가능한 것이다. 따라서 비핵화와 평화체제의 연계구도 속에서 남북한 군사협력과 군축을 추진하는 것이 필요하다.

강성학. 1995.「현대 국제기구이론과 포스트냉전 시대의 유엔헌정질서」. 김달중·박상섭·황병무 공편.『국제정치학의 새로운 영역과 쟁점』. 서울: 나남출판.

구영록. 2000.『한국과 햇볕정책: 기능주의와 남북한 관계』. 서울: 법문사.

김근식. 2011.「대북포용정책과 기능주의: 이상과 현실」.『북한연구학회보』제15권 1호.

조민. 2008.「이명박 정부 대북통일정책 추진방향」.『통일정책연구』제17권 1호.

최진우. 2004.「지역통합의 국제정치이론」. 우철구·박건영 편.『현대국제관계이론과 한국』. 서울: 사회평론.

황지환. 2019.「한반도 평화체제 논의의 귀환: 미국우선평화 대 병진평화」.『한국과 국제정치』제35권 1호.

황지환. 2018.「북한은 핵실험 이후 더 공격적인가?: 현상타파 대외전략과 현상유지 대외정책의 결합」.『한국정치학회보』제52집 1호.

황지환. 2013.「남북정상회담과 북핵문제: 한반도 리더십 변수의 재검토」.『국제관계연구』제18권 1호.

황지환. 2012.「한반도 안보질서의 변환」. 하영선·남궁곤 편저.『변환의 세계정치』. 서울: 을유문화사.

황지환. 2010.「이명박 정부의 남북관계와 새로운 대북정책의 모색」.『공공정책연구』제17권 2호.

Haas, Ernst B. 1958. *The Uniting of Europe: Political, Social and Economic Forces. 1950-1957*. Stanford: Stanford University Press.

Haas, Ernst B. 1961. "International Integration: the European and the Universal Process." *International Organization* 15(3): 366-392.

Haas, Ernst B. 1964. *Beyond the Nation-State: Functionalism and International Organization*. Stanford: Stanford University Press.

Hwang, Jihwan. October 14, 2018. "Will Trump and Kim Make History?" *The National Interest*.

Hwang, Jihwan and Sung-han Kim. 2015. "Revisiting the Functionalist Approach to

Korean Unification: The Role of International Organizations and NGOs." *Journal of International and Area Studies* 22(1): 41-55.

Mitrany, David Mitrany. 1975. "A Political Theory for a New Society." In Paul Taylor and A.J.R. Groom (eds.). *Functionalism: Theory and Practice in International Relations*. London: University of London Press.

Mitrany, David Mitrany. 1966. *A Working Peace System: An Argument for the Functional Development of International Organization*. Chicago: University of Chicago Press.

Moon, Chung-In. 2012. *The Sunshine Policy: In Defense of Engagement as a Path to Peace in Korea*. Seoul: Yonsei University Press.

Schelling, Thomas C. and Morton H. Halperin. 1985. *Strategy and Arms Control*. Washington, D.C.: Pergramon-Brassey.

제2부

남북협력, 통일, 그리고 한반도 평화

5

긍정적 관여를 통한 한반도 평화공존

남북경협의 현황과 전망●

최규빈

1. 서론

남북경제협력(이하 남북경협)[1]은 한국정부의 대북관여에서 독특한 지위와 의미를 갖고 있다. 남북경협은 남북한 간의 교역, 투자, 원조를 포함한 경제적 행위임과 동시에 그 자체가 남북한 간의 접촉을 위한 기능적 수단이자 남북한 간의 긴장완화, 신뢰구축, 북한의 행동변화를 유도하는 전략이기도 하였다. 한국정부의 대북정책은 북핵외교, 남북대화, 남북경제교류, 사회문화교류, 인도적 문제 등을 포함하는 광의의 개념이지만 남북경

● 이 글은 『담론201』 제23권 3호(2020)에 게재된 필자의 논문을 수정 보완한 것이다.

1 경제교류(economic exchanges)는 일반적으로 국가 간 재화와 서비스의 교환이 이루어지는 상업적 교역(trade)을 뜻하고 경제협력(economic cooperation)은 투자(investment)를 의미하지만 남북경제협력 혹은 남북경협(inter-Korean economic cooperation)은 관례적으로 교역과 투자를 함께 포함하는 의미로 사용된다. 여기서 남북경협은 남북교역, 협력사업, 대북지원을 포함하는 포괄적인 경제적 활동을 의미한다.

협이 행위와 수단으로 정책에서 주요한 비중을 차지하는 경우 이를 어떻게 개념화할 수 있을지는 여전히 논란 중이다. 여기서는 남북경협을 경제적 국가통치술의 관점에서 국가 간 관계에 영향력을 미치고자 하는 행위 양식으로 간주하고 이를 긍정적 관여로 재개념화한다. 이 장에서는 남북경협을 운용한 지난 한국정부의 대북정책은 어떻게 발전되어 왔는지 살펴보고 향후 남북경협이 북한의 실질적 행동과 정책 변화를 유도하는 전략이자 과정으로 진화하기 위해서는 어떤 방향성이 필요한지 고찰해보고자 한다.

2. 개념적 논의

1) 경제적 국가통치술[2]

경제적 국가통치술(Economic Statecraft)은 국가 및 국제정치 행위자가 상대국에 영향력을 미치기 위한 목적으로 경제적 수단과 관계를 전략적으로 운용하는 것을 이른다(Baldwin, 1985). 이는 국가나 정부가 군사, 외교, 경제 등 다양한 수단을 사용하여 대외정책의 목표를 달성하는 것을 뜻하는 '국가통치술(statecraft)'의 한 형태이다. 상대국가에 영향력을 행사하는 수단으로서 '당근(carrots)'과 '채찍(sticks)'은 국제관계의 오래된 주제이지만 국가통치술에 대한 논의는 징벌과 강압으로 드러나는 힘의 측면에 집

2 이 부분은 저자의 졸고, "베트남에 대한 중국의 경제지원과 경제제재, 1960~1978," 『국가안보와 전략』 제18권 2호(2018), pp. 106-107에서 발췌한 것임을 밝힌다.

중되어 온 것이 사실이다. 그렇지만 두 차례의 세계대전 이후 국제무역이 증가함에 따라 국가 간 상호의존이 심화되고 군사력 사용의 고비용성에 대한 성찰은 주권국가들로 하여금 경제적 수단을 통해 자국의 이익과 요구를 관철시키고 상대국가의 행동에 영향을 미칠 수 있는 대외전략에 관심을 갖게 하였다.

경제적 국가통치술은 일반적으로 대상국의 국내정치 및 대외정책에 영향을 미치고 다른 국가의 경제력과 군사력을 약화 혹은 강화시키는 것을 목표로 한다(Mastanduno, 2008: 180). 경제적 국가통치술은 이것이 수반할 수 있는 위협과 약속의 특성으로 인해 '부정적 경제국가통치술(negative economic statecraft)'[3]과 '긍정적 경제국가통치술(positive economic statecraft)'[4]로 나눌 수 있다. 전자는 대상국의 상업이나 교역, 금융거래를 의도적으로 제한하여 비용을 발생시킴으로써 상대의 행동을 억제하는 것으로 '부정적 제재(negative sanctions)', '경제제재(economic sanctions)'로 지칭된다. 후자는 구체적 사안에 대한 대상국의 양보와 순응에 발의국(a sender state)이 보상을 제공하거나 중·장기적 교역관계 형성을 통해 상호이익을 발생시킴으로 협력관계를 유인하는 것을 이르며 '긍정적 제재(positive sanctions)', '경제지원(economic incentives)', '경제유인(economic inducements)', '경제관여(economic engagement)' 등 다양하게 정의되어 왔다. 제재와 지원이 항상 명확하게 구분되어 사용되는 것은 아니며 대외정책의 목적과 의도에 따라 복합적으로 사용되는 경우도 많다. 최근 이러한 경제적 국가통

3 이 글에서는 '부정적 경제국가통치술'과 '경제제재'를 혼용하여 사용함을 밝힌다.
4 필요에 따라 '긍정적 경제국가통치술'과 '경제지원'을 동시에 사용함을 밝힌다.

치술이 징벌과 보상의 수단을 넘어 평화구축 과정에 기여하는 측면이 있음을 주장하기도 한다(Wallensteen, 2011; Fabre, 2018). 대외정책에서 부정적 경제국가통치술이 대상국에게 압력과 징벌을 가하는 강압외교(coercive diplomacy) 형태로 사용되었다면, 긍정적 경제국가통치술은 대상국의 유인과 설득을 위한 관여정책(engagement policy) 형태로 활용되어 왔다.

2) 긍정적 관여

긍정적 경제국가통치술은 경제적 수단을 사용하는 외교나 전략이 국제관계에서 비강압적으로 혹은 협력적인 행태로도 사용될 수 있음을 의미한다(Baldwin, 1971). 신자유주의자들이 이러한 아이디어를 수용하여 국가 간 무역과 경제적 상호의존은 협력적인 정치적 관계를 조성할 수 있다고 주장한다(Keohane, 1990; Doyle, 1997; Polachek, 1980). 특히 탈냉전 시기 무역, 원조, 투자 등을 통한 경제지원은 다른 종류의 수단들과 더불어 상대국가에 영향력을 행사하는 수단으로서 그 중요성이 더해갔고 대상국가의 행동을 변경하거나 정치적 관계를 재설정하기 위한 정부의 관여정책으로 사용되기 시작했다(Ikenberry, 2001; Mastanduno, 2003; Mansfield and Pollins, 2003). 달리 말하자면 현대 국가들이 양자 혹은 다자간의 협력을 유도하거나 다른 국가의 행동에 영향을 미치는 비징벌적 수단으로서 경제적 국가통치술의 활용성에 주목하면서 무역과 교류 그리고 상호의존 확대에 의한 관여전략이 대외정책에서 더 많은 주목을 받게 된 것이다. 이러한 논의 발전은 '관여'라는 것을 어떻게 정의할 수 있으며 대외정책에서 왜 관여가 긍정적 경제국가통치술의 사용과 연관될 수 있는지에 대한 질문을 낳게 한다.

관여는 대외정책의 한 형태로 비군사적 수단을 통해 상대국가의 행동에 영향을 미치거나 의도하는 변화를 유도하는 과정 혹은 어프로치를 이른다. 냉전 이후 강대국을 중심으로 관여가 빈번히 활용되고 외교정책에서 중요한 비중을 차지했음에도 불구하고 관여의 개념과 범주는 학자들이나 전문가들에 따라 다르게 적용되었다. 즉 관여에 대한 일치되고 엄격한 정의에 대한 논란은 여전히 계속되고 있다. 한국의 경우 김대중, 노무현 정부의 포용정책이 'engagement policy'로 번역됨에 따라 관여가 특정 시기의 대북정책으로 환원되기도 하였다.

관여는 특정국가나 적대 혹은 저항하는(recalcitrant) 정권의 바람직하지 않은 행위를 다루는 외교정책 담론과 관계가 있다. 관여는 국제정치의 자유주의 전통에 기반하고 있으며 '확대된 정치적 개방성과 경제적 상호의존'을 수반한다(Ikenberry, 2001: 401). 특히 탈냉전 시기 관여는 미국의 국가안보 전략으로서 중국, 쿠바, 이란, 북한 등의 국가들에 대한 접근방식으로 사용되었다(Rock, 2000). 하스(Richard Haass)와 오설리번(Meghan O'Sullivan)은 관여를 "대외정책의 목적을 성취하기 위해 긍정적 인센티브에 상당한 비중을 두는 전략"으로 정의하였다(Haass and O'Sullivan, 2000: 2). 레스닉(Evan Resnick)의 경우 관여를 "다양한 이슈 영역에서 대상국가와의 포괄적인 관계수립과 접촉증대를 통해 대상국의 정치적 행위에 영향을 미치는 시도"라고 설명하였다(Resnick, 2001: 559). 또한 김성철과 강(David Kang)은 관여를 억지(deterrence)와 강제(compellence) 형태를 포함하는 강압외교와는 상반되는 개념으로 보고, "손실과 비용을 부과하기보다 긍정적 유인과 이익을 확장함으로써 적의 행위를 변경하거나 장기적으로 새로운 이익을 만들어냄으로 대상국을 변화시키기 위한 아이디어"로 간주한다(Kim and Kang, 2009: 5). 전재성(2003: 234)은 관여가 "외교, 군사, 경제, 문화 등 다양한 영역에서 대상국가와의 교류를 광범위하게 증진시킴으로써 대상국가의 정치적 행위에 영향을 미치려는 정책"으로 정의하고, 관여를 통해 발송국과 대상국 간의 상호의존 증가, 다양한 이슈에서의 협력 강화, 관계 정상화 추구 등이 나타날 수 있다고 주장한다. 이러한 논의들을 종합하자면 관여는 일반적으로 외교, 무역, 물리적 유인 등을 통해 특정국가가 대상국가의 정치적 행위를 변경하거나 영향을 미치고자 하는 대외정책 접근이라고 할 수 있다.

이러한 배경에서 이 글은 긍정적 관여라는 용어를 제안한다. 만약 국가가 상대국의 행위에 영향을 주기 위해 긍정적 경제국가통치술을 대외정책의 수단으로 사용한다면 이 전략은 다른 형태의 인센티브들과 함께 운용될 수 있다는 관점에서 긍정적 관여라고 정의한다. 이는 긍정적 관여가 국가전략으로 추진되었을 때 무역, 투자, 원조 등의 경제지원 수단을 주요하게 사용한다는 것이며 경제제재는 가급적 지양하는 한편 무력과 같은 징벌적 수단의 동시 사용을 배제하는 것을 의미한다.

3. 대북관여의 변화와 남북경협의 발전[5]

남북한 간의 경제교류는 노태우 정부 때부터 시작되었지만 한국정부의 대북정책이 관여정책으로 본격적으로 인식되기 시작한 것은 김대중 정부 때부터였다. 남북 간 실체적 접촉과 다방면의 교류협력은 특히

5 이 부분은 다음 원고의 일부를 활용하고 보완한 것임을 밝혀둔다. 성기영·정일영·최규빈·최순미·윤보영. 2018. 『남북관계 발전과 북한주민 의식 변화』. 서울: 통일연구원, pp. 68-88.

2000년대 초반부터 2010년 한국정부가 발표한 5.24 조치로 개성공단을 제외한 모든 교류협력이 중단되기 전까지 지속적으로 확대되었다. 물론 남북경제협력은 한국의 대북정책 수단이자 전략으로서 역대 정부를 지나면서 확대, 발전, 조절, 제한되어 왔다. 분명한 사실은 북한 당국과 주민들의 외부 접촉 확대에는 남북한 간의 경제협력 및 인도적 지원이 중요한 역할을 하였다는 것이다. 지난 기간 남북경제협력이 남북관계의 부침과 정부의 교체에 따른 대북정책의 변화와 영향에서 벗어나기 어려웠던 것이 사실이지만 북한과의 접촉면을 확대하고 남북한 간의 긴장완화 및 관계개선에서 핵심적인 역할을 했다고 볼 수 있다. 이러한 점에서 김대중 정부 이후 대북한 관여는 어떻게 변화되어 왔는지, 그 과정에서 남북경협은 어떻게 발전되어 왔는지 우선 검토해 본다.

1) 김대중, 노무현 정부: 적극적 대북관여

남북한 간 최초의 일반교역이 1989년에 시작되고 위탁가공교역[6]이 1992년부터 성과를 내는 등 남북 경제교류가 노태우 정부 시기에 이루어졌지만 그 규모는 크지 않았다. 김영삼 정부 기간에는 대북 물자교역 및 위탁가공교역이 지속되고 대북 인도적 지원이 시작되었지만 협력사업은 전반적인 남북관계가 악화되면 취소되거나 중단되는 경우가 많았으며 민간 분야에서 실현된 경제협력도 사실상 전무했다. 김영삼 정부는 남북교류협력이 남북관계 상황에 따라 진행되어야 한다는 '정경연계'의 입장

6 위탁가공교역은 남한의 원부자재를 북한으로 반출하여 이를 가공한 완제품을 다시 반입하는 교역방식으로 1991년 처음 시작하여 1992년부터 생산액이 집계되기 시작하였다.

을 취하고 있었으며 경제협력이 실질적으로 확대될 수 있는 제도적 여건이 미미했던 관계로 남북경협은 상당히 제한적으로 진행되었다고 볼 수 있다.

김대중 대통령의 국민의 정부는 집권 후 '햇볕정책'이라는 새로운 대북한 관여정책을 제시하였다.[7] 김대중 정부는 다방면의 교류협력을 통해 한반도의 군사적 긴장을 완화하고 북한을 점진적으로 변화시키며 민족 통일을 현실화시키겠다는 목표로 남북관계를 적대와 대결에서 화해와 협력으로 일관되게 전환하고자 했다. 김대중 정부의 대북정책의 공식 명칭은 '화해협력정책'이지만 이는 햇볕정책으로 불렸다. 공산주의를 성공적으로 변화시키는 길은 '무력사용이나 냉전적 봉쇄가 아니'라고 판단한 김대중 대통령은 더 많은 접촉, 보다 다양한 분야에서의 교류와 협력을 통한 관여가 북한을 강압하거나 소외시키는 것보다 바람직하다고 보았다. 즉 긍정적 유인을 통한 햇볕 혹은 관여가 북한의 근원적인 두려움을 줄이고 남한에 대한 불신과 적대를 완화시킬 수 있다는 인식을 바탕으로 화해협력정책을 새로운 대북정책으로 제시한 것이다.[8]

화해협력의 활성화는 원칙적으로 1991년 남북기본합의서에 근거하여 정치, 경제, 사회문화 등 가능한 분야에서 남북한의 교류와 협력을 발

7 햇볕정책은 김대중 정부의 대북정책을 상징하는 개념으로 공식적으로는 '포용정책(Engagement Policy)'으로 규정되었다. 김연철(2005: 122)은 햇볕정책이 당시 클린턴 행정부의 '개입과 확장(Engagement and Enlargement Policy)'의 의미를 내포하고 서독 브란트 정권의 동방정책의 기본 개념인 '접촉을 통한 변화'와 동일한 개념임을 주장한다. 조민(2003: 8)은 "김대중 정부의 대북정책은 내용적인 측면에서는 포용정책으로, 실천적 측면에서는 화해협력정책으로, 상징적 차원에서는 햇볕정책"으로 불릴 수 있다고 하였다.

8 햇볕이 바람보다 나그네의 옷을 벗기기에 효과적이라는 것은 북한체제를 변화시킨다는 것이기보다 상호간의 햇볕을 비추는 화해의 남북관계를 형성하는 것에 방점이 있다는 주장이 존재한다(김근식, 2000: 153).

전시키는 것을 의미한다. 그렇지만 김대중 정부에게 교류협력 확대는 접촉을 위한 '기능적인 연결(functional links)'의 측면뿐 아니라 변화를 위한 '전략적 수단(strategic means)'이기도 하였다. 즉 남북경협을 포함한 다방면의 교류협력 활성화는 남북한 상호의존의 수준을 높임으로 한반도의 군사적 긴장을 완화하고 북한의 무력도발 위협을 억제시키는 방안이었다(통일부, 1998).[9] 또한 남북한의 교류협력은 "북한의 대남정책의 점진적 변화를 유도하는" 전략이자, 호혜적인 경제이익을 통해 '남북경제공동체 형성'의 목표를 이루는 수단이었다(통일부, 2003: 5-6). 이 점에서 햇볕정책하에서의 남북경협은 인적, 물적 교류의 과정을 수반하는 상업적 활동임과 동시에 햇볕정책의 궁극적 목적, 즉 '사실상의 통일'을 이루어 내고 그 과정을 용이하게 만드는 정치적 이익과 결부되어 있다는 점에서 중요한 전략적 의미를 갖는다.

2003년 2월 출범한 노무현 정부는 '평화번영정책'을 참여정부의 통일·외교·안보 정책의 기본구상으로 제시하고 '한반도 평화증진과 남북공동번영 실현 및 동북아 공동번영 추구'를 목표로 설정했다(통일부, 2008: 18). 이는 남북한의 화해협력, 남북경제공동체 구성, 한반도의 평화증진이 동북아 역내 국가들과의 협력과 이익, 평화와도 상호 연계될 수 있다는 인식에 근거한 구상이었다. 노무현 정부의 대북정책은 인식적인 면에서 김대중 정부와 유사한 부분이 많았다. 북한을 대화와 협력에 적합한 파트너로 간주하였고 북한의 붕괴는 임박하지 않으며 흡수통일이나 무

9 김대중 대통령은 그의 베를린 선언에서 "가장 현실적이고 합리적인 정책은 당장 통일을 추구하기보다는 한반도에 아직도 상존하고 있는 상호위협을 해소하고 남북한이 화해·협력하면서 공존·공영을 추구하는 것입니다"라고 주장하였다(김대중, 2001: 152-159).

력통일 추구는 바람직하지 않다고 보았다. 노무현 정부는 점진적이며 평화적인 통일을 지향하여, 북한과 공존공영하면서 사실상의 통일을 지향하는 햇볕정책의 기본 철학을 공유하였다. 남북의 평화공존 및 공동번영을 위해 교류협력을 강화하고 경제적 상호의존을 높이는 전략은 노무현 정부 들어서도 일관되게 추진되었다.

실제 2000년 6.15 남북정상회담 이후 남북경협, 인도적 지원, 사회문화교류가 현저히 증가했으며 다방면의 교류협력이 노무현 정부 시기 동안 안정적으로 확대, 발전되었다. 여기에는 남북한 사이의 경제협력에 관한 합의서가 도출되고 제도화로 이어진 것이 중요한 역할을 하였다. 투자보장합의서, 이중과세방지합의서, 청산결제합의서, 상사분쟁해결합의서를 포함하는 '4대 남북경협합의서'가 2000년 12월에 합의되어 2003년 8월에 발효되었다.[10] 2005년 12월은 '남북관계 발전에 관한 법률', 2007년 5월에는 '개성공업지구 지원에 관한 법률'이 마련됨으로 남북경협의 제도화와 규범화가 진행되는 데 중요한 역할을 하였다.

개성공단사업이 본격화되면서 남북경제협력을 통한 대북관여는 더욱 분명해졌고 이는 긍정적 대북관여로의 발전 과정을 의미하기도 하였다. 여기에서 두 가지 점을 주목할 필요가 있다. 첫째, 경제교류의 평화적 효과에 대한 기대이다. 김대중, 노무현 정부 모두 경제교류와 협력이 정치군사 영역의 신뢰구축과 긴장완화로 이어지는 (신)기능주의의 '확산

---

10 이 외, 남북사이 차량의 도로운행에 관한 기본합의서(2002. 12. 6.), 남북사이에 거래되는 물품의 원산지 확인절차에 관한 합의서(2003. 7. 31.), 남북상사중재위원회 구성·운영에 관한 합의서(2003. 10. 12.), 개성공업지구와 금강산관광지구 출입 및 체류에 관한 합의서(2004. 1. 29.), 남북사이의 열차운행에 관한 기본합의서(2004. 4. 13.)가 각각 마련되었다.

효과(spill-over effect)'를 전제로 경제적 측면과 안보적 측면의 유기적 연계 혹은 선순환 구조를 모색하였다. 이론적 맥락으로는 '평화경제' 혹은 '자본주의 평화론'과 맥을 같이한다고 할 수 있다(김연철, 2006; 조민, 2006). 둘째, 정경분리와 유연한 상호주의 원칙은 김대중, 노무현 정부 기간 동안 상호의존 관여가 지속되는 중요한 기제로 작동하였다. 남북한 상황에 따른 정책적 대응에 차이가 있긴 하였지만 두 정부는 정치군사적 문제와 대북지원 및 경제협력을 연계하기보다 분리하거나 병행하는 전략을 추구하였다.[11] 북한 핵문제와 군사적 도발 같은 정치안보의 현안과 문제가 대북지원이나 경제협력에 미치는 영향을 최소화하고자 했다. 결국 보다 유연하고(diffuse)하고 포괄적인 상호주의를 적용하고자 했던 한국정부의 방향은 남북 간 교류협력이 안정적으로 발전하는 데 중요한 역할을 하였다(노무현, 2007: 479-480).

2) 이명박, 박근혜 정부: 조건적 대북관여

2008년 2월 25일 출범한 이명박 정부는 '원칙 있는 남북관계 발전'을 천명하고 남북관계의 재정립이 필요하다는 점을 강조하였다. 이명박 대통령은 취임사에서 '북한이 핵을 포기하고 개방의 길을 선택할 때 남북협력에 새 지평이 열릴 수 있다'는 점을 언급하고 '비핵·개방·3000 구상'을 바탕으로 한 '상생공영정책'을 새 정부의 대북정책으로 제시하였다.[12]

---

11 금강산관광이 1998년 8월 북한의 대포동 미사일 발사에도 시작된 것 그리고 2006년 북한 장거리 미사일 대포동 2호 발사 및 같은 해 10월 1차 핵실험에도 개성공단사업이 지속된 것이 전형적인 사례이다.

12 이명박, "제17대 대통령 취임사" 2008년 2월 25일. 대통령기록관 http://www.pa.go.kr/research/index.jsp (검색일 2018. 6. 5.)

이명박 정부는 전임 정부의 대북정책이 북한의 변화를 촉진하는 데 근본적인 한계가 있었다고 평가했다. 남한이 제공한 경제적 이익과 자원은 북한이 개혁개방을 추진하지 않고도 정권을 유지할 수 있게 하는 데 도움이 되었다고 본 것이다(서재진, 2008: 18). 대북지원에도 북한의 식량난은 해소되지 않았으며 북한 핵개발로 인한 군사적 긴장과 안보위기는 증가했다고 판단했다. 이에 따라 남북관계는 새로운 방향전환이 필요하며, 북한의 핵문제가 해결되고 북한이 개방을 할 때만 남북경협이 가능하다는 '선(先)핵폐기론'을 주장한다. '비핵·개방·3000 구상'은 북한이 핵폐기 결정을 내릴 경우 한국은 국제사회와 함께 북한의 개방을 적극 지원하고 10년 내 북한의 1인당 국민소득이 3,000달러 수준으로 도약할 수 있도록 돕겠다는 것이었다. 즉 북한의 핵폐기 과정에 상응하여 남북경제협력을 단계적으로 확대할 것이며 이를 통해 북한의 자립경제를 지원하고 호혜적 남북관계를 구축함으로 남북 주민들이 상생할 수 있는 공동체를 추구한다는 것이었다.[13]

하지만 이명박 정부의 조건부 관여정책은 남북한 교류협력의 제한과 단절을 가져왔다. 대북 인도적 지원은 2008년 이후 급격히 감소하였고 금강산관광은 한국인 관광객 피살 사건으로 인해 2008년 7월에 중단되었다. 2010년 천안함 사태 이후 한국정부가 실시한 5.24 조치에 따라 일반교역 및 위탁가공교역이 전면 중단되면서 2010년 이후 개성공단을 제외한 모든 남북교역이 중단되었다. 그 여파로 남북한 인적교류 및 사회

13 이명박 정부의 상생공영정책은 1) 북한의 변화와 남북관계 동시 발전, 2) 상생과 공영의 남북관계 발전, 3) 한반도 평화통일의 실질적 토대 구축이라는 세 가지 정책적 비전을 바탕으로 한다(여인곤 외, 2009: 22).

문화협력사업 역시 2010년대 들어 급격히 위축되었다.

2013년 2월 출범한 박근혜 정부는 대북정책이 안보와 교류협력, 남북대화와 국제협력, 지원과 협상, 압박과 억지 간의 균형과 조화를 이루어야 할 것을 강조하였다(박영호, 2013: 6). 즉 북한의 태도와 대응에 관계없이 일방적으로 이루어지는 대북지원, 남북경제협력뿐 아니라 제재와 군사력 사용 위협만을 강조하는 것도 적절하지 않다고 본 것이다(박형중 외, 2013: 95). 이러한 문제의식에 기초하여 남북 간 신뢰형성을 바탕으로 남북관계를 정상화하고 통일의 기반을 구축하는 '한반도 신뢰프로세스'를 새 정부의 대북정책으로 제시하였다.

박근혜 정부의 한반도 신뢰프로세스는 남북한의 신뢰 수준이 교류협력 수준을 결정한다고 보았다. 남북한 간 신뢰, 그리고 국민적, 국제적 신뢰의 수준이 높을 때 더 큰 규모의 교류협력도 가능하며 신뢰가 낮을 때는 남북경협을 추진해서는 안 된다는 것이다(최진욱 외, 2013: 32). 그렇지만 2010년대 들어 북한의 핵프로그램이 고도화되면서 남북교류협력은 직접적인 영향을 받게 되었다. 핵, 미사일 실험으로 인한 군사적 도발은 국제사회의 대북제재 정당성을 강화시켰고 남북한 교류를 활성화시키는 데 상당한 제약 요건으로 작용했다. 한반도 신뢰프로세스는 이러한 국면을 타개할 정책적 대안을 제시하지 못했고 남북관계의 교착과 불안정은 계속되었다. 결국 박근혜 정부가 2016년 1월 북한의 4차 핵실험에 대한 대응으로 2월 개성공단 가동 중단을 결정하면서 남북교류협력은 전면 중단된다.

이명박, 박근혜 정부 기간의 대북정책 및 남북경협과 관련된 특징은 다음과 같다. 첫째, 남북경협은 비핵·개방·3000 구상 및 한반도 신뢰프로세스를 실현시키는 주요한 수단이자 방안이었다.[14] 둘째, 이명박, 박근혜 정부 기간 동안 북핵문제 진전과 경제협력은 상호 연계되었다. 신축적 연계 가능성을 제시한 것은 사실이나 핵문제의 해결 없이는 남북교류협력은 확대될 수 없다는 입장이 동일하게 유지되었다. 셋째, 남북경협은 엄격한 상호주의 원칙을 표방하였다. 특히 인도적 지원, 금강산관광과 개성공단을 통해 유입된 경제적 자원이 체제를 통제하기 위한 정치자금 획득 통로로 활용되었다고 판단했다. 이러한 기조는 박근혜 정부 때 이루어진 개성공단 폐쇄 결정의 근거로 작용했다.[15]

3) 문재인 정부: 적극적 대북관여로의 전환

문재인 정부가 2017년 5월 들어서면서 남북관계가 급진적으로 개선됨에 따라 교류협력 재개에 대한 기대가 커지게 되었다. 문재인 정부는 남북간 경제협력과 동북아 경제협력이 남북 공동번영을 가져오고 군사 대립을 완화시킬 수 있다고 보았다(문재인, 2018: 263). 한반도 신경제지도 구상 및 경제통일구현은 새 정부의 국정과제 중 하나이며, 2019년 3.1절 기념식 연설에서 제시된 '신한반도체제'에서 경제협력공동체 형성은 평화협력공동체 형성과 함께 양대 축으로 제시된 바 있다(조한범, 2019: 15). 문

14 이명박 정부의 북한 국민소득 3,000달러 실현은 1) 금강산관광사업, 개성공단, 10.4 정상선언에서 합의한 경협 등 기존의 남북한 경제협력의 확대, 2) 북한의 경제발전을 위한 국제환경 개선 지원, 3) 대북지원 5대 패키지 등을 비핵화 진전에 따라 추진한다는 입장이었으며 이 과정에서 남북경제협력은 가장 핵심적인 수단이었다. 박근혜 정부가 '한반도 신뢰프로세스'의 세부과제로 제시한 개성공단 국제화, 남북러 3각 협력방안, '비전 코리아 프로젝트', '그린 데탕트', 'DMZ세계평화공원' 등은 모두 경제협력사업이었다.

15 홍용표 통일부장관은 2016년 2월 10일 개성공단 운영 중단을 발표하면서 개성공단을 통해 유입된 현금이 북한의 핵무기와 장거리 미사일 발사에 사용되었음을 밝힌다. 전수진·김민상, "정부 개성공단 전면 중단 … "뼈를 깎는 결단"," 『중앙일보』 2016년 2월 10일, https://news.joins.com/article/19549410 (검색일: 2019. 9. 13.).

재인 정부는 북한의 비핵화가 진전되고 대북제재가 완화되는 외부 여건을 고려하여 단기적으로는 남북경협을 활성화하고 중장기적으로는 남북경제공동체의 기반을 조성하는 것을 목표로 하고 있다.

2018년 세 차례의 남북정상회담을 통해 4월 27일 '한반도의 평화와 번영, 통일을 위한 판문점선언'(이하 판문점선언)과 9월 19일 '9월 평양공동선언'(이하 평양선언)이 채택되었고, 이를 통해 '완전한 비핵화'를 확인하고[16] 남북관계 발전에 대한 틀을 마련하였다.[17] 남북경협과 관련하여 판문점선언에서는 '10.4 선에서 합의된 사업 적극 추진, 동해선 및 경의선 철도와 도로 연결'(1-⑥)을 합의하였고, 평양선언에서는 남북 동, 서해선 철도 및 도로 연결 착공식(2-①), 개성공단 및 금강산관광 사업 정상화, 서해경제공동특구 및 동해관광공동특구 조성(2-②), 자연생태계 복원을 위한 환경협력 추진, 산림 분야 협력(2-③), 방역 및 보건·의료 분야 협력(2-④)을 추진하기로 하였다. 2018년 남북, 북미정상회담으로 추동된 남북관계 개선이 구체화된다면 남북교류협력은 북한의 경제사회적 변화를 이끌며 안보 현안의 변화에 영향을 미치는 선순환의 역할을 할 수 있을 것이다. 하지만 2020년 6월 북한은 대북전단 살포를 공개적으로 비난하고 남북 공동연락사무소를 파괴하는 등 대남도발의 수위를 높이고 있

16 "남과 북은 한반도의 항구적이며 공고한 평화체제 구축을 위하여 적극 협력해 나갈 것이다."(판문점선언 3조), "남과 북은 완전한 비핵화를 통해 핵 없는 한반도를 실현한다는 공동의 목표를 확인하였다."(판문점선언 3조 4항), "남과 북은 한반도를 핵무기와 핵위협이 없는 평화의 터전으로 만들어나가야 하며 이를 위해 필요한 실질적인 진전을 조속히 이루어나가야 한다."(평양공동선언 5조)

17 "남과 북은 남북관계의 전면적이며 획기적인 개선과 발전을 이룩함으로써 민족의 혈맥을 잇고 공동번영과 자주통일의 미래를 앞당겨 나갈 것이다."(판문점선언 1조), "현재의 남북관계 발전을 통일로 이어갈 것을 바라는 온 겨레의 지향과 여망을 정책적으로 실현하기 위하여 노력해 나가기로 하였다."(평양공동선언 전문)

다.[18] 남북한 관계 긴장 국면이 전환되지 않는 이상 판문점선언을 비롯한 남북 정상 간 합의 사항이 이행되기 어려울 것으로 예상된다.

4) 남북경협의 변화

남북경협은 성격별로는 상업적 성격을 갖는 민간 중심의 남북경협과 비상업적 성격을 갖는 대북지원, 사회문화협력, 경수로사업, 중유지원, 에너지지원 등으로 나뉜다. 민간의 남북경협은 일반교역, 위탁가공교역, 경제협력사업이라 할 수 있는 개성공단사업, 금강산관광사업의 직접투자로 구분할 수 있다. 〈그림 1〉에서 나타나듯이 김대중, 노무현 정부 시기까지 상업적 거래와 비상업적 거래는 대체로 꾸준히 확대되어 왔으나 2008년 이후 대북 식량지원이 중단되고 인도적 지원, 사회문화교류가 2010년 5.24 조치로 크게 위축되면서 남북교역에서 비상업적 거래가 차지하는 비중은 현저히 줄어든다. 2015년 남북교역액은 27억 1,448만 달러로 정점에 올랐으나 2016년 개성공단 폐쇄 이후 상업적 거래는 제로가 되었다.

남북한 간 일반교역은 1989년 1,872만 달러, 위탁가공교역은 1992년 84만 달러부터 시작되어 일반교역은 2007년 4억 6,141만 달러, 위탁가공교역은 2009년 4억 971만 달러로 확대되다가 2010년 5.24 조치로 인해 급감하여 일반교역은 2011년, 위탁가공교역은 2012년 교역액이 제로가 된다. 일반교역과 위탁가공교역의 반출입을 합한 경우 1990년대 말부터

18 김여정 노동당 중앙위원회 제1부부장은 6월 13일 담화를 통해 '남북 연락사무소 폐쇄', '금강산 관광 폐지', '개성공단 완전 철거'를 언급하며 "확실하게 남조선것들과 결별할 때가 된 듯하다"고 언급한 바 있다. 『동아일보』 2019년 6월 14일. https://www.donga.com/news/Politics/article/all/20200614/101499400/1 (검색일: 2020. 6. 22.).

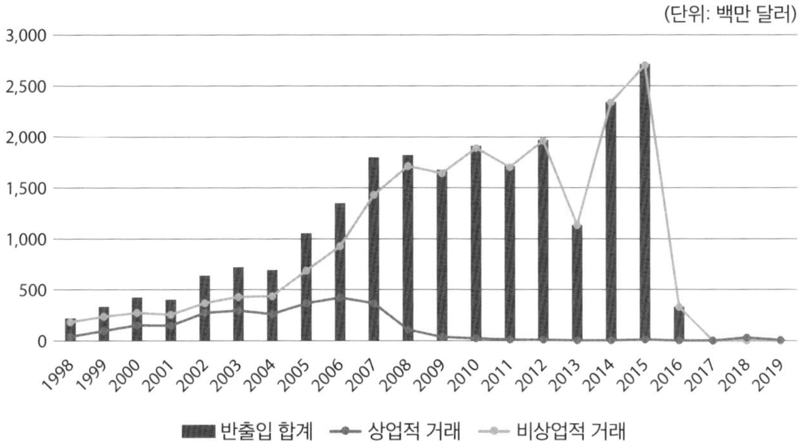

그림 1. 남북교역 추이

출처: 통계청 북한 통계 포털, 통일부 주요 사업 통계

2008년까지 교역액은 대체로 증가하였다. 2008년 이후 감소 추세가 되는 것은 개성공단사업이 2004년부터 시작되면서 의류 중심의 위탁가공교역을 개성공단이 대체한 측면이 크다.[19] 2008년 이전까지 일반교역, 위탁가공교역은 남북한의 직접교역에서 가장 큰 비중을 차지할 정도로 초반 경제교류 확대에 있어 중요한 역할을 하였다.[20]

1998년 11월 시작된 금강산관광사업은 분단 이후 남한 주민이 처음으로 북한 땅을 밟고 직접 여행할 수 있는 계기를 마련하였다는 점에

19 2015년 기준 개성공단에 입주한 기업 중 섬유업 관련 기업은 73개로 전체 125개 중 58.4%를 차지한다.

20 상업적 거래에서 일반교역과 위탁가공교역을 합한 반출입액 비중은 1995년 100%, 2000년 87.7%, 2008년 47.2%이며 전체 남북교역에서의 비중은 1995년 96.2%, 2000년 56.4%, 2008년 44.3%이다. 2008년 상업적 거래 및 남북교역에서 개성공단 반출입액이 차지하는 비중은 각각 47.2%, 44.4%이다.

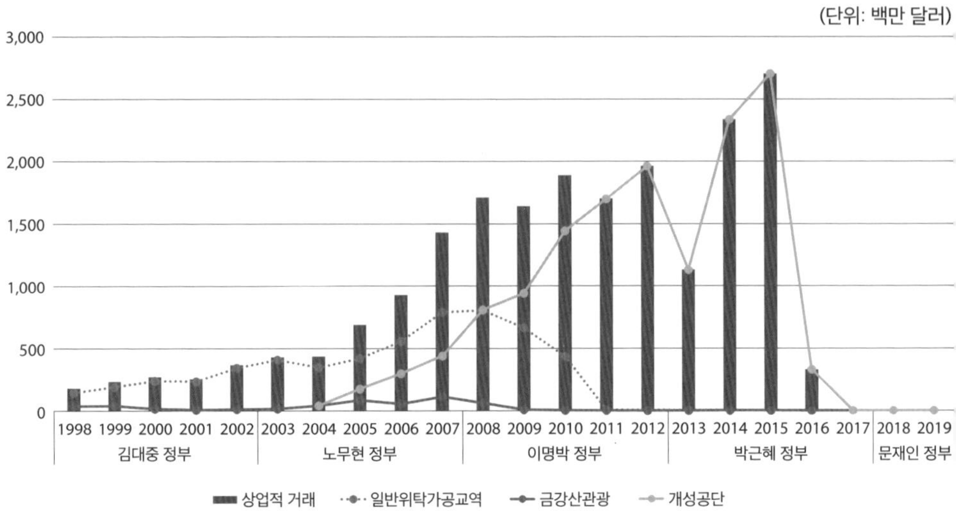

그림 2. 상업적 거래 유형별 반출입 추이

출처: 통계청 북한 통계 포털, 통일부 주요 사업 통계를 중심으로 저자 재구성

서 중요한 의미가 있었다. 그렇지만 지난 20년간 남북경협의 구조적 전환, 남북한 주민의 접촉 확대, 경제지원의 확산 효과라는 점에서 큰 의미를 가져온 것은 개성공단사업이다. 양적인 면에서도 개성공단은 사업 시작 4년 후인 2008년을 기점으로 일반교역 및 위탁가공교역 반출입액을 상회하면서 남북경협에서 가장 큰 비중을 차지한다. 남북교역이 시작된 1989년 이후 단순교역 중심으로 이루어졌던 남북경협이 개성공단을 통해 직접투자사업으로 재편된 것이다. 개성공단사업은 정부의 대북정책과도 긴밀히 연결되어 '경제를 통한 평화'라는 담론 부상에 핵심적인 역할을 했다고 볼 수 있다. 실제 2008년 7월 금강산관광이 중단되고 2010년 5.24 조치로 인해 다른 형태의 교역이 전면 중단되면서 2011년 이후 개성공단사업은 남북한 상업적 교류의 전부나 다름없었다.

대북 인도적 지원은 북한이 1995년 극심한 식량난과 자연재해로 인해 유엔을 비롯한 국제사회에 식량지원을 공식 요청하면서부터 시작되었다. 당시 김영삼 정부는 북한에 1,854억 원 상당의 국내산 쌀 15만 톤을 무상으로 지원하였지만 본격적인 대북 인도적 지원은 김대중, 노무현 정부에서 이루어졌다. 1995년부터 2019년까지 한국의 대북 인도적 지원액은 3조 3,243억 원으로 정부 차원이 2조 4,032억 원(식량차관 제외 시 1조 5,183억 원), 민간 차원이 9,212억 원 지원되었다. 정부 차원에서는 직접 지원을 포함하여 민간단체 기금 지원, 유엔세계식량계획(WFP), 세계보건기구(WHO), 유엔아동기금(UNICEF) 등 국제기구를 통한 지원이 이루어져 왔다. 시기적으로 볼 때 김대중, 노무현 정부 시기 지원액은 전체 대북 인도적 지원액의 82.1%를 차지할 정도로 대북 인도적 지원이 김대중 정부 후반과 노무현 정부 때 집중되었음을 알 수 있다.

하지만 이명박 정부가 출범하면서 2008년부터 대북 인도적 지원은 급격히 축소되었다. 박근혜 정부 시기 정부 및 민간 차원의 대북 인도적 지원 역시 위축됨에 따라 2017년 정부 차원의 인도적 지원 실적은 제로가 되었다. 지원 채널에 있어서도 2010년 전후로 변화가 생겨났다. 정부 직접 지원(무상)은 2010년 이후, 정부 차관 지원(유상)은 2007년 이후로 중단되며, 민간 차원(무상) 지원 또한 2013년 박근혜 정부 출범 이후 대폭 축소됨에 따라 2013년부터는 국제기구를 통한 지원이 주로 이루어지게 되었다(문경연 외, 2018: 108). 한국정부의 지원 분야는 영양 지원, 재해·재난 지원, 보건의료 지원, 개발협력 분야로 나눌 수 있다. 1995년부터 2000년대 중반까지는 정부 및 국제기구를 통한 식량지원, 개발구호 성격을 갖는 비료지원이 주된 분야였다. 2000년대 중후반부터는 북한의 영유아와 산모를 대상으로 한 보건의료, 영양 지원 분야가 활발해지는 등 지

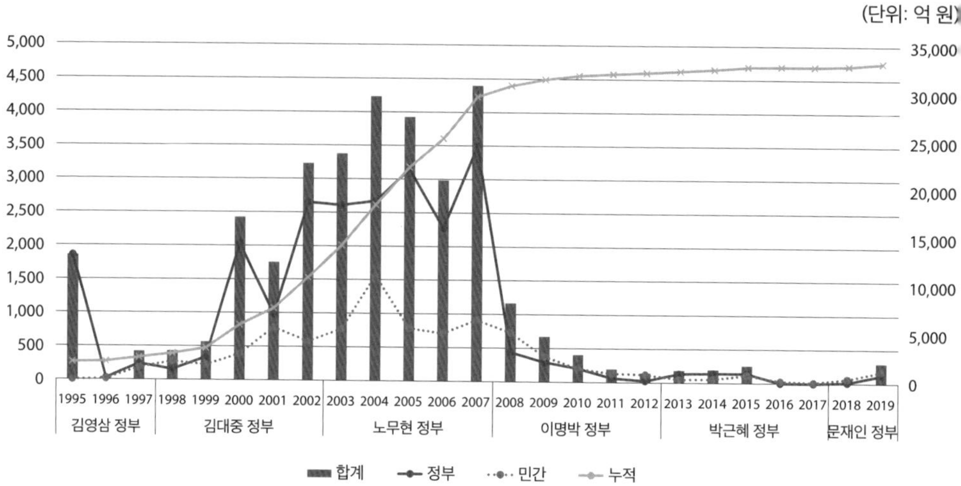

그림 3. 대북 인도적 지원 추이

출처: 통계청 북한 통계 포털, 통일부 주요 사업 통계를 중심으로 저자 재구성

원 영역이 점차적으로 확대되었다(현대경제연구원, 2018: 4).

대북 인도적 지원에서 중요한 비중을 차지하는 식량지원의 경우 정부 차원의 무상지원, 식량차관, 국제기구를 경유한 방식으로 이루어졌다. 한국정부가 대규모의 식량차관 방식을 도입하면서 대북 식량지원은 2000년 이후 급증했다. 〈표 1〉이 보여주듯이 한국정부는 1995년부터 2018년까지 총 1조 2,450억 원의 식량지원을 해왔고 지원 방식으로는 차관 방식 8,728억 원, WFP 경유 1,434억 원, 무상지원 2,288억 원이었다. 2010년 쌀 5천 톤을 끝으로 정부 차원의 대북 식량지원이 중단되었으나 9년 만인 2019년 문재인 정부는 WFP를 통한 쌀 5만 톤 지원을 추진한 바 있다.[21]

21 북한이 2019년 2월 국제사회에 식량지원을 긴급 요청하면서 정부 차원의 대북 쌀 지원을

표 1. 대북 식량 지원 현황, 1995-2018

	무상	식량차관	WFP 경유	소계
지원액(억 원)	2,288	8,728	1,434	12,450
규모(만 톤)	25.5	260	54.3	339.8
비중(%)	18.4	70.1	11.5	100.0

출처: 통계청 북한 통계 포털, 통일부 주요 사업 통계 및 보도자료 등을 참고하여 저자 재구성

남북 사회문화교류 또한 지난 20년간 많은 변화가 있었다. 1990년부터 종교, 체육, 언론 분야의 방북을 통한 남북한 주민 간 접촉이 간헐적으로 있었지만 사회문화 분야 방북자 수는 2000년 6월 남북정상회담 이후 급격히 증가한다. 양적인 확대와 함께 접촉 분야도 다양해졌다. 초창기 방북 목적이 체육, 문화·예술, 종교 분야로 제한되어 있었다면 2000년대에는 과학기술, 교육학술, 언론출판, 시민사회 분야 등으로 점차적으로 확대되어 갔다. 접촉 방식 또한 정상회담 이전 시기 주로 제3국을 통한 간접 방식이었다면 2000년대로 갈수록 직접 교류와 접촉이 증가하였다. 〈그림 4〉에서 보여주듯이 사회문화교류 확대 추세는 2008년 기점으로 달라진다. 2007년 12,217명이 북한을 방문하여 가장 많은 문화교류가 있었지만 2008년 이후 급격히 감소함을 알 수 있다.

문재인 정부 이후 남북관계 진전에 따라 사회문화교류가 재개되는 움직임을 보였다. 학술 분야의 방북과 함께 2018년 3월 남측 예술단의 평양 방문(186명) 등 문화예술 분야 민간교류가 진행되었다. 또한 동년 7월

결정하였으나 북한이 세계식량계획(WFP)과의 협상을 중단하면서 대북 식량지원은 잠정 보류되었다. 통일부, "정부, 국제기구를 통한 대북 식량지원 추진," 보도자료 2019년 6월 19일.

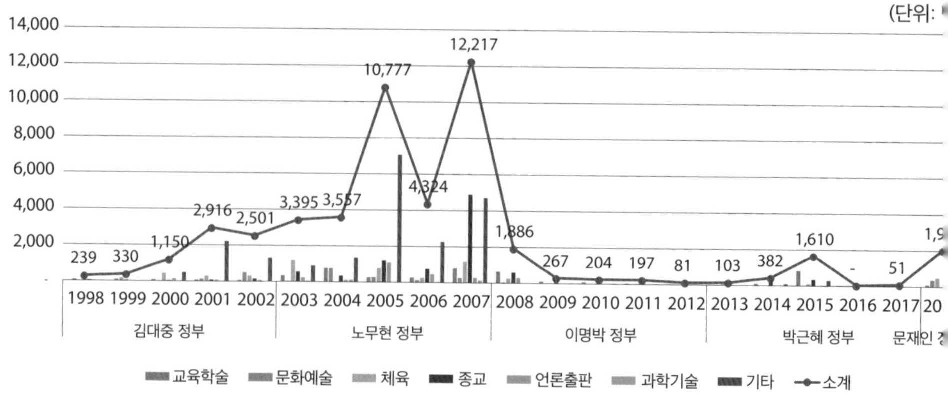

그림 4. 사회문화 분야 방북 인원 추이

출처: 통계청 북한 통계 포털, 통일부 주요 사업 통계를 중심으로 저자 재구성

남북통일농구대회, 4월 세계태권도연맹 태권도시범단 방문, 8월 국제유소년축구대회 등 체육 분야 방북이 이루어짐에 따라 사회문화교류가 문재인 정부 들어 증가되는 추세이다. 향후 남북관계 개선 여부에 따라 사회문화 분야 방문 인원수도 변화가 있을 것으로 예상된다.

4. 긍정적 관여와 남북경협의 진화

1) 접촉과 상호의존의 확대 그리고 축소

남북 간의 경제교류와 협력을 통해 군사적 긴장을 완화, 억제하고 상호의존을 높여 평화를 모색하는 형태는 한국정부의 대북관여정책에서 핵심적인 부분이었다. 1988년 7.7 선언을 통해 남북 경제협력이 합법화되는 계기를 마련하였고 1989년에 남북한 간의 교역이 시작되었으며 1996년에는 첫 번째 투자가 이루어졌다(조동호, 2012: 18). 상술한 바와 같이

2000년 남북정상회담은 남북 교류협력 확대에 중요한 계기를 마련했고 2004년 시작된 개성공단사업은 남북 경제 및 정치 관계에 새로운 변화를 제공하였다.

김대중, 노무현 정부 시기 대북정책의 패러다임은 긍정적 관여 모델에 가장 근접하다. 남북경협 확대는 북한의 대남 의존성을 확대함으로 중장기간에 걸친 상호의존성이 북한의 도발적 행위를 억제하고 내부의 바람직한 변화를 유도하고자 했다(이석, 2010: 13). 남북경협의 중장기적 목적은 남북한 경제공동체 형성이며 북한 경제의 지속가능한 성장에 기여함으로써 장기적인 남북통합에 유리한 상황을 조성하는 것과도 연결되어 있었다. 이에 반해 이명박, 박근혜 정부의 대북정책은 조건적 관여에 더 가까운 형태라고 볼 수 있다. 두 정부가 남북경협의 긍정적 확산 효과 자체를 부정하거나 경제지원을 통한 상호의존 지향성을 중단한 것은 아니나 정경연계 입장에서 교환의 등가성, 엄격한 상호성을 강조한 관여였다고 볼 수 있다.

외형적인 면에서 김대중, 노무현 정부의 긍정적 관여는 남북 간의 비대칭적 상호의존 구조를 만드는 데 일시적으로 성공하였다. 2000년대 중후반의 남북경협은 한국의 대외무역보다 북한의 대외무역에서 훨씬 더 중요한 비중을 차지했다. 남북경협이 가장 활발했던 노무현 정부 하반기에 북한에게 남한은 중요한 무역상대로 부상했으며 남한에 대한 경제적 의존도 역시 높게 형성되었음을 알 수 있다. 남한의 전체 대외거래 및 경제 규모에서 남북교역이 차지하는 비중은 매우 미미하나[22] 북한

22 한국의 전체 대외교역에서 남북교역 총액이 차지하는 비중은 1989년 이래로 0.2% 내외를 벗어나지 않았다.

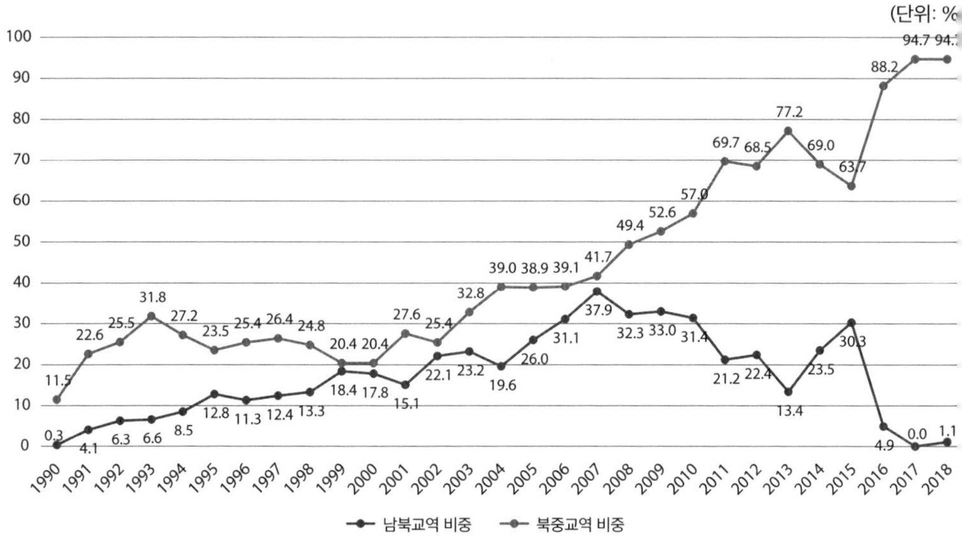

그림 5. 중국과 한국의 북한 대외무역 비중 추이

출처: KOTRA 북한 대외무역 동향, 통일부 주요 사업 통계를 바탕으로 저자 재구성
주: 북한 대외무역 추정치는 KOTRA 북한 대외무역액에 남북교역액을 합한 수치임

경제에서 남북경협이 차지하는 비중은 상대적으로 높아졌다. 2002년 이후 한국은 중국에 이어 제2무역상대가 되었고, 〈그림 5〉에서 보여주듯이 2007년 들어 북한 대외무역에서의 중국과 한국의 비중은 각각 41.7%, 37.9%로 전체 북한 대외무역의 약 80%를 차지하였다. 남북경협이 북한 경제에서 차지하는 양적인 비중을 볼 때, 비대칭적 상호의존이 일시적으로나마 형성된 것이다.

그렇지만 이러한 현상은 2008년 이후로 급격히 달라진다. 이명박 정부 이후 대북정책의 기조가 달라지면서 남북경협이 북한 대외무역에서 차지하는 비중은 줄어든 반면 북중무역의 비중은 급격히 증가하게 된다(이석·이재호, 2012: 12). 2007년 남한과 중국의 대북무역 비중의 격차는 불과 3.8%였지만 이명박 정부 말기인 2012년에는 46.1%로 12배나 확대된다. 이명박 정부의 대북정책 기조하에 한국정부의 유엔대북제재 동참 및 2010년 5.24 조치가 이러한 패턴에 영향을 미쳤고 북중무역 확대가 결정적인 요인으로 작용했다. 최근 5년간 북한의 한국과의 교역비중은 2013년 13.4%에서 2017년 0%로 급격히 줄어든 반면 같은 기간 북한의 중국과의 교역비중은 2013년 77.2%에서 2017년 94.7%로 대폭 증가한 것을 알 수 있다. 북한의 대남무역 의존도가 거의 전무해지는 동안 북한의 대중무역 의존도는 절대적으로 확대되었음을 알 수 있다.

2) 긍정적 관여의 조건과 방향

2018년은 남북관계에 전례 없는 변화가 있었던 해였다. 특히 세 차례의 남북정상회담과 한 차례의 북미정상회담을 통해 한반도 평화 프로세스 착수에 대한 기대가 어느 때보다 높아졌던 것이 사실이다. 무엇보다 연이은 남북정상회담을 통해 4.27 판문점선언과 9월 평양선언이 도출되었고 여기에는 동, 서해선 철도 연결, 개성공단 및 금강산관광 재개 등을 포함하는 경제협력사업에 대한 내용이 포함되어 있어 남북경협의 전면적 재개 및 확대에 대한 기대 역시 높아졌었다. 그렇지만 2016년 이후 한층 더 강화된 유엔안보리 대북제재(2270호, 2321호, 2371호, 2375호, 2397호)가 해제되지 않는 이상 남북경협의 본격적인 재개는 쉽지 않다는 것이 현실적인 진단이다.[23] 현재 수준의 대북제재하에서도 비영리적 혹은 비경제

23 김석진, “남북경협과 기업전략,” 『새로운 남북관계시대의 경제협력, 2018 서울대학교 금융경제연구원-한국수출입은행 공동 정책심포지엄 자료집』 (2018. 11. 9.), p. 20.

적 남북협력사업이 불가능한 것은 아니나 남북경협 자체가 비핵화 프로세스와 분리하기 어려운 이상 과거 금강산관광 및 개성공단 사업 이상의 상업적 민간교역은 주요 제재가 모두 풀려야 가능할 것이다.

향후 북한 핵프로그램의 신고, 사찰 및 검증 과정을 통해 대북제재가 완화, 해제될 수 있다는 가정하에 남북경협을 통한 대북관여는 거시적으로 다음과 같은 점을 고려할 필요가 있다고 본다. 첫째, 상호의존 관여의 회복과 지속이다. 향후 한국정부가 남북경협을 소형, 중형, 대형 규모로 세분화하고 정부와 민간, 국제사회 등 주체별로 나누어서 추진한다 하더라도[24] 가장 중요한 점은 '경제협력을 통한 접촉'이 남북 간에 군사적 도발 억제, 남북관계 개선, 평화체제 구축과 연동되게 해야 한다는 점이다. 과거의 경험에서도 알 수 있듯이 북한은 경제협력 등 외부의 지원에 대한 효과, 특히 자본주의 확대, 자유화 요구, 외부정보 유입에 상당히 민감했었다. 이 점에서 경협의 주체 및 규모가 어떠하든 다양한 형태의 경제협력이 남북한 간 경제적 상호의존의 수준을 우선적으로 높이는 방향으로 진행될 필요가 있다. 경험적 사례 연구에서도 드러나듯이 정권 유형에 따라 '무역의 평화 효과' 혹은 상호의존의 '갈등 억제 효과'는 다르게 나타날 수 있다. 하지만 남북한 간의 상호의존 수준을 높여 발생하는 절대적 이익이 증가한다는 것은 다른 한편으로 잠재적 관계 악화로 인한 비용과 손실 역시 커진다는 것을 의미한다. 북한이 핵을 개발하지 않고도 남북한 양자 혹은 다자 협력을 통해 크게 이익을 볼 수 있는 구조를 만드

24 김병연, "남북 경협 방안의 모색," 『2018 RCMG International Conference: Intra-Korea Economic Cooperation, 2018 서울대학교 시장과 정부 연구센터, 행정대학원 국제학술대회 자료집』 (2018. 10. 31.), p. 20.

는 것이 우선이며 이는 남북경협을 통한 긍정적 대북관여의 방향이 (비대칭적) 상호의존의 수준을 높이는 것으로부터 출발해야 함을 의미한다.

둘째, 남북경협을 통한 대북관여는 장기적으로 상호의존 모델에서 변혁 모델로 진화되어야 할 것이다. 북한 내 시장화 및 국제화, 친시장 정책의 변화 주체는 결국 북한 정권이며 당, 정, 군의 엘리트들이다. 외부의 경제지원이 대상국 내의 정치경제적 제도의 변화를 만들어 냄으로써 가치와 우선순위의 변화를 야기하기 위해서는 외부의 지원을 통해 이득을 보는 세력이 만들어지고 이러한 친개혁 혹은 친국제주의자들이 기존의 집권세력의 대안 혹은 연합 세력으로 부상할 수 있어야 한다. 북한의 시장화 방향을 정확히 예단하기는 어려우나 현재의 장마당 확대, 자유권 확대,[25] 무역의존 구조는 앞으로도 계속될 가능성이 크다. 제재 완화 및 해제 국면과도 관계가 있지만 개성공단 재개, 북한 특구 프로젝트 착수, 국제기구 개입 등이 본격화된다면 이 과정에서 혜택을 볼 신부유층 혹은 신흥자본가들은 향후 북한 당국의 세력연합에 중요한 역할을 할 가능성이 있다. 물론 과거의 경로와 같이 경제협력을 통한 이득과 복지가 북한 최고지도자 및 내부 혈연과 사적 관계로 연결된 소수 권력자, 그리고 당, 군의 고위직 엘리트들에게 독점적으로 전달되는 구조가 유지될 수 있다. 이런 점에서 볼 때, 앞으로 한국을 비롯한 대북협력 행위자들은 경제협력을 통한 인센티브가 제3의 경제기술관료, 신흥자본가, 군부들의 입지를 강화하고 지배연합 형성을 가능하게 하는 방향을 모색해야 한다.

---

25 2012년 '6.28' 조치, 2014년 '5.30' 조치로 북한 농업 부문에서 농장에 자율권 확대 및 생산량에 따른 보상 지급이 뒤따른 것이 대표적이다.

셋째, 대북지원을 포함한 남북경협은 북한 주민들의 의식 변화에 기여할 수 있는 방법과 어젠다가 필요하다. 1990년대 중반 이후 남북한의 다방면 접촉 확대 및 북한의 시장화 과정이 가져온 또 하나의 중요한 현상은 북한 내 외부정보와 문화 콘텐츠의 유입이다(정근식 외, 2018: 62-64). 이는 북한사회 내 주민들의 이동 증가, 자발적인 정보 획득 및 공유 행위와도 연결된 것이지만 남북한 주민들의 직접적인 접촉을 야기한 개성공단사업 등의 협력사업 역시 기여한 바가 적지 않다. 북한의 취약계층에 집중되었던 시민사회 및 지방자치단체의 인도적 지원 활동도 마찬가지 경우이다. 북한 내 시장의 확산, 기술의 발달, 소득의 증가는 북한 내 주민들의 이동을 증가시키며 외부정보 유입을 용이하게 할 가능성이 크다. 남한을 포함한 외부와의 인적교류, 타 문화의 접촉이 북한 내 지식과 정보 유통에 영향을 주는 만큼 남북한 주민과의 접촉면을 확대할 수 있는 민간 차원의 창의적인 협력 분야 발굴이 필요하다.

끝으로, 북한 핵문제 해결의 지연, 북한의 핵무력 강화 노선의 회귀, 대북제재 장기화 등을 대비한 방안들이 필요하다. 역대 한국정부의 대북관여에서 중요한 전제는 교류협력을 통한 '접촉의 확대'가 남북 간 긴장완화, 관계 개선, 북한의 변화에 긍정적 효과를 미칠 수 있다는 확산 효과였다. 그렇지만 많은 경우 북한의 핵프로그램 가동 및 도발로 인한 안보위기는 확산 효과를 '압도'해 왔고 남북경협의 추동력은 약화될 수밖에 없었다. 만일 한반도 비핵화를 위한 북미협상 파국 → 북한의 추가 핵미사일 실험 → 대북제재 강화 등 일련의 '악순환(vicious cycle)'이 반복된다면 한국의 외교적 입지를 상당히 어렵게 할 가능성이 크다. 2018년 남북·북미 정상회담을 통해 한반도의 완전한 비핵화에 대한 기대감이 어느 때보다 높았던 것이 사실이지만 북한의 핵위협이 해소되지 않은 상태에서의 대북지원과 대규모의 남북경협사업은 언제든 남남갈등의 소지가 될 수 있다. 물론 제재국면에서도 남북한이 할 수 있는 영역이 존재한다. 남북이 합의한 환경 보존과 관련된 산림녹화사업이 대표적이다. 남북 철도·도로 연결사업, 비무장지대의 GP 철수, 지뢰 제거 작업도 마찬가지이다. 역사, 교육, 스포츠, 문화 등 비군사 영역에서의 신뢰 증진 조치(confidence enhancing measures)는 현재와 같은 대북제재 국면에서도 가능한 조치들이다. 그렇지만 남북한 관계가 악화될 경우 이러한 소규모 협력사업 및 비경제 개발협력도 국내적 합의를 이끌어 내는 것이 어려울 수 있다는 점을 감안해야 할 것이다.

5. 결론

18세기 프랑스 정치철학자 몽테스키외(Baron de Montesquieu)는 '부드러운 상업(Doux commerce)'은 평화에 기여한다고 주장하였다. 대립과 갈등으로 점철된 한반도의 분단을 극복하고 남북한 관계를 협력으로 전환하는 데 있어 경제관계 및 경제적 수단을 활용하는 관여전략은 여전히 중요한 열쇠일 수 있다. 향후 비핵화 과정 및 남북관계 개선 과정에서 남북경제공동체 형성은 남북한 군사적 신뢰구축 및 군비통제와 더불어 한반도 평화체제 구축에서 필수적인 과정이 될 것이다.

역대 한국정부는 남북경협이 남북의 군사적 긴장완화와 정치적 관계 개선에 도움을 줄 뿐 아니라 북한 경제상황의 개선 및 바람직한 변화에 기여할 수 있을 것으로 보았다. 특히 '경제를 통한 평화', '자본주의 평화론'은 지난 김대중, 노무현 정부 시기 활발히 논의되었던 담론이다. 남한 및 국제사회와의 지속적인 경제교류를 통한 접촉, 남북의 경제적 상호의존 심화가 북한 내부의 변화를 추동할 수 있는 외부 요인이 될 수 있다고 본 것이다. (신)기능주의 방식에 근거한 경제적 교류와 협력이 정치군사 영역의 신뢰구축과 긴장완화로 이어지는 확산 효과는 역대 정부의 대북관여정책의 핵심 부분이었다. 문재인 정부가 강조하는 한반도 신경제지도 구상 및 경제통일 구현도 마찬가지이다. 하지만 중요하게 생각해야 할 부분은 경제적 상호의존이 군사적 충돌이나 갈등을 반드시 억제하는 것은 아니라는 점이며 무역을 통한 비대칭적 상호의존의 심화, 이로 인한 갈등 억제 효과가 발생하기 위해서는 여러 조건들이 충족되어야 한다는 점이다. 그중에서 대상국 내부의 연합, 즉 외부와의 교류 및 지원으로 혜택을 보는 국제주의자 혹은 온건파의 입지 강화, 그리고 기존 혹은 대안 세력과의 연계가 필수적이다. 북한 내 시장화와 함께 장마당의 확산, 돈주 혹은 신흥자본가 형성이 이러한 과정의 초기 현상일 수 있다. 북한이 자발적인 개혁·개방으로의 급진적 전환 가능성이 크지 않다고 볼 때 변화를 위한 외부 환경 형성은 여전히 중요하다. 여기서 남북경협을 통한 긍정적 관여는 우선 남북한의 비대칭적 상호의존의 수준을 높임으로써 북한 내 구조적 변화를 위한 초기 환경을 마련할 필요가 있다.

향후 남북관계 전환의 국면에서 북한은 보다 많은 자본 투입이 요구되는 경협사업들을 요구할 가능성이 있다. 북한은 5.24 조치 전면 해제를 비롯하여 남북정상회담에서 합의한 대북 지원사업의 즉각적인 실시, 금강산관광과 개성공단 재개를 요구한 바 있다. 하지만 2019년 한국정부의 국제기구를 통한 대북 쌀 지원이 북한 측의 의사로 중단되고 북한이 2020년 6월 개성공단의 남북연락사무소를 폭파하는 등 최근의 남북관계 단절 상황은 장기화될 수 있다. 이러한 상황에서 교류협력을 위한 다양한 수단과 조치들을 앞으로 어떻게 조합할 것인지, 대북제재 국면에서 이미 합의한 협력사업 추진을 어떻게 조화시킬 것인지가 남북관계 진전에 핵심적인 부분이 될 것이다. 또한 남북경협의 전면적 재개를 대비하여 북한의 수용 가능성과 한국 및 국제사회가 선호하는 방안 사이에서 현실 가능한 대안들을 면밀히 준비할 필요가 있다.

김근식. 2000. 「햇볕정책 2년 평가와 전망」. 『통일시론』 제3권 2호.

김대중. 2001. 『김대중 대통령 연설문집 제3권』. 서울: 대통령비서실.

김병연. 2018. 「남북 경협 방안의 모색」. 『2018 RCMG International Conference: Intra-Korea Economic Cooperation, 2018 서울대학교 시장과 정부 연구센터, 행정대학원 국제학술대회 자료집』.

김석진. 2018. 「남북경협과 기업전략」. 『새로운 남북관계시대의 경제협력, 2018 서울대학교 금융경제연구원-한국수출입은행 공동 정책심포지엄 자료집』.

김연철. 2005. 「김대중·노무현 정부 10년의 남북관계」. 『기억과 전망』 제22권.

김연철. 2006. 「한반도 평화경제론: 평화와 경제협력의 선순환」. 『북한연구학회보』 제10권 제1호.

노무현. 2007. 『노무현 대통령 연설문집 제4권』. 서울: 대통령비서실.

문경연·박지연·송영훈. 2018. 「대북지원 20년 비판적 고찰을 통한 대북지원 패러다임 모색」. 『국제관계연구』 제23권 1호.

문재인. 2018. 『문재인 대통령 연설문집』 제1권 상. 서울: 대통령비서실.

박영호. 2013. 「박근혜정부의 대북정책 – 한반도 신뢰프로세스와 정책 추진 방향」. 『통일정책연구』 제22권 1호.

박형중·전성훈·박영호·김영호·윤은기·전재성. 2013. 『박근혜정부의 국가안보전략』. 서울: 통일연구원.

성기영·정일영·최규빈·최순미·윤보영. 2018. 『남북관계 발전과 북한주민 의식 변화』. 서울: 통일연구원.

서재진. 2008. 『남북 상생·공영을 위한 비핵·개방·3000 정책의 이론적 체계연구』. 서울: 통일연구원.

여인곤·박종철·조민·함택영·조명철·이금순·장의관·강동완. 2009. 『비핵·개방·3000 구상』. 서울: 통일연구원.

이석. 2010. 『대북정책의 경제적 효과: 실증적 평가와 시사점』. 서울: 한국개발연구원.

이석·이재호. 2012. "5.24 조치 이후 남북교역과 북중무역의 변화: 데이터와 시사점." 『KDI 북한경제리뷰』 5월 호.

전재성. 2003. 「관여(engagement)정책의 국제정치이론적 기반과 한국의 대북정책」.

『국제정치논총』 제43권 1호.
정근식·조성은·천자현·황정미·조용신. 2018. 『북한사회변동 2017』. 서울: 서울대학교 통일평화연구원.
조동호. 2012. 『공진을 위한 남북경협 전략』. 서울: 동아시아연구원.
조민. 2003. 「노무현 정부의 평화번영정책 전망 및 과제」. 『통일정책연구』 제12권 1호.
조민. 2006. 「평화경제론: 남북경제공동체 형성의 이론적 틀」. 『통일정책연구』 제15권 1호.
조한범. 2019. 「신한반도체제 구상의 이해」. 『KINU INSIGHT』 7호.
최진욱·김호섭·이정훈·한용섭·황재호. 2013. 『박근혜정부의 통일외교안보 비전과 추진 과제』. 서울: 통일연구원.
최규빈. 2018. 「베트남에 대한 중국의 경제지원과 경제제재, 1960~1978」. 『국가안보와 전략』 제18권 2호.
통일부. 1998. 『1998 통일백서』. 서울: 통일부.
통일부. 2008. 『2008 통일백서』. 서울: 통일부.
통일부. 2003. 『국민의 정부 5년: 평화와 협력의 실천』. 서울: 통일부.
통일부. 2019. 「정부, 국제기구를 통한 대북 식량지원 추진」. 보도자료.
현대경제연구원. 2018. 「대북 인도적 지원 현황과 향후 과제」. 『현안과 과제』.
『중앙일보』 2016. 2. 10.
『동아일보』 2019. 6. 14.

Baldwin, David A. 1985. *Economic Statecraft*. Princeton: Princeton University Press.
Baldwin, David A. 1971. "The Power of Positive Sanctions." *World Politics* 24(1): 19-38.
Doyle, Michael W. 1997. *Ways of War and Peace: Realism, Liberalism, and Socialism*. New York: W. W. Norton & Company.
Fabre, Cécile. 2018. *Economic Statecraft: Human Rights, Sanctions, and Conditionality*. Cambridge: Harvard University Press.
Haass, Richard N. and Meghan L. O'Sullivan. 2000. "Terms of Engagement: Alternatives to Punitive Policies." *Survival* 42(2): 113-135.
Ikenberry, G. John. 2001. "From Containment to Engagement: East Asia and American Liberal Grand Strategy." In Chung-in Moon (eds.). *Ending the Cold War in Korea: Theoretical and Historical Perspectives*. Seoul: Yonsei University Press.
Keohane, Robert. 1990. "Economic Liberalism Reconsidered." In John Dunn (ed.). *The Economic Limits to Modern Politics*. Cambridge: Cambridge University Press.
Kim, Sung Chull and David C. Kang. 2009. *Engagement with North Korea: a viable alternative*. New York: State University of New York Press.

Mansfield Edward D. and Brian M. Pollins. 2003. *Economic Interdependence and International Conflict: New Perspectives on an Enduring Debate*. Ann Arbor: University of Michigan Press.

Mastanduno, Michael. 2008. "Economic statecraft." In Steve Smith, Amelia Hadfield, and Tim Dunne (eds.). *Foreign Policy: Theories, Actors, Cases*. Oxford: Oxford University Press.

Mastanduno, Michael. 2003. "The Strategy of Economic Engagement: Theory and Practice." In Edward D. Mansfield and Brian M. Pollins (eds.). *Economic Interdependence and International Conflict: New Perspectives on an Enduring Debate*. Ann Arbor: University of Michigan Press.

Polachek, Solomon W. 1980. "Conflict and Trade." *Journal of Conflict Resolution* 24(1): 55-78.

Resnick, Evan. 2001. "Defining Engagement." *Journal of International Affairs* 54(2): 551-566.

Rock, Stephen R. 2000. *Appeasement in International Politics*. Lexington: University Press of Kentucky.

Wallensteen, Peter. 2011. "Sanctions and peace research." In Peter Wallensteen (ed.). *Peace Research: Theory and Practice*. London: Routledge.

6

통일비용 재정의와 비용추계 혁신 방안

류덕현 | 조용신 | 주영찬 | 홍석철

지난 2020년은 광복 75주년이자 38선이 그어져 한반도가 분단된 지 75년이 되는 해이기도 했다. 그동안 한반도 통일은 한민족의 통합이라는 숙명적인 인식하에 관련 논의가 진행되어 왔고, 75년이 지난 지금도 통일에 대한 국민들의 관심은 작지 않다. 서울대학교 통일평화연구원에서 실시한 2019년 통일의식조사 결과에 따르면 조사 응답자 1200명 중 통일이 필요하다고 답한 비율은 53%로 조사되었고 조사가 시작된 2007년 이후 줄곧 50-60%대를 유지하고 있다. 그러나 좀 더 상세히 들여다보면 통일이 불필요하다고 생각하거나 통일에 무관심한 국민도 적지 않다는 것을 알 수 있다. 같은 조사에서 통일의 필요성에 대해 '반반 또는 그저 그렇다'고 답한 비율은 26.5%로 2007년 이후 조금씩 증가하고 있으며, 통일이 필요치 않다고 생각하는 비율도 20.5%로 높은 수준이다.

통일은 정치권의 결정만으로 이룰 수 없으며, 국민 절대다수의 지지를 받지 못하면 성취하기 힘든 과업이다. 특히 통일을 완수하기까지 오랜 시간이 필요하고 그 과정에서 적지 않은 정치적, 사회경제적 이슈와 논란이 예상되므로 이를 잘 헤쳐가기 위해서도 통일 필요성에 대한 국민의 인식이 매우 중요할 것이다. 이와 관련하여 서울대 통일평화연구원의 통일의식조사는 중요한 결과를 보여준다. 통일 필요성에 대한 답변에 상관없이 전체 응답자의 37.9%가 '통일의 경제적 부담'을 통일이 되지 말아야 할 이유로 꼽았다. 특히 통일의 필요성이 '반반 또는 그저 그렇다'고 답한 응답자의 45.1%가 통일의 경제적 부담을 중요하게 평가하였다.

그런데 많은 국민이 통일비용의 경제적 부담에 대해 부정적 인식을 갖게 된 것은 통일비용에 대한 기존 연구들의 추계 결과가 긍정적으로 받아들이기에는 비교적 큰 규모이기 때문으로 보인다. 또한 통일비용 추계 연구 결과 간의 편차가 커서 이에 대한 신뢰성이 낮은 것도 한몫을 해왔다고 판단된다. 그동안의 연구 결과를 보면 통일비용은 통일 후 20년간 많게는 수천조 원에서 적게는 수백조 원으로 편차가 매우 커서 통일의 경제적 타당성 논의에 혼란을 키워왔다(김규륜 외, 2014).

이렇게 통일비용 추계 결과의 편차가 큰 것은 통일 과정 및 결과의 불확실성을 반영한다. 다시 말해, 통일까지 소요되는 기간이 얼마나 될지, 통일 방식이 어떨지, 통일의 목표는 무엇인지 등에 따라 고려해야 하는 비용 항목과 규모가 달라질 수 있는데 연구마다 기간, 방식, 목표 등에 대해 서로 다른 가정을 두고 통일비용을 추계하면서 편차가 크게 발생한 것이다. 통일비용의 추계방식에 따라서도 결과가 상이하다. 통일에 소요되는 비용을 항목별로 추계하여 합산할지 아니면 남북의 경제적 격차를 목표치까지 줄이기 위해 필요한 비용을 추계할지 등에 따라 통일비용은 달라지기 마련이다.

또한 지금까지 통일비용 추계에서 고려한 비용 항목 중 일부는 소모성 지출이라기보다는 경제적 수익이 발생하는 투자성 지출이다. 통일의 목적이 남북 간의 긴장을 완화하고 한민족이 하나가 된다는 점에서 정량적으로 추정하기 어려운 비정형적인 통일의 편익도 적지 않다. 다시 말해, 통일비용을 비용적 측면으로만 보느냐와 투자의 수익 또는 편익까지 고려한 비용-편익 관점에서 보느냐에 따라 국민들이 체감하는 통일비용의 규모와 부담은 사뭇 다를 수 있다.

본 연구는 지금까지의 통일비용 추계 연구의 특징을 정리하면서 좀 더 발전적 관점에서 통일비용 추계 연구의 개선점과 발전방향을 제시하는 것을 목적으로 한다. 이를 통해 비용 측면에서 통일 필요성 인식의 개선을 위한 시사점을 찾고자 한다. 본 연구는 다음과 같이 구성된다. 첫째, 시기적으로 기존의 종합적인 통일비용 연구인 한국재정학회(2011) 이후에 발간된 주요 연구기관과 학자들의 통일비용 추계 연구들의 통일비용 정의, 통일비용 측정 항목, 통일비용 추계 방법 등을 살펴보고 비교한다. 둘째, 연구별 전제조건을 비교하고 남북 간 평화공존 조건과의 부합성을 검토한다. 구체적으로는 통일비용 연구의 주요 쟁점 중 하나인 통일 시기를 비롯해 남북한 소득격차 조정 목표도 함께 분석하여 이 같은 쟁점이 최근 한반도 상황 변화와 부합하는지 검토해 본다. 마지막으로 앞서 분석한 통일비용 추계의 여러 관점들을 바탕으로 기존 통일비용 연구 논의의 특징과 한계점을 지적하고 기존 연구에서 다루고 있는 통일비용 관련 논의의 쟁점사항을 종합하여, 향후 통일비용 연구가 나아갈 방향에 대하여 논의한다.

1. 기존 통일비용 연구

본 절에서는 그동안의 통일비용 추계 연구를 통일비용의 정의, 측정방법론, 추계 항목, 추계액 등 다각도에서 비교하고자 한다. 비교 대상은 통일비용 추계에 있어 중요한 요소인 남북관계의 변화, 한국사회의 통일에 대한 인식의 변화, 그리고 연구 방향의 추이변화 등을 고려하여 2000년대 이후의 통일비용 추계 연구들로 설정한다. 특히 통일비용 추계를 연구의 주요 주제로 다루고 있고 학계에서 큰 주목을 받았던 신창민(2007), 한국재정학회(2011), 국회예산정책처(2014) 등의 연구를 중점적으로 살펴보기로 한다. 비교 대상 연구 목록은 〈표 1〉에서 제시하였으며, 주요 비교 항목을 기준으로 특징을 요약하였다. 통일비용의 추계액은 연구별로 상당한 차이를 보이는데 편차는 주로 통일 유형, 통일 시기, 통일비용의 유형, 추계 방법의 차이에서 비롯되는 것으로 판단된다.

먼저 신창민(2007) 연구는 통일을 이루어 내는 과정에서 발생하는 소요자금, 또는 비용을 포괄적으로 통일비용이라 정의한다. 구체적으로는 1) 통일 직후 북한지역은 공황상태에 돌입할 가능성이 크다고 예상하며 이러한 비상사태를 진정시키는 과정에서 소요되는 비용, 2) 정치, 군사, 경제, 교육, 사회, 문화 등의 분야에서 단일체제를 형성하는 과정에서 발생하는 비용, 그리고 3) 통일 후 북한지역의 실물자본을 형성하는 데 소요되는 비용, 즉 현재 상당한 격차가 존재하는 남북한 간의 1인당 소득격차를 좁혀가기 위해서는 북한 경제의 생산증대가 필요하며 이에 필요한 자본 축적에 따른 실질 투자비용 등을 포함한다. 이 연구에서는 특히 마지막 유형의 비용, 즉 남북한 간의 1인당 소득격차를 좁히기 위한 북한지역의 실물자본 형성 비용에 집중하여 통일비용을 추계한다.

표 1. 2000년 이후 주요 통일비용 추계 연구

연구 구분	통일 유형	통일 시기	통일비용의 유형	추계 방법	추계액 (GDP 대비)
Wolf(2005)	1) 개혁개방 2) 북한 정권 붕괴 3) 무력통일	-	투자성 비용	목표소득설정	4~5년간 매년 $500억~ $6,670억
신창민(2007)	급진적 흡수통일	2015~2030년 (5년 단위)	투자성 비용	목표소득설정	$8,103억~ $1조 3,357억 (6.63~7.91%)
권구훈(2009)	점진적 통합	2010년	소비성 비용 + 투자성 비용	목표소득설정	13년간 매년 GDP 1%
한국재정학회 (2011)	점진적 흡수통일	2020~2040년 (10년 단위)	소비성 비용 + 투자성 비용	항목별 누계	16.8조 원~ 593.6조 원 (1.2~7.6%)
염명배·유일호 (2011)	급진적 흡수통일	2011년	소비성 비용 + 투자성 비용	독일 사례 대입	1경 9천조 원
조한범 외 (2013) 경제 분야	점진적 경제통합	2030년	투자성 비용	항목별 누계	경제 분야 한정 125조 원~ 582조 원(1%)
국회예산정책처 (2014)	점진적 흡수통일	2015년	소비성 비용+ 투자성 비용	항목별 누계	2016~2060년 연평균 232조 원
국회예산정책처 (2015)	점진적 통합	2026년	소비성 비용	목표소득설정	2,316조 원~ 4,822조 원 (1.8~2.3%)
임수호 외 (2017)	급진적 통일	2020년	소비성 비용	항목별 누계	1,040조 원 (2.5%)
국회예산정책처 (2019)	점진적 흡수통일	2021년	투자성 비용	항목별 누계	323.5조 원

이와 같은 통일비용 개념 설정에 따라 신창민(2007)은 방법론 측면에서 북한지역의 목표소득을 설정한 후 목표 달성에 소요되는 자본을 추정하는 '총액배분방식(top-down)'을 활용하였다.[1] 연구는 통일비용에는

1 비슷한 방법론을 채택한 연구로는 Wolf(2005), 권구훈(2009), 국회예산정책처(2015) 등이 있다.

소모성 비용과 투자성 비용 등 목표소득 도달을 위한 소요자본 이외의 비용도 존재한다는 점을 명시하고 있으나, 목표소득을 충족하는 소요자본에 비하면 그 규모와 역할이 한정적임을 주장한다. 이러한 견해에 맞춰 목표소득을 설정한 후 북한의 소득이 이에 도달할 때까지 소요되는 자본만을 추계한다.

구체적으로는 통일 시기를 2015년부터 5년 단위로 나누어 각각 2015년, 2020년, 2025년에 시기별 총 소요자본을 추계하였으며 각 통일 시나리오에 따른 정확한 추계를 위해 일련의 전제조건들을 도입한다. 우선 통일이 이뤄질 경우 경제부문에서는 경쟁적 시장경제 체제를 채택하여 효율성과 합리성을 제고하고 정치부문에서는 자유민주주의 체제를 갖춘다는 통일의 기본요건을 설정한다. 현실성을 감안하여 통일 이후 남북 간 경제 격차를 축소하는 과정인 '소득조정기간'이 필요할 것으로 예측하며 이 기간이 끝날 때까지 경제부문은 남북한을 분리하여 관리한다는 가정을 두고 있다. 소득조정기간 중에는 북한 주민들의 임금수준이 북한의 1인당 GDP 평균을 기준으로 형성되며 남한은 군사비 지출을 GDP 대비 1% 수준에 머물 수 있도록 국제관계를 유지함을 가정한다. 남북 간 1인당 소득격차가 1/2로 좁혀질 때까지 북한은 소요자본을 모두 축적하며 소득조정기간 동안 북한 경제의 자본 산출량 비율은 남한 경제의 1980년부터 1990년대까지 20여 년 동안의 자료에 근거하여 2.2로 설정한다. 추가로 2015년까지 남한의 경제성장률은 약 4%, 2025년까지 3%, 2045년까지 2.5%를 가정하며 소득조정기간 동안 자본 조성을 위한 연도별 총 투자의 크기는 남한 경제의 추정 경제성장률과 동일한 비율로 증가한다고 가정한다.

위와 같은 전제조건들을 기반으로 통일비용을 추계하며 계산과정은 다음과 같다. 우선 남북이 분단된 상태에서 목표연도의 남북 간 1인당 GDP 격차를 추산하고 자본 형성 목표연도의 북한의 예상 인구수를 곱하여 남북 간 1인당 GDP 격차를 완전히 해소할 수 있는 총 산출량의 크기를 계산하게 된다. 북한의 소득수준이 남한의 절반을 따라오는 상황에서 남북경제의 분리관리를 끝내고 단일경제로 통일시킨다는 가정을 적용하면 위 소요자본 규모의 1/2이 필요하게 된다. 가정에 따라 총 소요자본 규모의 약 1/6은 북한의 토지와 건물로 활용 가능하므로 위 소요 규모에 5/6을 곱한다. 다음으로 매해 투자의 증가율이 남한의 예상 GDP 증가율과 동일하게 되도록 연도별 투자의 크기를 산출하고 총 투자 중 일정 부분은 감가상각에 따라 소모됨으로 이를 감안하여 남북 간 소득조정 개시 연도에 투입되어야 할 투자 규모는 다음의 식과 같아진다.

$$X_1 = \frac{\text{목표연도 } j\text{까지 조성되어야 할 실물자본의 총규모}}{\sum_{i=1}^{i} (\text{남측 } GDP \text{ 성장률})^{i-1} \times (1-\text{감가상각률})^{j-i}}$$

$$(i=1, 2, ..., j;\ j=\text{자본조성기간 총 연수})$$

출처: 신창민(2007)

위 규모를 시작으로 매해 남한 GDP 성장률과 동일하게 목표연도까지 증가시키면 최종 목표를 달성하게 된다. 최종적으로는 소득조정기간을 각각 10년, 9년, 8년으로 설정하여 북측의 1인당 소득수준이 남측의 50%에 도달할 때까지 생산과 자본 형성에 필요한 통일비용을 산출한다.

한편 앞서 언급했듯이 공황상태에 의한 비상사태 대처 비용과 단일체제 형성 비용 등은 실물자본 형성을 위한 비용에 비해 그 규모와 역할이 한정적일 것을 가정하며, 앞서 추계한 북측 1인당 GDP가 남측의 50%

표 2. 신창민(2007) 연구의 통일비용 추계액

통일 시기	비용 발생기간	총비용 ($억, 2005년 불변)	GDP 대비(%)
2015년	2016~2025년	9,171	6.63
	2016~2024년	8,624	7.03
	2016~2023년	8,103	7.55
2020년	2021~2030년	8,036	6.66
	2021~2029년	10,018	7.09
	2021~2028년	9,457	7.63
2025년	2026~2035년	9,275	6.85
	2026~2034년	11,574	7.21
	2026~2033년	10,926	7.75
2030년	2031~2040년	10,703	6.91
	2031~2039년	13,357	7.35
	2031~2038년	12,610	7.91

출처: 신창민(2007) 자료 참고 저자 작성

에 도달 시까지 소요되는 총 자본만을 비용으로 추계하고 별도의 추가 항목에 대한 비용은 생략한다.

〈표 2〉에서 신창민(2007) 연구 결과를 살펴보면 통일 시기와 비용 발생기간에 따라 최소 8,036억 달러, 최고 1조 3,357억 달러가량의 통일비용이 발생할 것으로 나타났다. 전반적으로 통일 시기가 이를수록, 비용 발생기간이 짧을수록 통일비용이 낮아지는 경향이 있는 것으로 추계되었다.

다음으로는 항목별 누계방식을 적용한 한국재정학회(2011)와 국회예산정책처(2014)의 연구를 살펴본다.[2] 먼저 한국재정학회(2011) 연구는

2 조한범 외(2013), 임수호 외(2017), 국회예산정책처(2019) 등도 항목별 누계방식을 채택

통일된 남북한 지역, 즉 통일한국이 통일로 인해 부담해야 하는 비용 일체를 통일비용으로 정의한다. 특히 현실적으로는 남북한의 경제 규모 격차 등을 고려하여, 통일 후 북한지역 지원에 따른 비용의 비중을 크게 두고 있다. 이 같은 통일비용의 개념 설정에 근거하여, 연구에서는 통일로 발생할 것으로 예상되는 사회·경제 차원의 직간접적 비용 모두를 추계한다. 연구는 통일 후 10년간 발생되는 통일비용과 함께 통일 전 공동체 형성기에 소요되는 비용을 추계할 필요가 있음도 강조한다.

앞서 언급하였듯 비용추계 방법론에 있어서 한국재정학회(2011)는 세부항목 추계방식을 채택하고 있다. 연구는 '정치·제도적 통일을 통한 단일 주권국가 수립'을 통일로 정의하고 통일 전 단계인 공동체 형성, 통일, 그리고 통일 후 국가발전전략까지 범위를 확대하여 광범위한 통일비용 추계를 시도한다. 통일 시나리오는 단기형(2020년 통일), 중기형(2030년 통일), 장기형(2040년 통일) 등으로 구분하며 각 통일 유형별로 북한 근로자 임금수준과 사회보장제도의 일부, 또는 전면도입 여부에 따라 〈표 3〉

표 3. 한국재정학회(2011) 통일 유형별 비용 종류

	북한 근로자 임금수준	사회보장제도
비용 1	통일 시점의 남북한 1인당 GDP 격차	일부 도입
비용 2	통일 시점의 남북한 1인당 GDP 격차	전면 도입
비용 3	통일 시점의 남한 근로자 최저임금 수준 대비 북한 근로자 임금수준	일부 도입
비용 4	통일 시점의 남한 근로자 최저임금 수준 대비 북한 근로자 임금수준	전면 도입

출처: 한국재정학회(2011) 자료 참고 저자 작성

했다.

통일비용 세부항목의 선택

통일비용 항목의 구분 및 세분화
- 항목별 비용의 성격 구분
- 항목별 비용 발생원인 정리

⇩

업무량과 단위원가 분석

항목별로 업무량 측정
- 경제상황에 대한 예측, 남북한 격차, 실업률 등에 대한 예측
- 단위원가 분석
- 정부 지원의 목표 설정
- 목표에 따른 단위당 지원 금액 설정

⇩

업무량과 단위원가에 대한 예측 및 비용 산정

연도별 비용 및 총비용 산정
- 항목별 비용 산정
- 비용의 성격에 따른 비용 계산
- 연도별 비용 계산

그림 1. 단위비용 접근법의 절차

출처: 한국재정학회(2011) 자료 참고 저자 작성

에서 보듯이 네 종류의 비용을 추계한다. 통일비용의 발생기간은 일괄 10년으로 설정하였다. 북한 근로자 임금수준을 통일 시점의 남한 근로자 최저임금수준 대비 비율로 설정하는 비용의 경우 시나리오별 비율은 단기형 50%, 중기형 90%로 설정하며 장기형의 경우 북한 임금근로자의 임금수준을 남한지역 최저임금수준으로 가정한다.

한국재정학회(2011)는 모든 추계 항목에 '단위비용 접근법'을 이용하여 추계를 진행한다. 단위비용 접근법은 〈그림 1〉과 같이 우선 통일비용 항목을 세분화하고, 각 세부항목별 업무량을 산정하여 각 업무량에 단위원가, 즉 평균비용을 곱하는 방식을 취하게 된다. 이때 단위원가는 업무측정 단위(unit of work measurement) 한 개를 산출하는 데 소요되는 경비를

표 4. 한국재정학회(2011) 통일비용 추계 항목 구성

분류	항목	세부내용
기초생활유지 및 사회보장	국민기초생활보장제도	생계급여, 의료급여, 교육급여, 해산 및 장제 급여
	공적노령연금	연금급여
	기초노령연금	65세 이상 전체 노인 대상
	고용보험	실업급여 제외 고용안정사업 등
	산재보험	요양급여, 휴업급여, 장해급여, 유족급여 등
	건강보험	건강보험급여 총액
	장기요양보험	요양등급 인정자
	취약계층 지원	아동, 청소년 관련 사업, 장애수당 등
	보육	보육 지출과 가족 및 여성 지원 관련 지출
정치·행정·사법제도 통합	정치 통합	선거관리, 민주시민교육 등
	행정 통합	중앙공무원 북한지역 파견 인건비, 북한지역 공무원 인건비 등
	사법부 통합	법원 통합 및 운영 비용
경제제도 통합 및 사회기반 시설 구축	수송	주요 고속도로 개보수, 철도망 현대화 및 건설 비용 등
	에너지 및 산업기반 조성	북한지역 전력공급사업
	농업	기반조성사업 등
	제조업	산업단지 개발 비용 등
	경제제도 통합	북한지역 시장화, 조세 및 재정 통합, 화폐 통합 비용
	시장요소 통합	직업교육원 설립 비용, 공공직업센터 건립 비용 등
평화체제 구축	비핵화	2011년 이후 8년간 중유 50만 톤 지원 중 남한 비용
	신뢰구축사업	국군 유해 발굴, 군 통신선 현대화 등
	운용적 군비통제	군 인사교류, 핫라인 구축 등
	구조적 군비통제	부대 이동, 대량살상무기 폐기 비용 등
	국제협력사업	국제협력사무소 건설
	군사통합사업	군사통합기구 설치, 운용 비용
민족공동체 형성	분단 상처 치유	이산가족 상봉 비용 등
	인권보장 및 차별불균형 해소 사업	북한인권재단 설립 등
	언어 및 문화 동질성 사업	겨레말 편찬, 어문규정, 공공언어 설정 등

표 4. 한국재정학회(2011) 통일비용 추계 항목 구성(계속)

분류	항목	세부내용
민족공동체 형성	방송·언론 교류협력 및 통합	방송·언론 교류협력 및 통합 사업
	공통역사관 정립	역사왜곡 대응, 현대사 처리, 역사교과서 편찬 등
	교육 및 학제 통합	북한지역 교육정상화 비용

출처: 한국재정학회(2011) 자료 참고 저자 작성

의미한다.

단위비용 접근법을 사용하는 만큼 연구의 비용추계 항목은 〈표 4〉와 같이 상당히 광범위하게 구성되어 있다. 구체적으로는 북한지역의 기초생활유지 및 사회보장 비용을 비롯하여 정치·행정·사법제도 통합 비용, 평화체제 구축 비용, 민족공동체 형성 비용, 경제제도 통합 및 사회기반시설 구축 비용 등을 포함한다.

〈표 5〉는 한국재정학회(2011) 연구의 결과를 정리하고 있다. 한국재정학회(2011) 연구의 추계 결과를 살펴보면, 통일 당해연도에 발생할 비용은 2011년 불변가격 기준 최저 16.8조 원에서 최고 737조 원으로 추계액의 차이가 매우 크게 나타난다. 이러한 추계액 차이는 북한 근로자의 임금수준 설정과 사회보장제도 도입 유형 등 비용설정 유형의 차이에 기인한다. 마찬가지로 통일 이후 10년간 발생비용도 비용설정 유형에 따라 최저 149.6조 원에서 최고 848.3조 원으로 다섯 배 이상 차이가 나는 것으로 나타났다. 통일 시기 또한 통일비용에 미치는 중요 변수 중 하나로 2020년에 통일이 이뤄질 경우 최대 GDP의 5.1%가 통일 당해연도에 필요할 것으로 예측되었으며 2040년에 통일이 이뤄질 경우 최대 GDP의 6.0%가 소요될 것으로 예측되었다. 전체적으로 사회보장제도를 일부만 도입할수록, 그리고 통일이 이른 기간 내에 이뤄질수록 통일비용은 적게

표 5. 한국재정학회(2011) 연구의 통일비용 추계액 (단위: 조 원)

	비용 발생기간	경상가격	2011년 불변 가격	(총) GDP 대비(%)
단기	2020년	27.4~120.1	16.8~737	1.2~5.1
	2021~2030년	371.5~1253.4	183.3~627.6	1.3~4.4
중기	2030년	55.9~277.9	21.1~104.7	1.5~7.6
	2031~2040년	734.6~2757.2	223.6~848.3	1.7~6.6
장기	2040년	75.1~298.1	17.4~69.0	1.5~6.0
	2041~2050년	765.4~3042.6	149.6~593.6	1.4~5.5

출처: 한국재정학회(2011) 자료 참고 저자 작성

소요될 것으로 예측되었다.

한편 국회예산정책처(2014) 연구도 한국재정학회(2011)와 비슷한 맥락에서 통일비용을 정의한다. 다만 이 연구는 통일로 인해 발생하는 모든 사회·경제적 비용을 포괄하기보다는 통일 여부를 가정하고 통일을 이룬 경우 정부가 추가적으로 부담해야 할 재정 부담을 통일비용으로 정의함으로써 정부의 입장에서 정책수단별 통일비용 변화의 추세를 살펴보는 것에 집중하고 있다.

국회예산정책처(2014) 연구는 사회보장, 행정, 교육, 투자 및 기타 재량지출 등 추계 항목을 설정하고 항목별 추계방식을 적용한다는 점에서 앞서 다룬 한국재정학회(2011) 연구와 방법론적 측면의 유사성을 갖는다. 그러나 이 연구에서는 항목별 추계방식 방법론에서 발생 가능한 모든 항목을 고려하는 것에는 한계가 있다는 점을 지적하며 이를 보완하기 위하여 구체적 항목을 설정하지 않는 정부의 '기타 재량지출' 항목을 추가하고 이 항목의 예상 지출금액을 GDP 대비 일정 비율로 가정하여 추계에 반영하고 있다. 연구는 또한 2015년에 한반도가 평화적으로 통일되는 것을 가정하며 분석기간은 통일 직후인 2016년부터 2060년까지 45년으로 설정하고, 각 분야별로 가정을 두어 통일비용을 추계하였다.

예를 들어, 사회보장 분야의 추계는 2014년 기준 남한의 1인당 명목 GDP 대비 각 제도별 단가 비율이 2016년 북한지역에도 동일하게 제공된다는 가정하에 진행되며, 사회보험제도는 기여금(연금보험료, 건강보험료, 장기요양보험료 등) 기반으로 운영하는 것을 원칙으로 하였다. 추가로 각 제도에 대하여 국가재정으로 제도 운영을 지원하는 데 드는 비용도 추계한다.

행정 분야의 경우 중앙정부 인건비는 행정부 공무원 및 경찰공무원, 소방공무원의 인건비를 포함하는 것을 전제하며, 경찰공무원과 소방공무원 규모는 현재 남한 국민 1인당 경찰·소방공무원 수준을 유지하는 것으로 가정한다. 또한 지방정부 인건비는 북한지역의 지방공무원 규모가 현재 남한 국민 1인당 지방공무원 수준으로 유지함을 가정한다. 이러한 가정하에 중앙공무원, 지방공무원, 그리고 경찰·소방공무원별로 증원 규모를 추계한 후 인건비를 곱하여 총 소요비용을 계산하게 된다.

교육 분야는 북한의 초등의무교육(6년)과 중등의무교육(3년) 실시를 가정하고, 교직원 규모는 2013년 1인당 학생 수준 유지를 전제하며, 인건비에는 교수 활동을 하는 교원 인력 및 행정직, 기능직 등 직원 인력에 대한 인건비를 포함한다. 또한 무상급식을 지원하되 급식 수준은 남한과 동일한 수준으로 지원하는 것을 가정한다. 교육 분야도 행정 분야와 같이 인건비와 1인당 무상급식비를 남한 수준으로 계산한 후 총비용을 추계하게 된다.

모든 분야의 비용을 합산한 국회예산정책처(2014) 연구의 최종 추계 결과는 〈표 6〉과 같다. 추계 결과를 살펴보면 통일 다음 해인 2016년부터 2060년까지 사회보장부문의 비용이 총 4,917.4조 원으로 다른 부문

표 6. 국회예산정책처(2014) 연구의 통일비용 추계액 (단위, 조 원, %)

	2016	2020	2030	2040	2050	2060	누계	연평균	
								금액	증가율
사회보장	10.8 (15.9)	18.5 (21.1)	59.5 (35.4)	131.0 (49.8)	193.3 (57.8)	154.1 (45.3)	4,917.4 (47.7)	110.5	6.4
교육	13.9 (20.4)	15.0 (17.1)	21.4 (12.8)	29.1 (11.1	35.1 (10.5)	48.9 (14.4)	1,262.4 (12.1)	28.1	3.0
행정	11.9 (17.5)	13.8 (15.8)	19.9 (11.8)	27.4 (10.4)	37.3 (11.2)	50.4 (14.8)	1,244.8 (11.9)	27.7	3.4
투자	15.7 (23.1)	20.1 (23.0)	33.6 (20.0)	25.2 (9.6)	-	-	769.6 (7.4)	26.5	-3.5
기타재량	15.7 (23.1)	20.1 (23.0)	33.6 (20.0)	50.4 (19.1)	68.8 (20.6)	86.5 (25.5)	2,180.0 (20.9)	48.4	4.0
합계	68.0 (100.0)	87.5 (100.0)	168.0 (100.0)	263.1 (100.0)	334.5 (100.0)	339.9 (100.0)	10,428.2 (100.0)	231.7	3.8

출처: 국회예산정책처(2014) 자료 참고 저자 작성

을 압도할 것으로 예측되었다. 다음으로는 기타 재량부문이 2,180조 원, 교육부문이 1,262.4조 원, 행정부문이 1,244.8조 원, 투자부문이 769.6조 원 순으로 나타났다. 각 부문을 모두 합친 총 통일비용은 45년간 총 1경 428.2조 원으로 연평균 약 231.7조 원이 소요될 것으로 예측되었다. 사회보장부문은 절대 금액 측면에서 가장 클 뿐만 아니라 연평균 6.4% 증가하여 가장 가파르게 비용이 늘어날 것으로 예측되었다.

종합하면 통일비용 추계 연구는 본질적으로 추계 결과의 정확성을 확보하기 어려운 측면이 있는 것으로 보인다. 이는 통일 과정이 다양한 시나리오로 이뤄질 수 있는 가능성을 가지며 최종적인 한반도 통일의 유형과 통일 이후 남북 간 정치·사회·경제 각 부문에서의 통합 정도가 불확실하기 때문일 것이다. 앞서 살펴본 통일비용 추계 연구들의 추계액 결과는 통일 시나리오, 시기, 그리고 추계 방법 등에 따라 큰 편차가 나타나고 있다. 서로 다른 방법론을 적용한 연구 사이에서뿐만 아니라 동일한 방법을 적용한 연구들도 통일 시나리오와 시기에 따라 예상 통일비용에 큰 차이를 보인다. 따라서 통일비용 추계의 정확성과 현실성을 높이는 방안을 모색하기 위해서는 통일비용 추계액의 단순 비교보다는 연구들이 전제하고 있는 가정, 통일 시나리오, 그리고 추계 방법 등을 면밀히 살펴보는 노력이 필요할 것으로 판단된다.

2. 기존 통일비용 연구의 특징과 한계

이번 절에서는 앞서 검토한 기존 통일비용 연구의 특징을 종합적으로 검토하고 기존 연구의 한계점에 대해 살펴보도록 한다. 이를 토대로 다음 절에서 다룰 통일비용 연구의 새로운 방향성 논의에 필요한 근거를 제시하고자 한다.

1) 통일비용 연구의 틀

기존 연구를 토대로 통일비용 연구의 틀을 도식화하면 〈그림 2〉와 같다. 우선 통일비용 연구에서 가장 근본이 되는 것은 통일관과 통일의식이며, 이는 남북관계, 북미관계 등 국내외 정치경제 상황과 북한 내부 상황 등의 영향을 받아 형성된다. 기존 연구는 이러한 시대적 상황에 따라 형성된 통일관과 통일의식에 기반하여 통일에 대한 시나리오를 설정해 왔다고 할 수 있다. 최근 연구들은 통일 시나리오의 설정에 있어 급진적 통일이 아니라 점진적인 경제협력, 정치·경제·사회 통합 및 민족공동체 형성, 그리고 민족 통일의 시나리오를 가정하는 추세이다. 또한 통일관과 통일의식에 따라 경협, 통합, 통일 과정의 가중치가 연구별로 상이하며 통일

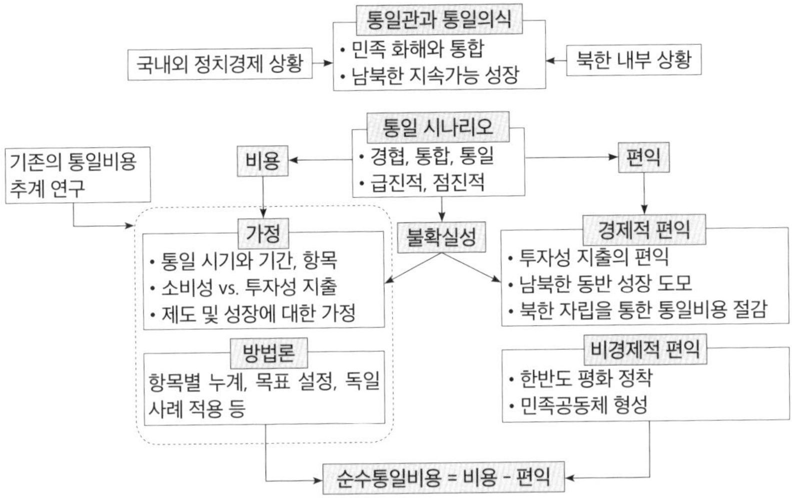

그림 2. 통일비용 연구의 프레임

출처: 저자 작성

비용 추계 결과도 그에 따라 크게 달라지는 경향을 보이고 있다.

기본적으로 통일 시나리오에 따라 통일에 소요되는 비용과 통일에 따른 편익이 발생하지만 기존의 통일비용 연구 대부분은 통일의 편익보다는 비용 측면에 초점을 맞추어 왔다. 따라서 이때 추정된 비용은 통일의 순비용이라기보다는 통일에 소요되는 직간접 지출로 보는 것이 타당할 것이다. 이러한 측면에서 통일의 순비용은 통일을 위한 지출에서 통일에 따른 편익을 제한 개념으로 볼 필요가 있다. 직간접 비용은 북한에 대한 지원, 경제통합 및 체제전환을 위한 비용, 사회적 혼란 및 갈등 조정 비용을 포함하며, 통일에 따른 편익은 북한에 대한 투자성 지출의 경제적 이득, 북한 자립을 통한 통일비용 절감, 남북한 동반 성장 도모 등 경제적 편익과 한반도 평화 정착 및 민족공동체 형성 등 비경제적 편익을 포함한 개념을 말한다.

통일비용 추계의 가장 큰 어려움은 역시 통일 시나리오 및 과정의 불확실성에서 비롯된다고 할 수 있다. 따라서 연구자들은 통일과 관련한 다양한 조건에 대해 가정을 두고 있으며, 그에 따라 통일비용 추계방식과 결과가 달라지게 된다. 직간접 비용 추계에 있어서는 경협, 통합, 통일의 시기와 기간 등의 불확실성이 존재하며, 남북한의 제도 변화와 경제성장 예측에서도 상당한 불확실성이 존재한다. 또한 편익의 추정에서도 불확실성이 존재하는데, 한반도 평화 정착 및 민족공동체 형성의 수준과 가능성에 대한 불확실성이 가장 클 것이며 투자성 지출의 효과에 대한 불확실성 또한 상존한다.

통일비용 추계 방법도 연구자들마다 다르며 비용추계 결과는 분석 방법의 영향을 크게 받게 된다. 통일의 직간접 지출을 추계하는 연구에서 가장 빈번히 사용되는 방법은 비용합산방식(bottom-up)의 항목별 누계 방법과 총액배분방식(top-down)의 목표 설정 방법이다. 반면 통일의 편익 추계 중 한반도 평화 정착, 민족공동체 형성 등의 편익은 비정형적 항목의 경제적 가치를 추정하는 것이라 볼 수 있다. 하지만 이에 대한 추계 연구는 거의 없는 실정이며, 실제 추계가 이뤄지는 경우에도 분석 방법의 선택과 적용에서 상당한 어려움이 예상된다.

2) 통일비용 연구의 특징: 불확실성, 가정, 관점의 문제

통일은 미래에 발생할 일이며 통일 과정에서 수많은 정치적, 경제적 변수들이 발생할 가능성이 높다는 특징을 갖고 있어 본질적으로 매우 큰 불확실성을 지닌 사건이라고 할 수 있다. 불확실성은 단지 통일과 직접적으로 관련된 조건들의 불확실성만을 포함하는 것이 아니라 통일비용 재원 조달의 불확실성, 한국 또는 북한 내부 사정의 불확실성, 국제정치적인 불확실성 등 여러 종류의 불확실성이 존재한다.

하지만 현실적으로 이러한 불확실성으로부터 발생하는 수많은 경우의 수를 모두 고려하여 통일비용을 추계하는 것은 불가능하므로 대부분 연구들은 중요한 조건에 대해 가정을 두고 통일비용을 추계해 왔다. 통일비용 추계에 영향을 줄 수 있는 중요한 조건들에는 통일 유형 또는 방식, 통일 시기와 소요기간, 통일비용 항목의 선택 등이 있다. 각 조건에 대해 어떠한 가정을 두느냐에 따라 통일비용 추계 결과는 크게 달라질 수 있을 것이다. 따라서 통일비용 추계 결과의 타당성은 불확실성 조건에 대한 가정의 타당성에 달려 있다고 해도 과언이 아니다.

또한 연구 가정의 타당성은 통일에 대한 관점에 따라 달라지기 마련이다. 예를 들어, 통일 방식을 흡수통일로 가정하는지, 경제통합으로 가정하는지에 따라 통일비용의 추계 결과는 상이할 수 있으며, 두 가정 중 어떤 것이 타당한지는 앞서 논의한 것처럼 통일관과 통일의식, 그리고 통일 주체에 대한 관점에 따라 결정된다고 할 수 있다.

통일문제가 본질적으로 갖는 불확실성과 그에 따른 가정의 타당성을 평가하는 정해진 기준은 없으며, 통일에 대한 시대적 시각과 관점에 따라 변해 왔다. 통일의 방식과 과정이 정해진 것이 아니므로 이와 같은 연구 경향은 타당하고 합리적인 결과라고 생각된다. 다만 통일비용 연구에 대한 결과를 이해함에 있어 각 연구가 선택한 관점과 가정에 대한 이해가 선행되어야 할 것이다.

3) 통일 유형과 통일 시기에 대한 정의

통일비용을 추계하는 연구에서 가장 중요한 가정 중 하나는 통일의 유형이다. 통일 유형은 통일의 소요시간을 고려하여 급진적 또는 점진적 통일로 구분할 수 있으며 통일 방식에 따라 흡수통일, 통합 또는 무력통일 등으로 나눌 수 있다.

기존 통일비용 연구 중에서 급진적 통일 방식을 가정하고 통일비용을 추계한 연구는 거의 없다. 이는 다양한 정치적 여건을 고려할 때 급진적 통일의 현실성이 낮기 때문으로 보인다. 이에 대부분의 연구들은 점진적 통일 방식을 가정하고 있다. 통일비용 측면에서 점진적 통일 방식이 급진적 통일 방식과 다른 점은 통일 준비 과정에서 수반되는 비용들을 통일비용으로 간주한다는 것이다. 또한 점진적 통일 가정은 완전 통일 또는 통합이 이뤄지기 전까지 부분 통합을 가정하기도 한다. 이는 부분 통합 방식을 거쳐 통일 여건이 충분히 성숙된 이후 완전 통합을 이루는 것이 사회경제적 부작용을 줄일 수 있고 그에 따라 통일비용도 낮출 수 있다는 기대에 근거한 가정이라고 할 수 있다. 점진적 통일 가정의 경우 통일이 이뤄질 때까지의 소요기간, 또는 부분 통합에서 완전 통합으로 이어지는 기간은 연구마다 상이하며 그에 따라 통일비용의 크기도 달라지게 된다.

통일 방식에 있어서는 흡수통일을 가정하는 연구와 경제통합을 가정하는 연구로 나누어 볼 수 있다. 한편, 무력통일을 가정하고 통일비용을 추계한 연구는 매우 드물며 현실성이 낮다고 판단된다. 흡수통일은 '단일국가 단일체제의 흡수통일'을 의미하며, 통일비용의 지불 주체가 남한이므로 남한이 북한을 일방적으로 흡수통일하는 방식을 전제로 통일비용을 추정하는 경우가 일반적이다. 반면 경제통합 방식은 정치적 통일에 앞서 하나의 단일 경제권을 형성하고 장기적으로 남북 간의 규제와 장벽이 철폐되며 노동 등 생산요소의 자유로운 이동을 추진하는 방식을 의미한다. 흡수통일 방식의 연구에서도 통일 전 공동체 형성 기간(예: 한국재정학회, 2011)을 설정하기도 하지만 이는 실질적인 경제공동체 형성을 의미하지는 않으므로 엄밀한 의미에서 경제통합 방식은 아니라고 판단된다.

통일 방식에 따른 비용추계의 차이점에 대해 살펴보면, 우선 흡수통일과 경제통합 방식은 궁극적으로는 정치적 통합을 추구한다는 점에서는 유사하지만, 경제통합의 경우 정치적 통합 이전 단계에서 경제적 통합을 먼저 추진하는 것이 핵심적인 차이라고 볼 수 있으며 이는 통일비용 추계에 큰 영향을 주는 요인으로 작용한다. 대부분의 통일비용 추계에서 가장 큰 비중을 차지하는 비용은 남북 간의 경제적 격차(특히 소득격차와 생활수준의 격차)를 줄이는 비용인데, 흡수통일을 가정한 연구는 일반적으로 이러한 격차를 남한의 북한에 대한 지출, 예를 들어 북한지역의 사회보장 비용, 사회기반시설 구축 비용 등으로 해결하는 것을 주요한 방식으로 가정하고 있다. 이 경우 남북 간 경제적 격차를 가정하고 점차적으로 그 격차를 줄이기 위해 필요한 비용을 추계하게 되지만, 완전 통일까지 소요되는 시간이 짧지 않기 때문에 남북한의 경제성장 등을 충분히 고려하기 어렵다는 문제를 안고 있다. 다시 말해 북한 경제의 성장에 대한 가정에 따라 통일비용이 과대 또는 과소 추산될 가능성이 높다는 것이다. 기존 연구에서는 북한 경제의 성장에 대해 여러 가정을 두고 있으나 그에 따른 통일비용의 격차가 매우 크게 나타나고 있고 정책적 판단 근거로서의 역할이 미흡한 경우도 있다.

반면 경제통합을 가정한 통일비용 연구에서는 단일 경제권 형성 과정에서 점진적으로 남북 간의 경제적 격차를 줄이는 것을 목표로 설정하고 있다. 여기서 주목할 점은 경제통합 과정에서 북한 경제의 자립성을 높이고 자체적인 경제성장을 도모함으로써 남북 간의 격차를 줄인다는 점이다. 특히 흡수통일 가정 연구에서 추계한 사회보장비용 등을 북한이 자립적으로 해결할 수 있다면 통일비용이 크게 달라질 여지가 있다고 할 수 있다.

요약하자면 두 가정 모두 북한의 경제적 자립과 남북한 격차 해소를 위해 필요한 비용을 추계하고 있으나 흡수통일 가정에서는 이런 비용을 매몰성, 또는 소비성 지출로 간주할 가능성이 높고 경제통합 가정에서는

전두환 정부: 민족화합 민주통일 방안(1982. 1. 22.)

- 기본원칙: 민주자결, 민주적 절차, 평화적 방법
- 통일과정: 민족통일협의회 구성(남북한 대표들로 구성) → 자유 국민투표 실시 → 헌법초안 확정·공포 → 통일헌법에 따른 총선거 실시 및 구성

※과도조치: 남북한 기본관계에 관한 잠정협정 체결

⇩ - 통일의 과도단계로 남북연합 설정
- 북한을 선의의 동반자로 인식

노태우 정부: 한민족공동체 통일 방안(1989. 9. 11.)

- 기본원칙: 자주, 평화, 민주
- 통일과정: 남북 정상회담 통해 민족공동체 헌장 채택 → 남북연합 형성(민족공동체 회복) → 통일헌법이 정하는 바에 따라 총선거를 실시하여 통치구조 형성
- 통일국가 미래상: 자유·인권·행복이 보장되는 민주국가

※북한을 선의의 동반자로 인식, 남북 교류협력 활성화 도모

⇩ - 남북연합 이전 단계로 화해협력 단계 설정

김영삼 정부: 민족공동체 통일 방안(1994. 8. 15.)

- 기본원칙: 자주, 평화, 민주
- 통일과정: 화해협력 → 남북연합(화해협력 단계에서 구축된 상호신뢰 바탕) → 통일헌법에 따라 남북 자유총선거 실시, 민족통일·국가통일 동시 달성
- 통일국가 미래상: 자유·복지·인간존엄성이 구현되는 선진민주국가

⇩

김대중·노무현·이명박·박근혜·문재인 정부: 민족공동체 통일 방안 계승

그림 3. 통일 방안 변천 과정

출처: 통일부 웹페이지, https://www.unikorea.go.kr/unikorea/policy/Mplan/planStory/

같은 비용을 투자 개념으로 볼 여지가 높다고 할 수 있다.

통일 방식을 가정할 때, 대내외 상황 변화 또한 고려요소 중 하나가 되어야 할 것이다. 급진적 통일을 가정한 연구가 거의 없고, 점진적 통일을 가정한 연구가 많은 것은 대내외 상황을 고려할 때 급진적 통일 가정의 타당성이 낮기 때문이다. 마찬가지로 최근의 대내외적 상황은 향후 흡수통일보다는 경제통합 가정의 타당성을 더욱 크게 만들고 있다고 판단된다. 미국 등 국제사회는 북한 체제를 점차 인정하는 방향으로 바뀌고 있으며, 북미 간 협상 여부에 따라 북한의 경제적 상황이 급변할 가능성 또한 존재한다. 또한 북한 내부적으로 경제개혁의 필요성과 부담을 안고 있다고 판단되며 국내에서는 높은 통일비용 지불에 대한 국민들의 지지와 관심이 부족한 실정이다. 따라서 점차 남한의 일방적인 흡수통일보다는 경제통합 방식의 통일 논의가 더욱 힘을 얻을 것으로 보인다.

추가로, 1994년 설정된 정부의 공식 통일 방안인 '민족공동체 통일 방안' 등을 고려할 때 북한의 급격한 체제 붕괴에 따른 남한 주도의 흡수통일은 현실성이 떨어지는 것으로 판단된다. 〈그림 3〉에서 제시하는 바와 같이 '민족공동체 통일 방안'은 1994년 8월 15일 당시 김영삼 대통령이 제시한 통일 방안으로서, 1989년 9월 11일 노태우 정부 시기에 발표된 '한민족공동체 통일 방안'을 계승하면서 남북기본합의서 발효 등 상황 변화를 반영하여 보완, 발전시킨 것이다.

4) 통일비용에 대한 정의와 제도에 대한 가정

기존 통일비용 추계 연구는 통일비용의 성격을 크게 투자성 지출과 소비성 지출로 나누어 정의하고 있다. 김석진(2014) 연구는 투자성 지출을 산업 및 기반 시설 확충 비용, 농업 및 산업 지원 비용, 그리고 민간기업, 외국기업 및 국제기구 투자 비용으로 정의하고 있으며 소비성 지출은 사회복지, 교육, 공공행정 지출, 그리고 민간기업, 외국기업 및 국제기구의 지원 비용으로 정의하고 있다. 투자성 지출로 분류되는 비용들은 장래에 지출 목적에 상응하는 편익이 발생할 것으로 가정한다. 반면 소비성 지출은 투자성 지출에 비해 편익 발생 규모가 작거나 특정 편익을 목적으로 하지 않은 통일을 위한 매몰성 비용으로 정의한다. 하지만 기존의 통일비용 추계 연구 대부분은 통일비용을 투자성 또는 소비성 지출로 명시적으로 구분하고 있지는 않다.

앞서 논의하였듯이 통일 유형을 흡수통일과 경제통합으로 구분할 때 투자성 지출은 경제통합의 경우 더욱 비중이 커지며 그 영향도 커진다. 또한 위에서 소비성 지출로 분류된 비용도 투자의 개념으로 볼 여지가 커질 것이다. 이는 사회복지 등을 위한 비용 지출은 북한의 자립 경제 성장을 통해 이루어질 수 있다고 보기 때문이다. 반면 흡수통일을 가정하는 경우에는 이 같은 비용은 대부분 남한의 지원으로 충당되므로 소비성 지출로 간주된다. 따라서 통일비용 추계에 있어 통일 유형을 어떻게 가정하느냐에 따라 투자성 지출의 비중이 커질 것으로 판단된다.

투자성 지출은 투자 목적에 상응하는 편익 발생을 기대할 수 있다. 아직 개발 가능성이 높은 북한의 향후 투자 수익률이 꽤 높다고 가정한다면 편익의 경제적 가치까지 고려한 투자성 지출의 순비용은 크게 낮아질 가능성이 존재한다는 의미이다. 일반적으로 경제학에서 '투자'는 다른 재화와 서비스를 효율적으로 생산하기 위한 수단으로 사용하는 행위를 의미하며, '소비'는 최종적으로 사용해 다 써 버리는 행위를 의미한다. 그러나 소비성 지출로 분류되고 있는 보건의료 분야와 기초생활보장 비용 등도 장기적인 관점에서 보면 투자성 지출의 특성을 지닌다고 볼 수 있다. 초기 북한 주민들에 대한 보건의료 및 기초생활보장 지출은 장기적으로 노동생산성 증가, 미래 보건의료 지출 절감 등의 효과를 가져올 수 있으며, 경제성장률을 높이는 데 기여할 수 있는 가능성(즉, 지출의 중장기적인 편익)도 존재한다. 다시 말해 좁은 의미의 소비성 지출의 범위는 매우 제한적이며 많은 유형의 통일비용은 투자성 지출로 간주하는 것이 바람직하다고 판단된다. 하지만 기존 연구에서는 일부 통일비용을 투자성 지출로 봐야 한다는 주장은 다수 존재하지만 편익까지 고려한 순비용 추계 연구는 매우 부족한 실정이다.

다음은 제도에 대한 가정을 살펴본다. 통일비용 중 북한에 대한 사회보장 지출, 행정 분야 및 교육 지출은 큰 비중을 차지하고 있다. 이러한 지출은 통일 과정에서 북한에 어떠한 사회보장, 행정, 교육 관련 제도가 정착할지, 그리고 제도가 어떻게 바뀌어갈지에 크게 의존할 것이다. 예를 들어, 국회예산정책처(2014)는 북한에 연금보험, 건강보험 등의 제도 도입 및 운영을 가정하고 있는데 각 제도에 대한 재정지원 규모는 남한 명목 GDP 대비 이와 같은 제도 비용의 비중을 구한 후 이를 북한 명목 GDP에 적용하는 방식을 선택하고 있다. 또한 행정 분야 비용 추계를 위해 북한의 공무원 규모 추계 시 한국의 국민 1인당 행정부 공무원 수를 북한 인구에 적용하고 있다. 하지만 북한의 제도를 한국과 동등하게 고려하는 것은 자칫 의무지출의 성격이 높은 사회보장 지출 등의 규모를 크게 하여 전체 통일비용을 과대 추정할 가능성이 존재한다.

물론 북한에 도입할 제도의 성격과 수준을 명확히 가정하는 것은 쉽지 않은 일이다. 그러나 기존 연구들은 저마다 매우 다른 가정을 두고 있어 연구 간 통일비용의 비교가 쉽지 않은 문제를 지닌다. 이러한 문제의식에서 통일 과정에서 북한에 도입될 사회보장제도, 행정지원, 교육투자

등의 적정성에 대한 기초 연구가 필요하다고 판단된다. 또한 제도와 그 변화에 대한 다양한 시나리오 분석을 통해 제도의 차이에 따른 통일비용 차이를 논의할 필요가 있어 보인다.

5) 통일비용 추계 방법론

항목별 누계 방법을 사용한 연구에는 대표적으로 안종범 외(2011)의 연구가 있다. 이 연구는 통일 과정 중 지출이 예상되는 항목을 설정하여 해당 항목의 예상 지출금액을 추계한 후 모든 항목의 지출을 합산하는 방식으로 전체 통일비용을 추계한다. 항목별 누계 방법은 다수의 세부항목을 고려하여 통일비용 지출의 구성을 좀 더 세밀하게 살펴볼 수 있어 현실적인 통일비용을 도출하는 데 효과적이라고 할 수 있다. 그러나 항목별 추계를 위해서는 각 항목마다 별개의 가정이 필요하고, 다른 방법론에 비하여 가장 많은 가정을 설정해야 하는 점은 정확한 추계에 걸림돌이 될 수 있다.

신창민(2007), 국회예산정책처(2015), 권구훈(2009) 등 다수의 통일비용 추계 연구는 북한의 소득수준을 남한 소득수준의 일정한 비율로 수렴하는 것을 목표로 설정하여 성장회계(Growth Accounting) 등의 계량기법을 통하여 통일비용을 추정하고 있다. 계량기법을 통하여 통일비용을 추계하는 만큼 그 방법론적 측면에서는 다른 추계 방법에 비해 엄밀성을 갖고 있지만 북한 경제와 남한 경제에 대한 성장률 가정 등에 기인한 비엄밀성은 본 방법론의 한계점이 될 수 있다. 특히 북한 경제성장률의 경우 많은 연구에서 장기간 답보할 것을 가정하는데, 이는 현실성이 결여된 가정이라고 할 수 있다. 통일의 전제조건이 북한 경제의 개혁·개방이라는 점, 그리고 많은 사회주의 경제체제의 체제전환 사례가 보여주듯 개혁·개방이 경제성장률에 미치는 긍정적 영향 등을 감안하면 북한 경제의 성장률 가정을 좀 더 현실화할 필요가 있다.

염명배·유일호(2011) 등은 독일의 통일 사례를 남북한에 대입하여 통일비용을 추계하고 있다. 기본적으로 독일식 급진적 흡수통일은 현재 남북관계와 국제정세를 고려하였을 때 현실적인 방안이 될 수 없다. 또한 독일의 통일 사례와 예상 가능한 남북통일의 상황에는 많은 차이점이 존재한다. 국제정치, 사회, 문화 등 다양한 측면에서 독일과 남북한은 많은 차이점이 있으며 통일 직전 서독과 동독의 관계는 현재 남북관계와는 큰 차이를 보이고 있다. 또한 통일 직전 서독과 동독의 소득격차, 인구격차, 경제 규모의 차이는 현재 남북 간의 차이와는 많이 달라 그에 따른 보정을 한다고 하더라도 정확한 비용추계에는 한계가 있다고 할 수 있다.

지금까지 본 소절에서는 그동안의 통일비용 연구의 특징들을 불확실성, 가정, 관점의 문제, 통일 유형과 통일 시기에 대한 정의, 통일 시점과 통일비용 발생기간, 통일비용에 대한 정의와 제도에 대한 가정, 통일비용 추계 방법론 등의 측면에서 살펴보았다. 이러한 기존 통일비용 관련 연구들에 존재하는 한계점들을 통일비용의 재정의를 통하여 극복할 방법에 대해 고찰해 보고 마지막으로 통일비용 연구의 새로운 방향을 모색해 본다.

3. 통일비용에 대한 재정의

1) 기존 통일비용 연구의 개념정의, 분석범위, 방법론 측면의 보완

이번 절에서는 기존 통일비용 연구의 특징을 살펴본 후, 개념정의, 분석범위, 방법론 등 세 가지 쟁점사항에 따라 연구를 구분하여 특징과 한계점을 살펴본다. 앞선 많은 연구에서는 통일에 대한 시나리오를 가정하고 통일의 시점과 방식을 달리하여 통일비용을 추계하였지만, 이는 정부가 견지하고 있는 통일 방식과는 대체로 부합하지 않는 것으로 판단된다. 또한 통일비용에 대한 정의를 명확하게 내리지 않거나, 통합과 통일의 개념을 구분하지 않아 각각의 단계에서 필요한 비용이 혼재되어 나타나는 경향도 눈에 띈다.

기존 연구의 통일비용에 대한 일반적인 정의는 '통일 이후 남북한이 하나의 통합 국가로 정치·경제·사회문화 시스템의 안정을 이루면서 정상 운영되기 위하여 추가적으로 부담해야 하는 비용'으로 내려져 있으며, 남한과 북한이 단일국가를 형성하기 위해 필요한 모든 비용을 추계하여 막대한 통일비용이 연구 결과로 제시되어 있다.

또한 흡수통일이나 갑작스러운 체제전환 등 통일 시기와 방법에 대한 가정에 한계를 보이고 있으며, 지출에 따른 편익과 경제변화를 고려하지 않아 현실적이지 않은 비용을 추계해 왔다. 통일비용 추계 방법론의 경우 독일의 사례를 단순 적용하거나 가정과 비용이 부적절하고 중복되는 경우가 있으며, 정량적 추계와 정성적 구분이 명확하게 이루어져 있지 않거나 고려되고 있지 않다.

이와 같은 통일비용 추계에 대한 전반적인 한계를 보완하기 위하여 다음과 같은 사항이 고려되어야 할 것으로 보인다. 우선, 정부의 공식적인 통일 방안인 평화·공존·번영의 공동체 형성에 맞게 통일비용이 정의되고, 이에 따라 비용추계가 이루어져야 할 것으로 보인다. 또한 경제협력 단계에서 수반되는 비용을 투자성 비용으로 구분하고 이에 따른 편익과 남북한의 경제적 변화를 고려해야 할 것이다.

비용 측면에서도 남한과 북한의 소득격차 완화를 위한 사전 투자지출을 투자성 비용과 소비성 비용으로 명확히 구분해 줄 필요가 있다. 투자성 지출은 물리적 자본 형성을 위한 투자, 또는 자본재 구입 비용으로 명확하게 정의해야 하며 소비성 지출의 경우는 노동 혹은 교육 투자 비용을 포함하는 인적자본 축적 관련 비용으로 구분해야 한다.

2) 기존 통일비용 논의의 쟁점사항과 해소 방안 제언

앞서 언급한 바와 같이 기존 통일비용 추계 연구에서의 주요 쟁점사항은 개념정의, 분석범위, 연구방법론 등 세 가지로 축약할 수 있다. 아래에서는 각각의 쟁점사항에 대한 해소 방안을 모색해본다.

우선 개념정의에 대한 쟁점은 통합과 통일의 개념정리부터 시작해야 할 것으로 보인다. 통일 시점 이전 과정을 통합의 과정으로 분류하고 통일 선포 시점을 통일로, 그리고 통일 시점 이후의 과정을 통합의 실제 추진과정으로 정의하는 논의가 필요해 보인다. 또한 비용과 편익의 측면에서는 비용 규모에 의존한 편익 산출의 함수관계를 탈피하여 현실적인 편익을 도출해 직접적인 정책적 함의를 가질 수 있도록 해야 할 것이다. 또한 통합과정에서 발생하는 비용과 편익을 동태적으로 추계하고 편익에 따른 남한과 북한의 경제성장을 고려해야만 정확한 추계가 가능할 것으로 보인다.

다음으로는 분석범위에 대한 쟁점사항 해소 방안을 논의한다. 첫째, 시간적 범위에서 정치적 통일이 이뤄지는 시점으로 통일을 정의하고, 통일 달성 이후 발생하는 비용을 통일비용으로 정의할 필요가 있어 보인다. 또한 공간적 범위에서 남한과 북한의 공간을 벗어나 동북아와 국제적 범위를 포함하는 공간의 확장을 통하여 한반도의 통일이 국제사회에 미칠 직간접적 영향을 추정하는 연구도 의미가 있을 것이다. 비용과 편익의 주체에 대해서는 공여주체와 수혜주체, 그리고 정부와 민간을 명확히 구분하여 통일의 비용과 편익을 추계하고 정부와 민간 분야에서 통일의 충격에 대한 정확한 예측을 도모해야 할 것이다. 또한 통일의 부문별·단계별 목표를 명확히 정의하고 각각의 단계를 종합하여 총체적 목표에 이르는 추계방식이 필요해 보인다.

연구방법론에 대한 쟁점사항으로는 투자의 성격, 총괄적·부문별 접근, 정량적·정성적 접근 등이 있다. 투자의 성격 측면에서는 단기적 사안과 중·장기적 사안을 구분하고 정규성 투자와 단발성 투자를 나누어야 하며 정부와 민간의 투자지출 간 구분이 필요하다. 또한 총괄적인 접근과 부문별 접근을 종합하는 연구를 구분하여 혼란을 줄일 필요가 있으며 단계적·점증적인 접근이 필요할 것으로 보인다. 마지막으로 정량적·정성적 접근 측면에서는 정성적 요소의 경우 사회과학적 방법에 따라 계량화된 접근을 해야 하며, 비용 지출에 대한 남한과 북한의 경제적 변화와 함께 국제정세 변화가 함께 고려되어야 할 것이다.

4. 통일비용 연구의 혁신

이번 절에서는 앞서 논의했던 통일비용의 재정의를 기반으로 통일비용 연구가 향후 나아가야 할 방향에 대하여 논의해 보기로 한다.

1) 통일비용 정의의 혁신

앞서 통일비용을 추계한 연구들의 비용추계는 방식은 다르지만 공통적으로 추계된 비용이 과도하게 산정되는 경향이 있는 것으로 보인다. 이처럼 통일비용이 과도하게 추계되는 원인은 통일비용에 대한 광범위한 정의, 빠른 통일 시기 가정, 남한과 북한의 사회적, 경제적 격차를 줄이기 위한 과도한 가정 설정, 통일 단계에 이르는 과정에서 남한과 북한의 행태적 변화와 북한 경제의 동태적 변화 가능성을 적극적으로 고려하지 않은 점 등으로 축약해 볼 수 있다.

특히 통일비용에 대한 정의가 명확하게 내려지지 않은 상태에서 비용이 추계됨에 따라 결과가 비현실적으로 도출될 수도 있다. 따라서 과도하게 산정되는 비용을 현실에 부합하게 추계하기 위해서는 통일에 이르는 단계적 과정에 대한 명확한 구분이 우선적으로 필요하다. 가령, 경제협력(경협), 통합, 통일에 대한 명확한 정의와 구분에 따라 소요되는 제반 비용을 정의하고 추계할 필요가 있다. 통일 단계로 나아가기 위해서는 경협과 통합의 단계를 차례로 거쳐야 하며, 이러한 과정에서 필요한 비용의 항목과 성격을 명확하게 구분함으로써 과도하게 추계되는 통일비용을 현실에 맞게 산정할 수 있을 것이다.

따라서 각 단계의 특성과 목적에 부합하는 지출을 엄밀하게 추계할 필요가 있다. 우선 경합 단계에서 소모되는 비용은 투자성 지출로 성격을 구분할 필요가 있다. 이를 통하여 경협 단계에서의 투자에 대한 주체를 정부·공공, 민간부문, 해외부문으로 구분하여 추계함으로써 정부의 경협에 대한 투자성 지출 규모를 합리화하면서 전체적인 투자 규모는 극대화할 수 있을 것이다. 또한 통합과 통일 단계에서 필요한 소비성 지출을 노동과 인적자본 형성에 필요한 자본으로 구분해야 한다. 통합 단계에서 필요한 소비성 지출에는 정치·행정·사법 통합 비용, 시장화 비용, 조세제도 및 재정 통합 비용, 군사 통합 비용 등이 포함된다. 통일의 단계에서 필요한 소비성 지출은 북한지역 기초생활 및 사회보장 비용 등이다. 노동과 인적자본 형성은 생산성을 증가시키는 기폭제가 되어 궁극적으로 통일비용을 감소시키는 요인으로 작용할 수 있고, 따라서 통합과 통일의 단계에서 필요한 제도 통합 비용이 통일에 소요되는 비용으로 정의될 수 있다.

이처럼 항목별 통일비용의 정의에 대한 혁신은 기존 논의의 한계를 반영하여 〈그림 4〉의 단계에 적절한 항목별 비용들의 용어와 범위를 재정의하는 것을 통해 이루어진다. 기존 연구에서 추계된 통일비용은 경협, 통합, 통일의 단계에서 소모되는 모든 비용을 합산하여 추계된 비용으로 이러한 과정에서 수반되는 비용을 명확하게 재정의하여 통일비용을 추계할 필요가 있다. 결과적으로 통일 단계까지 이르기 위해서는 경협과 통합의 단계를 차례로 거쳐야 하지만, 통일비용을 추계하는 데 있어서 〈표 7〉과 〈그림 5〉와 같이 경협 단계에서 필요한 비용은 투자성 지출로 분류하고 통합과 통일 단계에서 필요한 소비성 지출은 북한 경제의 성장과 발전을 위한 자본 형성에 필요한 지출로 항목을 구분해야 한다.

투자성 지출은 경협 단계와 통합 단계에서 필수적으로 수반되는 북한의 경제발전과 개발을 위한 지출이므로 이는 자본 축적을 위한 비용으로 재정의해야 한다. 소비성 지출은 북한 주민들의 보건 건강 및 인적자

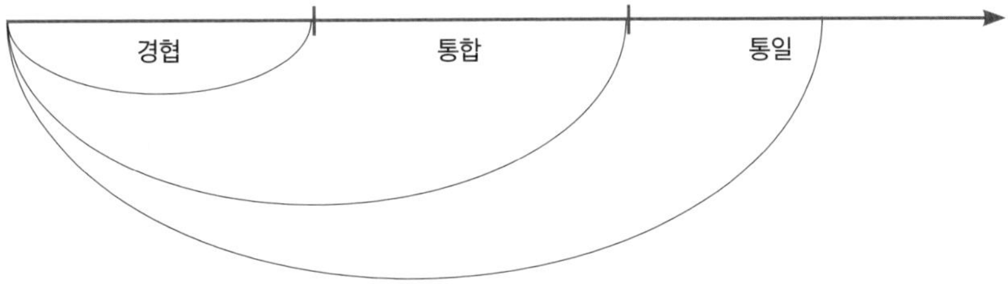

그림 4. 경협, 통합, 통일 단계에 대한 구분

출처: 통일부 웹페이지, https://www.unikorea.go.kr/unikorea/policy/Mplan/planStory/

표 7. 통일 단계별 비용에 대한 구분

단계 구분	비용의 성격	예시
경협 단계	투자성 지출	경제특구 개발, 사회간접자본 투자
통합 단계	투자성 지출	사회기반시설 투자(에너지, 자원 개발)
	소비성 지출	평화체제 구축 비용(군사체계 및 시설 정비), 노동 및 인적자원 개발 비용
	제도 통합 비용	정치(선거, 민주주의 교육)·행정·사법 통합 비용, 경제제도 통합(시장구조 개편, 조세제도 및 화폐 통합)
통일 단계	투자성 지출	토지 및 에너지 자원 개발, 경제특구 및 기업 투자 지원
	소비성 지출	문화 및 언어 공동체 형성 비용, 문화적 교류
	제도 통합 비용	교육제도 통합, 북한지역 기초생활 및 사회보장 비용(기초생활보장, 연금, 사회보험, 보육, 급여, 취약계층 지원)

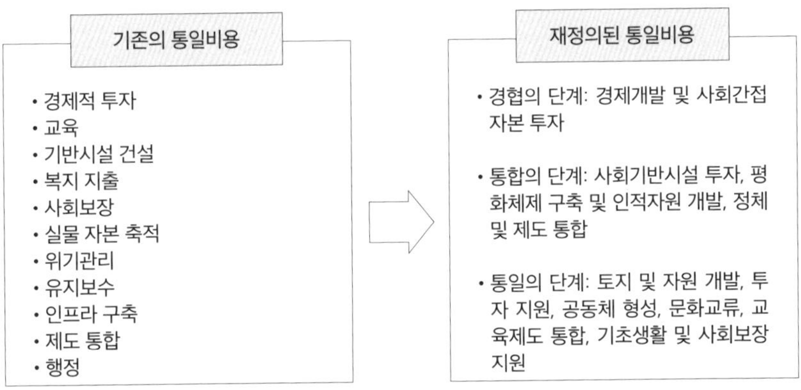

그림 5. 기존의 통일비용과 재정의된 통일비용

원 개발에 소요되는 것이 대부분이므로 인적자본 형성을 위한 비용으로 재정의한다. 이러한 투자성 지출과 소비성 지출은 모두 북한 경제의 성장을 이룰 수 있는 기반으로 간주될 수 있으며, 어느 정도 투자 규모를 결정할 것인지의 여부, 즉, 이른바 통일비용이라고 추정할 수 있는 규모는 남북한과 주변 국가들의 한반도 평화구축 과정에 대한 발전단계 및 북한 경제의 성장 속도, 그리고 각 단계별 소요기간에 따라 달라질 수 있다.

이 외에도 통일비용 추계를 위해 고려해야 할 기타 사항은 다음과 같다. 통일비용은 통일이 이루어지는 시점에 따라 비용이 다르게 추계될 수 있으므로 경제협력 단계와 통합 단계가 순조롭게 이루어지고 마지막 통일 단계까지 나아간다고 가정할 때, 통일이 이루어지는 시기가 장기화될 경우 북한의 경제성장과 함께 궁극적인 통일비용은 감소할 가능성이 높지만, 이를 이루는 과정에서 전 단계인 경협과 통합에 필요한 비용이 증가할 가능성을 배제할 수 없다. 따라서 통일비용을 줄이기 위해서는 경협과 통합 과정에서 이루어지는 투자에 대한 편익을 극대화할 수 있어야 하며, 북한의 경제성장을 빠르게 이룰 수 있는 방안을 마련할 필요가 있다.

또한 통일비용을 추정하는 과정에서 남한과 북한의 격차를 무시하는 것도 문제가 있지만 이 격차를 줄여 지나치게 동질적인 상태로 전환시키는 어젠다 역시 문제가 있다. 즉, 남한과 북한 고유의 발전단계에 적절한 사회보장, 교육, 복지 수준 등이 차이가 난다는 것을 인정하고 이를 감안할 필요가 있으며, 북한 주민들의 삶의 수준을 일률적으로 남한 국민의 비율로 정하고 이를 달성하기까지의 투입 비용을 통일비용으로 정의하는 것은 적절하지 않다. 통일비용을 추계하는 과정에서 투자와 편익의 주체를 명확히 하고 이에 따른 경제성장 속도와 기간을 고려해야 기존의 과도하게 추계되었던 통일비용을 현실에 맞게 합리적으로 도출할 수 있을 것이다.

2) 통일비용 추계 방법의 혁신

앞서 논의한 바와 같이 기존 연구의 통일비용 추계 방법론에는 분명한 한계점이 존재한다. 우선 기존의 통일비용 추계 방법은 비용이 과도하게 추계되는 경향이 있으며, 기존 연구에서 전제로 한 가정과 현 시점에서의 남한과 북한의 관계 및 한반도 주변의 대외적 정세가 달라 이전 연구의 통일비용 추계에 사용된 가정들은 현실에 부합하지 않는 경우가 많다. 따라서 현실적인 방법은 '총액배분방식(top-down)'과 '비용합산방식(bottom-up)' 등의 장단점을 고려하여 현실적이고 합리적인 방식을 고안하는 것이다.

현실적으로 통일비용을 추계하기 위해서는 총액배분방식과 비용합산방식 모두를 적절히 사용하는 '혼합방식(mixed approach)'을 고려해야 할 것이다. 이 방식은 목표하는 경제 규모에 이르기까지 필요한 항목별 비용을 합산한 총비용을 추계하는 것으로 남한, 북한, 그리고 한반도 주변의 대외적인 정세 변화에 따른 상황별 경제성장을 반영해야 한다. 또한 통일이 이루어지는 시점과 진행 상황에 따라 필요한 항목과 비용을 구분하고, 목표에 다가갈수록 달라지는 비용도 반영해야 할 것이다.

이와 같은 방식으로 통일비용을 추계할 때에는 공통적으로 경협 단계, 통합 단계, 그리고 통일 단계에 해당되는 비용이 무엇인지 고려해야 한다. 경협에서의 투자성 지출과 이에 따른 편익, 통합 단계에서 이루어지는 경제성장에 따라 변화하는 비용, 그리고 이러한 발전단계 이후 실질적인 통일 단계에서의 비용인 제도 통합 비용을 구분하여 추계하여야 한다.

추가로 북한의 경제성장과 행태변화를 고려한 비용추계방식도 필요할 것이다. 앞선 연구들에서는 정태적(static) 시각에서 통일비용 추계가 이루어져 왔고 북한의 경제성장 및 발전단계를 비용추계에 반영하는 이른바 동학적(dynamic)이고 행태변화적(behavioral)인 시각을 고려하지는 않았다. 하지만 북한 경제가 개혁·개방을 통해 발전하고 경제성장을 이루어 나간다면 북한 주민의 소득수준은 상당히 상승할 여지가 있는 만큼 지금의 시점에서 정태적인 분석에 따른 통일비용 추계는 현실에 부합하지 않으며, 이러한 가정에 근거하여 통일비용을 추계하는 경우 오류가 발생할 수 있다.

마지막으로 변화하는 남한과 북한의 정세를 반영하고, 한반도를 벗어나 세계적인 정치경제적 추세 변화를 전제하여 통일비용을 추계하여야 한다. 기존의 연구들은 한반도 통일이 가까운 기간 내에 이루어질 것으로 예상하여 단기간 내 통일을 이루기 위해서 막대한 비용을 과도하게 지불할 수밖에 없다는 전제하에서 이루어진 것이 많았다. 가령, 북한의 급속한 내부체제 붕괴에 의한 흡수통합론이나 한국의 내적인 변화와 정세 변화는 크게 고려하지 않은 박근혜 정부의 통일대박론 등을 대표적인 경우로 볼 수 있다. 이러한 관점에서 통일비용을 추계하면 포괄적 항목에서 과다한 비용 지출이 이루어질 수밖에 없으므로 북한의 경제성장 및 개발에 따른 편익과 북한 내부의 행태변화 등을 고려해야만 한다.

5. 결론

본 연구는 기존의 통일비용 연구가 포괄하는 통일비용에 대한 정의, 방법론, 통일비용 항목 등이 현실적이지 못하다는 인식하에 기존의 통일비용 연구를 비판적으로 고찰하고 통일비용 추계 논의를 혁신하고자 하는 목적을 갖는다. 이를 위해 통일비용 연구들의 주요 가정과 쟁점들을 추출하고 각 쟁점에 대해 선행연구들의 장단점을 비교, 검토하였다. 주요 쟁점으로는 통일비용의 용도와 범위, 통일 유형, 통일 시점 및 비용 지출 기간, 추정 방법, 통일비용 지출 유형 등을 검토하였다.

기존의 통일비용 추계 연구는 통일 유형, 통일 시기, 통일비용의 유형, 추계 방법 등에서 많은 차이를 보이며 이에 따라 통일비용 역시 큰 폭의 차이를 보이고 있다. 이전 연구가 가정하고 있는 통일 유형은 급진적 흡수통일, 점진적 흡수통일, 점진적 통합 등으로 구분되며 통일 시기는 대부분의 연구에서 향후 10년에서 20년 정도의 시기에 이루어질 것으로 전제하고 있다. 통일비용의 유형은 투자성 비용, 소비성 비용 등으로 구분하고 있으며 통일비용의 추계 방법은 목표소득설정, 항목별 누계, 독일 사례 등이었다. 기존 통일비용 연구는 급진적 통일, 남한 정부의 많은 지원, 북한 경제의 미자립 등을 전제로 하여 기하급수적인 통일비용을 추계하고 있으며 이러한 높은 통일비용 추계치가 오히려 통일에 대한 부정적 인식을 국민들에게 심어주는 데 일조하고 있는 것으로 판단된다.

본 연구에서 바라보는 기존 통일비용 연구의 특징과 한계는 다음과 같이 정리할 수 있다. 첫째, 통일비용을 추계한 기존 연구들의 결과들은 상당한 차이를 보이고 있는데, 이러한 차이는 통일 방식, 시기, 기간 등 통일 시나리오에 대한 연구들의 가정에서 비롯되고 있다. 둘째, 최근 연구들은 급진적 통일보다는 점진적 통일, 흡수통일보다는 경제통합 방식에 더 초점을 맞춰오고 있다. 셋째, 기존 통일비용 추계는 여전히 통일에 필요한 직간접적인 지출에만 초점을 맞추고 있어 한반도 평화 정착, 민족공동체 형성과 같은 비경제적 편익과 남북한 경제성장, 투자성 지출의 수익 등과 같은 경제적 편익을 고려하지 못하고 있다.

기존 통일비용 연구의 한계를 넘기 위해서는 통일비용에 대한 재정의가 필요하며 이를 위해서는 개념정의, 분석범위, 방법론 등의 세 가지 쟁점사항에 따라 연구를 구분하여 그 특징과 한계점을 살펴볼 필요가 있다. 우선 1989년 선언된 정부의 공식 통일 방안인 평화·공존·번영의 공동체 형성에 맞게 통일비용이 정의되고 이에 따라 비용추계가 이루어져야 한다. 또한 경제협력 단계에서 수반되는 비용을 투자성 비용으로 구분하고 이에 따른 편익과 남한과 북한의 경제적 변화를 고려해야 할 것이다. 투자성 지출은 물리적 자본 형성을 위한 투자, 또는 자본재 구입 비용으로 명확하게 정의해야 하며, 소비성 지출의 경우는 노동 혹은 교육 투자 비용을 포함하는 인적자본 축적 관련 비용으로 구분해야 할 것으로 보인다. 마지막으로, 보다 현실적이고 실질적인 통일비용을 추계하기 위해서는 다양한 비용 항목에 대한 기초 연구가 함께 이루어져야 할 것이다.

참고문헌

국회예산정책처. 2014. 『한반도 통일의 경제적 효과』. 서울: 국회예산정책처.

국회예산정책처. 2015. 『남북교류협력 수준에 따른 통일비용과 시사점』. 서울: 국회예산정책처.

국회예산정책처. 2019. 『북한인프라개발의 경제적 효과』. 서울: 국회예산정책처.

권구훈. 2009. "A United Korea? Reassessing North Korea Risks (Part I)." *Goldmansachs Global Economics Paper*. No. 188.

김규륜·황병덕·김경석·박인휘·배병인·이동휘·이상준·전혜원·주재우·홍순직. 2011. 『통일비용·편익 연구의 새로운 접근』. 서울: 통일연구원.

김석진. 2014. 「통일비용·편익 논의의 재조명」. 『KDI 북한경제리뷰』 제3호: 41-54.

신창민. 2007. 「통일비용 및 통일편익」. 국회예산결산특별위원회.

안종범. 2011. 「통일재원 마련방안 연구」. 한국재정학회.

염명배·유일호. 2011. 「독일과 우리나라의 통일비용 및 통일재원 비교 연구」. 『재정학연구』 제4권 제2호(통권 제69호). pp.183-221.

임수호·최장호·민준규·이상민·최유정. 2017. 「통일 후 남북한경제 한시분리운영방안: 경제적 필요성과 법적 타당성」. 중장기통상전략연구 16-01. 대외경제정책연구원.

조한범·김규륜·김석진·임강택·정성철·김형기. 2013. 「정치·사회·경제 분야 통일비용·편익 연구」. 통일비용·편익 종합연구 2013-1. 통일연구원.

Wolf, C. Jr. and K.T. Akramov. 2005. "North Korean Paradoxes: Circumstances, Costs, and Consequence of Korean Unification." RAND Corporation.

7 평화로 함께 가는 여정

통일 공론화에 대한 소고

김석호

1. 서론: 통일과 시민적 수용

평창동계올림픽이 열리기 전, 한국에서는 여자아이스하키 단일팀 구성으로 논란이 일었다. 여자아이스하키에 남북 단일팀을 구성해 출전하기로 하면서 공정성 차원 등에서 사회적 논란이 제기된 것이다. 특히 이 과정에서 우리나라의 20~30대 청년들이 민감하게 반응했는데, 주요 언론들은 이를 보도하면서 2030세대의 대북인식에 주목하기도 했다.[1] 여자아이스하키 단일팀 논란에 민감하게 반응하는 젊은 세대의 모습은 단순한 공정성 시비를 넘어서 기존 세대들과는 북한, 나아가 통일을 바라보는 시각

1 강호철, "'북한판 아이스하키 낙하산' 2030이 더 뿔났다," 『조선일보』 2018년 1월 15일. 이슬비·권순완, "核위협·미사일 발사 직접 보고 자란 세대… 상당수가 北을 '다른 나라'로 인식," 『조선일보』 2018년 1월 19일. 박린, "만두집 알바로 국대됐는데 … 단일팀에 들끓는 2030," 『중앙일보』 2018년 1월 24일.

이 다르기 때문이라는 것이다.

우리 안에서도 통일의 필요성이나 그 과정과 방법에 대한 생각은 서로 다르다. 아니 같은 적이 없었다. 특히 최근에는 세대별 차이가 두드러지는데, 서울대 통일평화연구원의 '2017 통일의식조사'에 따르면 다른 세대에 비해 2030세대가 통일에 가장 부정적인 것으로 나타난다.[2] 80년대 이후 태어난 젊은 층이 통일 필요성에 가장 부정적인 태도를 보이며 상대적으로 북한에게 적대적인 인식을 갖고 있다(박영식·이재묵, 2016). 대북인식과 통일에 대한 태도는 연령에 따라 선형적으로 차이가 있는 것이 아니라 세대별로 공유하는 경험에 따라 구성되고 달라진다. 세대뿐만 아니라 학력, 소득수준, 정치적 지향 등 다른 사회적, 경제적, 정치적 특성에 따라 대북관계와 통일에 대한 입장이 다르다. 그렇다 보니 어떤 배경, 어떤 입장에서건 대북관계와 통일에 대한 계획이나 구상이 발표되면 그 자체로 집단 간 갈등의 씨앗이 되기 일쑤다.

통일과 관계된 외부 환경과 세계정세가 급변하고 있는 상황에서, 당장 내일 통일이 불쑥 다가와도 전혀 이상하지 않은 불확실성의 시대에, 우리 정부가 대북관계와 통일 방안 마련에 대한 의미 있는 사회적 대화를 시작한 적이 없는 현실은 부끄러운 일이다. 차이를 확인하고 거리를 좁히는 노력 대신 차이를 묵살하고 갈등을 봉합해 수면 위로만 떠오르지 않게 하려는 시도와 뜨거운 감자가 될 만할 문제를 다음 정권 또는 차세대에 떠넘기는 관행이 지난 수십 년간 반복되어 왔다. 우리의 운명을 좌

2 박수찬, "막연한 '한민족' '우리끼리' 안 통해… 20대 41%만 "통일 필요"," 『조선일보』 2018년 1월 20일.

우할 가장 중요한 문제인 평화의 영속과 통일 성취 방안에 대한 국민적 이해와 공감대 마련을 위한 자리가 필요하다. 이를 통해 미리 준비하지 않으면 남북관계 개선과 통일에 대한 어떤 시도도 국민 분열을 심화시키는 뇌관이 되고 심각한 사회 갈등을 초래할 위험이 있다.

독일의 사례는 반면교사로 삼을 만하다. 독일이 통일을 이룬 지 30여 년이 지났다. 한 세대에 해당하는 시간이 흘렀음에도 불구하고 서독이었던 구연방주와 동독이었던 신연방주 사이의 경제적 격차와 사회 갈등은 여전하다. 신연방주의 1인당 GDP는 2019년 기준으로 구연방주의 75%에 불과하며, 가구당 세전 수입 역시 85% 수준이다. 신연방주의 실업률은 2018년 기준 6.9%로 4.8%인 구연방주에 비해 높은 편이다. 물론 1990년 통일 당시 동독의 1인당 GDP가 서독의 43%였다는 것을 고려하면 신연방주 지역에서 나름의 경제적 성취가 있었다고도 할 수 있다. 그러나 현재 독일의 현실은 통일 당시 서독의 헬무트 콜 총리가 5년 안에 세금 인상 없이 엘베강의 기적을 만들겠다고 약속한 것과는 거리가 멀다. 게다가 동독 주민 57%는 스스로 2등 시민이라고 여긴다. 오직 38%만이 재통일이 성공적이라고 여기며, 40대 이하에서는 이 수치가 20% 초반으로 훨씬 낮다.[3] 서독의 시민사회는 동방정책과 독일문제[4] 해결에 있어 적극적인 주체였다기보다는 정부의 수동적 수용자에 가까웠고, 시민들에게도 분단은 문제라기보다는 정상 상태로 받아들여지곤 했다. 그 결과, 베

3 https://www.bundesregierung.de/breg-en/news/stand-der-deutschen-einheit-1675200

4 분단 시기 동안 서독에서 통일정책이라는 용어는 사용되지 않았다. 그 대신 동방정책과 독일문제라는 말이 사용되었으며, 전자는 소련을 중심으로 한 동구권 전체를 상대하는 정책을 의미했으며 후자는 동독과 서독의 관계를 다루는 정책을 의미했다.

를린장벽 붕괴 이후 불붙었던 서독 시민들의 통일에 대한 공감대와 열정은 급속하게 식었다. 통일 이후 신연방주가 겪고 있는 문제에 대한 관심의 부재 역시 그 연장선상에서 이해 가능하다. 즉 서독 시민 입장에서 갑자기 다가온 통일은 축복이 아니라 자신들과 아무런 상의 없이 정치인들이 부과한 부담이었고, 정상이라고 믿었던 세계가 하루아침에 비정상으로 변한 봉변이기도 했다. 그런 이유로 동독이었던 신연방주와 서독이었던 구연방주 간 경제적 격차를 조정하는 일에 냉담하고 자신들의 세금을 통일비용에 지출하는 것에 불만이다. 이 글은 독일의 통일 과정에서 나타난 문제들을 살펴보고 그것이 통일 이후 독일 사회문제와 주민통합에 어떤 영향을 미쳤는가를 따져보고자 한다. 그리고 독일이 현재 겪고 있는 사회통합의 어려움은 대부분 통일 과정에서의 시민사회의 적극적 참여 미흡, 공론화의 부재, 시민적 동의의 결핍에 기인한다고 이해한다.

아직도 분단 상태인 대한민국은 어떤가? 한국사회에서 북한에 대한 인식, 통일과 평화로 가는 방안에 대한 논쟁보다 집단 간 갈등이 첨예한 문제도 없을 것이다. 한국 정치사에서 정당의 수만큼, 대선 후보의 수만큼 통일론이 등장했지만 정작 그 누구도 자신의 통일론으로 반대편 정치인을 설득하거나 국민 스스로 이에 대해 이해하고 토론할 수 있도록 장을 만들어 준 적이 없었다. 남북관계와 통일은 그 중요성과 민감성 때문인지 정치지도자가 방향을 제시하면 지지자들은 이를 승인하는 전근대적 동원 모델을 벗어나지 못한다. 그 결과 북한과의 관계를 어떻게 설정하고 통일은 어떻게 준비하며, 영구적 평화체제를 어떻게 구축할 것인가를 놓고 명시적 또는 잠재적 갈등이 지속되고 있다. 서울대학교 통일평화연구원의 '통일인식조사 2010-2018'을 보면, 지역 간, 이념 성향 간, 세대 간, 그리고 교육수준별, 소득분위별로 북한에 대한 인식, 통일 필요성, 통일 방안, 평화체제에 대한 입장의 차이가 분명하게 드러난다.[5] 미래 통일 한국의 모습이 어떠해야 하며 이를 위해서는 어떤 과정을 거쳐야 하는가에 대한 차분한 대화가 진행된 적이 없기 때문이다. 한국사회에서 통일과 평화의 영속화 방안에 대한 정치인들의 숱한 주장과 원대한 계획이 제시되곤 했지만, 실제 이를 국민에게 묻고 토론을 통해 동의를 얻은 적이 없다. 이제는 통일 방안과 과정, 그리고 절차에 대한 시민사회와의 대화가 필요한 시점이다.[6] 그래야 예고 없이 찾아올 수 있는 통일 국면에서 갈등을 최소화하고 다수가 수용할 수 있는 통일과 평화의 해법 마련이 가능하다. 따라서 이 글은 통일과 평화로 가는 길에 가장 필요한 것 중 하나가 치열한 논쟁을 거쳐 범국민적 차원에서 통일 방안을 만드는 일이고 이를 위해서는 다양한 집단의 직접 참여에 의한 공론화 프로세스가 중요하다는 견지에서 공론화의 조건과 과정에 대한 탐색을 해보고자 한다.

이를 위해 우선 기존 자료의 분석을 통해 한국인들의 마음에서 나타난 통일에 대한 인식의 차이를 확인한다. 그런 후에 독일의 통일 공론화 경험 사례를 검토해 우리의 공론화 원칙에서 참고할 만한 교훈을 얻는다. 아울러 지금까지 한국사회에서 제시된 평화구축과 통일 방안을 살펴보고, 국민적 수용성과 공론의 관점에서 역대 정부의 노력을 평가한다. 최종적으로 논의를 종합하여 남북통일과 평화에 대한 공론화에서 반드시

5 한국사회에서 통일에 대한 사회경제적 조건에 따른 차이가 얼마나 첨예한가에 대해서는 다음 장에서 자세히 다룬다.

6 시민사회란 공유된 이해, 목적, 가치를 둘러싸고 조직되는 집합적 행위 영역을 망라하는 모호한 개념이다(Center for Civil Society 2013). 따라서 시민사회는 소수의 시민단체의 연결망을 포함한 다양한 행위자와 기관들의 공간을 의미한다. 따라서 시민사회 개념은 봉사단체부터 전문직 협회, 노조 등에 이르기까지 한 사회에 존재하는 비정부적, 비시장적 영역 모두를 포괄한다. 이 글도 이와 같은 광의의 시민사회 개념을 따르고 있다.

고려해야 하는 원칙을 제시한다.

2. 대북관과 통일의 필요성에 대한 인식: 사회경제적 특성별 차이

한국인의 대북관과 통일관을 엿볼 수 있는 가장 대표적인 자료는 성균관대학교 서베이리서치센터의 '한국종합사회조사'이다. 이에 따르면 연령, 소득, 교육, 지역, 이념성향별로 통일 필요성과 통일 방안에서 인식 차이를 보인다. 먼저 한국인의 통일 필요성 인식이 어떻게 변화하고 있는가를

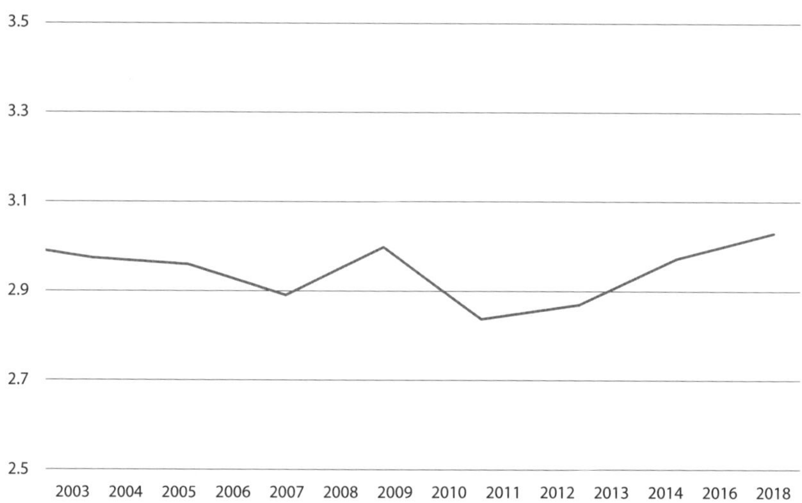

문항: 귀하는 남북통일이 어느 정도 필요하다고 생각하십니까?
응답: 매우 필요하다(4), 다소 필요하다(3), 별로 필요하지 않다(2), 전혀 필요하지 않다(1)
자료: 한국종합사회조사(Korean General Social Survey, 2003-2018)

그림 1. 남북통일의 필요성 인식 변화 양상

살펴보자. 〈그림 1〉은 한국종합사회조사에서 나타난 통일 필요성 응답의 변화 추이를 보여준다. 2003년 4점 만점에 3점을 넘었던 평균 점수가 2010년에 3점 아래로 떨어졌다가 2014년 이후 서서히 회복되고 있다. 북한과의 통일을 당연시하던 분위기가 2010년 이후 달라진 것을 확인할 수 있다. 통일 필요성 인식에서의 변화가 의미하는 바는 통일이 우리가 추구해야 하는 지고지순한 가치라고 믿는 사람들과 경제, 정치, 외교, 문화 등의 이유로 현실적 접근을 해야 한다는 사람들로 갈리기 시작했다는 것이다. 즉 통일 필요성에 대한 선호(preferences)의 분화가 본격화했음을 시사한다.

〈그림 2〉는 통일 필요성에 대한 선호의 분화를 연령별, 교육수준별, 소득분위별, 이념 성향별로 보여준다. 연령이 높을수록 통일이 반드시 필요하다고 생각한다. 특히 20대는 통일 필요성 인식이 50대와 60대 이상에 비해 매우 낮다. 스스로 진보적이라고 평가한 사람이 보수적이라고 평가한 사람보다 통일이 필요하다는 입장이 더 강하다. 교육수준별로 살펴보면, 중졸 이하가 통일 필요성에 가장 많은 지지를 보낸다. 소득분위 간 통일 필요성 인식 차이는 두드러지지 않으나 저소득층인 1분위에 속한 사람들의 통일 필요성에 대한 신념이 강하다.

다음으로 한국인들은 북한을 어떻게 받아들이고 있는가? 대북관은 어떻게 변해 왔으며 사회집단별로 어떻게 달라지는가를 살펴보자. 〈그림 3〉은 2003년부터 2018년까지의 북한에 대한 인식 변화를 보여준다. 노무현 정부 시기였던 2003년부터 2007년까지는 한국인들은 북한을 협력대상인 동시에 경계대상이라고 생각하는 경향이 강했다. 하지만 이명박 정부 출범부터 박근혜 정부 종료에 해당하는 2008년부터 2016년 사이에는 북한을 경계대상으로 보는 시각이 매우 강해졌음을 확인할 수 있다. 문재

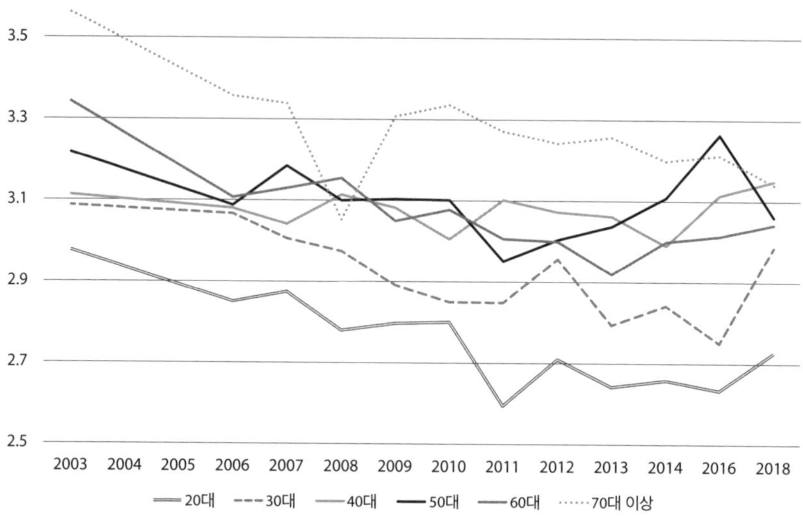
3.5
3.3
3.1
2.9
2.7
2.5
2003 2004 2005 2006 2007 2008 2009 2010 2011 2012 2013 2014 2016 2018
20대
30대
40대
50대
60대
70대 이상

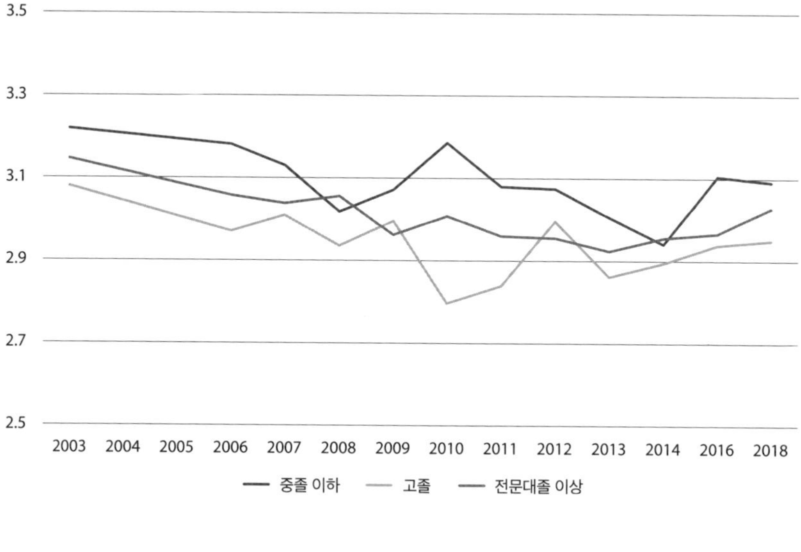
3.5
3.3
3.1
2.9
2.7
2.5
2003 2004 2005 2006 2007 2008 2009 2010 2011 2012 2013 2014 2016 2018
중졸 이하
고졸
전문대졸 이상

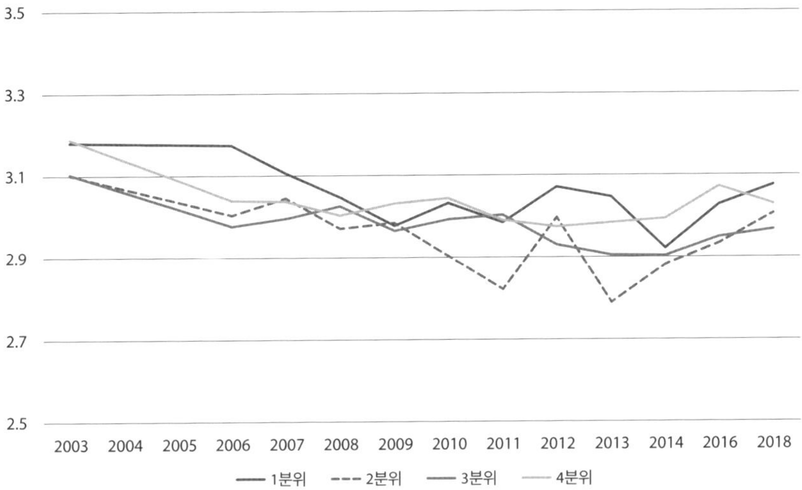

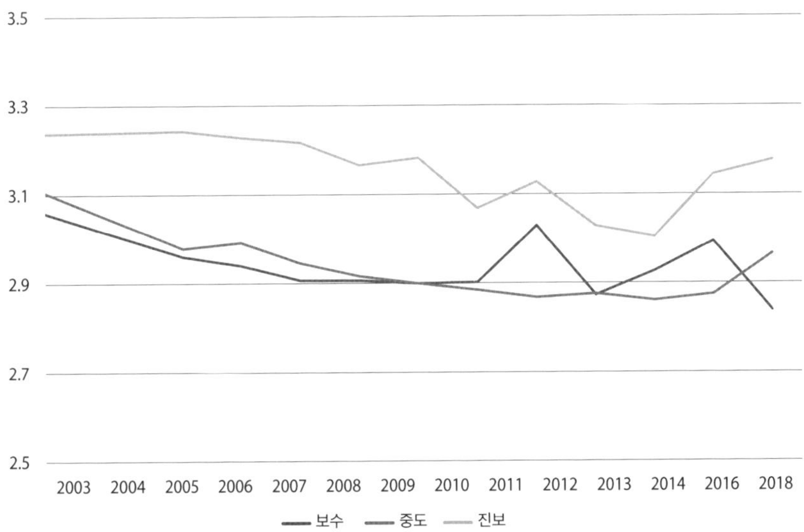

문항: 귀하는 남북통일이 어느 정도 필요하다고 생각하십니까?
응답: 매우 필요하다(4), 다소 필요하다(3), 별로 필요하지 않다(2), 전혀 필요하지 않다(1)
자료: 한국종합사회조사(Korean General Social Survey, 2003-2018)

그림 2. 사회경제적 특성별 통일 필요성 인식: 연령, 교육수준, 소득분위, 이념 지향

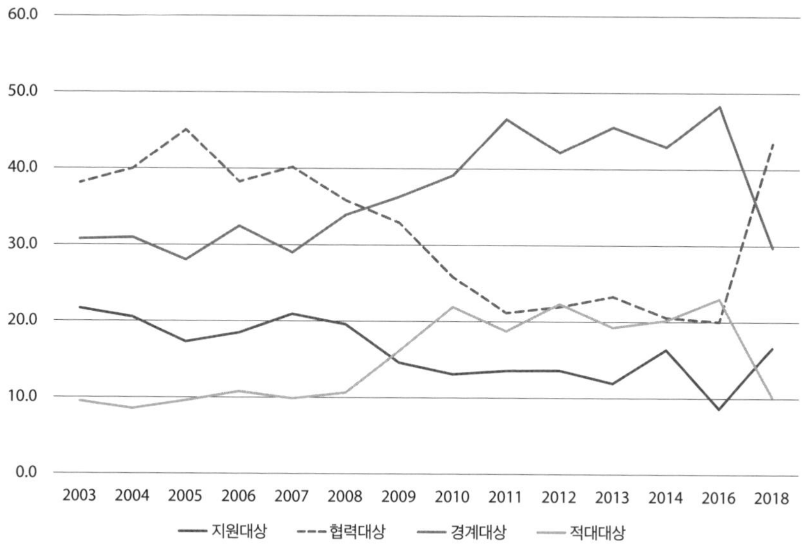

문항: 귀하는 북한이 우리에게 어떤 대상이라고 생각하십니까?
응답: 지원대상, 협력대상, 경계대상, 적대대상
자료: 한국종합사회조사(Korean General Social Survey, 2003-2018)

그림 3. 북한에 대한 인식 변화 양상

인 정부 출범 이후에는 다시 북한을 협력대상으로 바라보기 시작했으며 지원대상이라는 의견도 소폭 상승했다.

〈그림 4〉부터 〈그림 7〉까지는 북한에 대한 인식의 변화를 주로 어떤 집단이 이끌었으며 집단 간 차이가 어떻게 나타났는가를 보여준다.[7] 먼저 〈그림 4〉는 연령별 차이를 보여 주는데, 전 시기에 걸쳐 20대, 30대, 40대에서 북한을 지원대상과 협력대상으로 보는 경향이 상대적으로 강한 반

7 한국종합사회조사(Korean General Social Survey, 2003-2018)의 자료를 근거로 제시되었음.

면, 60대 이상은 북한을 경계대상과 적대대상으로 여기는 경향이 강하다. 특이한 점은 진보정권 시기인 2002년부터 2007년 사이와 2016년 이후에는 북한이 협력대상이냐를 두고 연령별 차이가 크게 나타나고, 보수정권 시기인 2008년부터 2016년 사이에는 북한이 적대대상이냐를 두고 연령별 차이가 두드러진다는 점이다. 교육수준별 대북관 차이도 일관적으로 나타난다. 전문대졸 이상의 학력을 가진 사람은 북한을 협력대상으로 보는 경향이 있으며, 중졸 이하의 학력을 가진 사람은 북한을 적대대상으로 보는 경향이 강하다(〈그림 5〉). 소득수준별 북한에 대한 인식 차이는 연령별 차이와 교육수준별 차이와 비교해 크지 않다. 다만 소득수준이 가장 낮은 소득 1분위에 속한 사람이 북한을 적대대상으로 보는 경향이 매우 강하다(〈그림 6〉). 정치 이념적으로 스스로 진보라 생각하는 사람은 북한을 지원대상이자 협력대상이라 인식하고 있으며, 보수에 속하는 사람은 경계대상이자 적대대상으로 바라본다. 특히 진보는 북한을 협력대상으로, 보수는 북한을 적대대상으로 보는 정도가 강하다.

이상의 분석에서 확인할 수 있는 사실은 통일의 필요성과 북한에 대한 인식에 있어서 연령, 교육수준, 소득수준, 이념 지향, 그리고 거주 지역에 따라 인식차가 크다는 것이다. 이는 최근 들어 커졌다기보다는 원래 존재하던 차이였다. 특히 대북관의 경우에는 그 차이가 분명했었다. 이 같은 차이가 확연한 상황에서 치열한 토론 없이 제시되는 통일 방안이 국민적 수용과 동의를 확보하지 못하는 것은 당연하다. 즉 입장의 차이가 문제가 아니라 그 차이를 다루는 자세가 문제다. 독일의 예에서 알 수 있는 것처럼 통일의 시급성과 절차, 과정, 방식 등에 관한 정치, 사회, 경제 집단 간 입장의 차이를 그대로 둔 채, 엘리트들 간 협상과 거래로 추진해 성사시켰을 경우 통일 이후의 후유증은 상상을 초월할 것이다. 그래서 조

지원대상

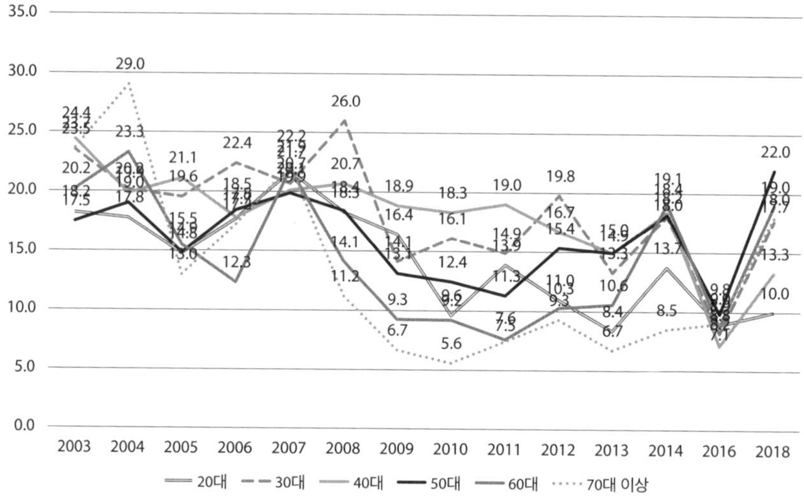

협력대상

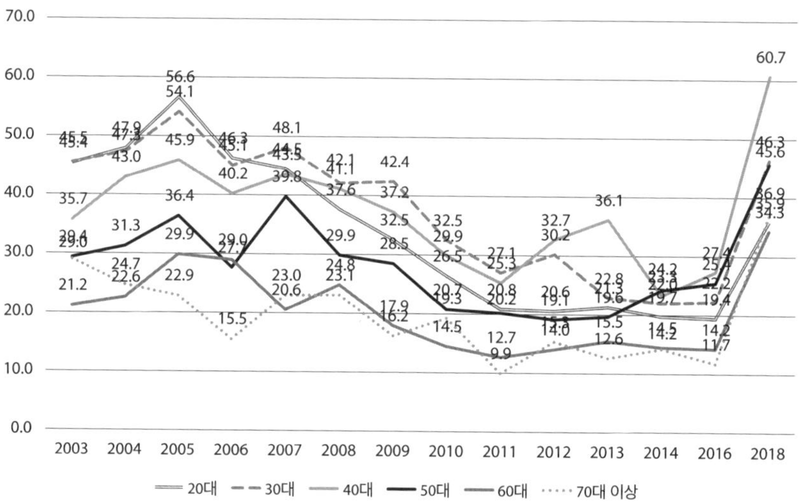

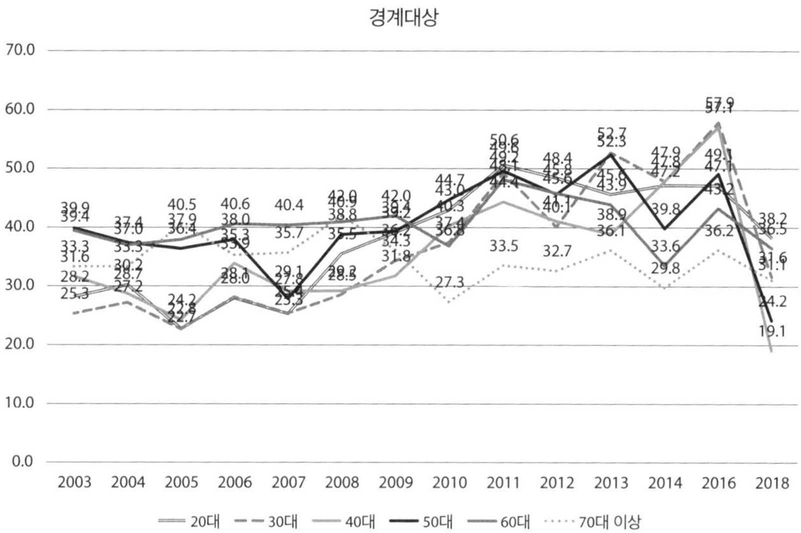

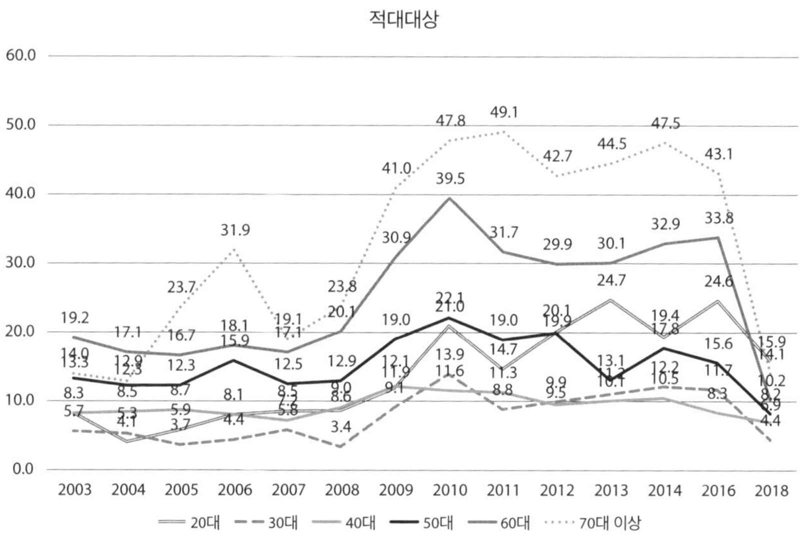

그림 4. 연령별 북한에 대한 인식 차이

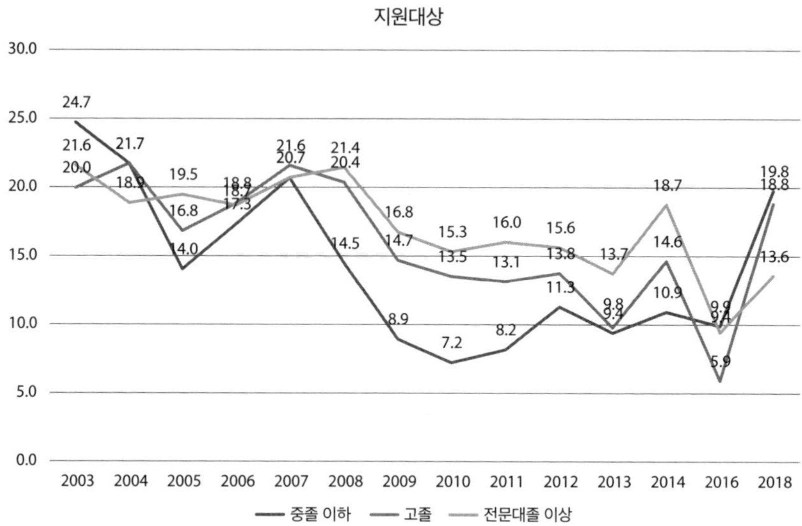
지원대상
30.0
25.0
20.0
15.0
10.0
5.0
0.0
24.7
21.6
21.7
20.0
18.9
19.5
16.8
14.0
18.8
18.7
17.3
21.6
20.7
21.4
20.4
14.5
16.8
14.7
8.9
15.3
13.5
7.2
16.0
13.1
8.2
15.6
13.8
11.3
13.7
9.8
9.4
18.7
14.6
10.9
9.9
9.4
5.9
19.8
18.8
13.6
2003 2004 2005 2006 2007 2008 2009 2010 2011 2012 2013 2014 2016 2018
중졸 이하
고졸
전문대졸 이상

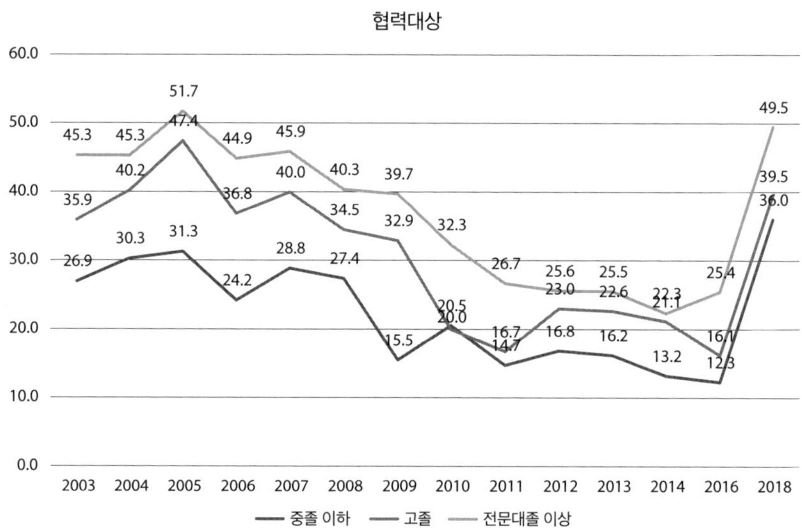
협력대상
60.0
50.0
40.0
30.0
20.0
10.0
0.0
45.3
35.9
26.9
45.3
40.2
30.3
51.7
47.4
31.3
44.9
36.8
24.2
45.9
40.0
28.8
40.3
34.5
27.4
39.7
32.9
15.5
32.3
20.5
20.0
26.7
16.7
14.7
25.6
23.0
16.8
25.5
22.6
16.2
22.3
21.1
13.2
25.4
16.1
12.3
49.5
39.5
36.0
2003 2004 2005 2006 2007 2008 2009 2010 2011 2012 2013 2014 2016 2018
중졸 이하
고졸
전문대졸 이상

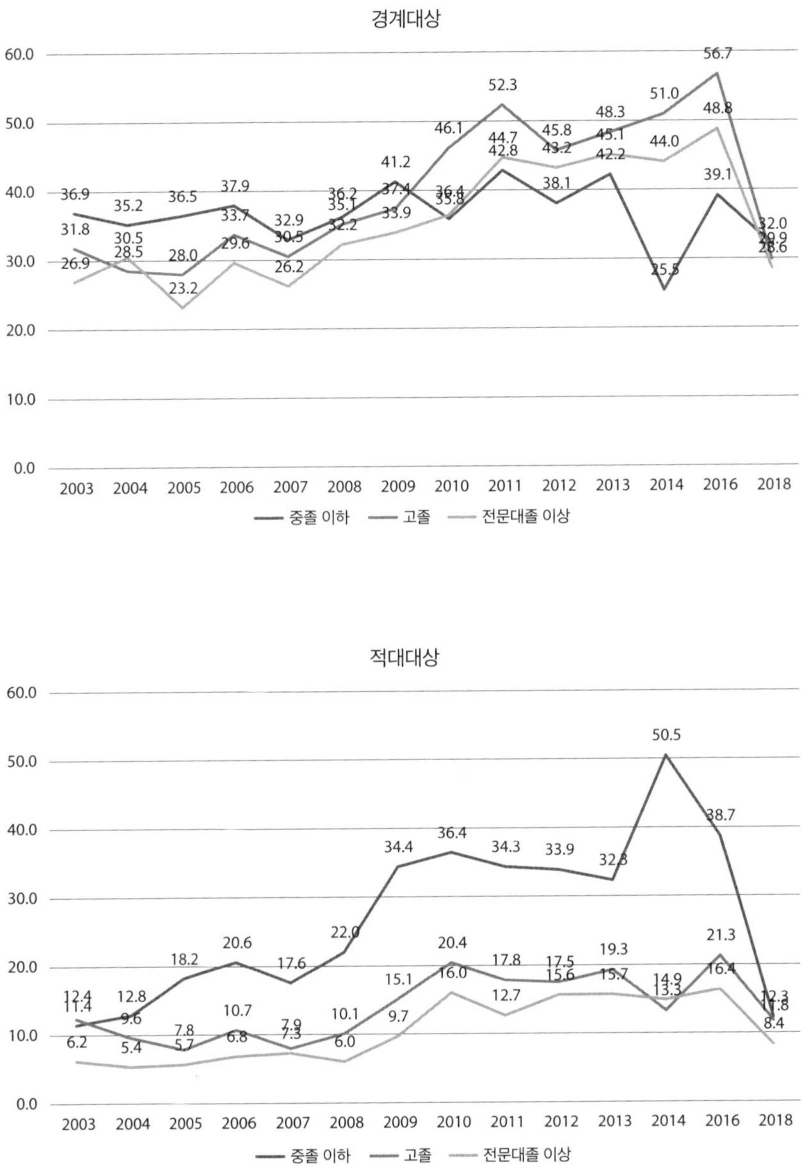

그림 5. 교육수준별 북한에 대한 인식 차이

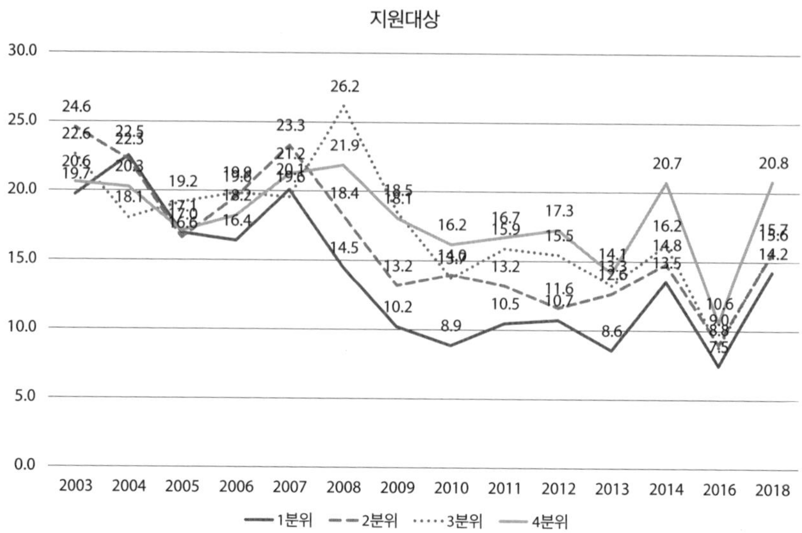
지원대상
30.0
25.0
20.0
15.0
10.0
5.0
0.0
2003 2004 2005 2006 2007 2008 2009 2010 2011 2012 2013 2014 2016 2018
1분위 2분위 3분위 4분위

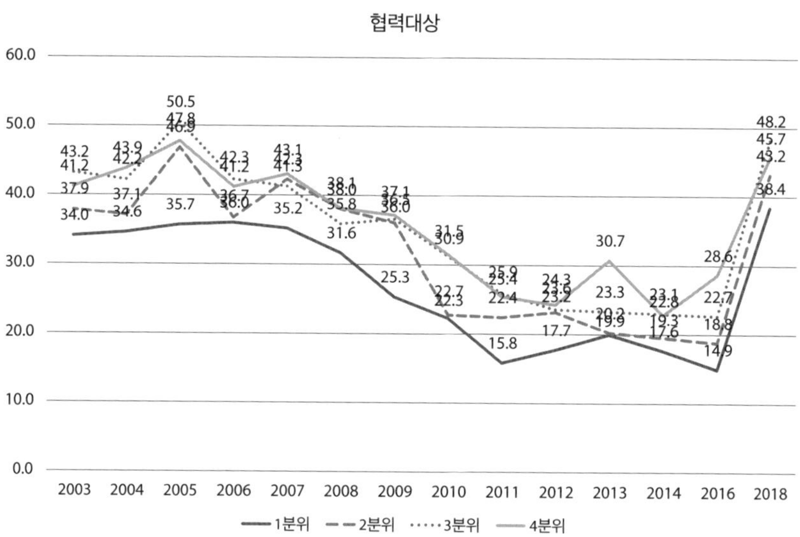
협력대상
60.0
50.0
40.0
30.0
20.0
10.0
0.0
2003 2004 2005 2006 2007 2008 2009 2010 2011 2012 2013 2014 2016 2018
1분위 2분위 3분위 4분위

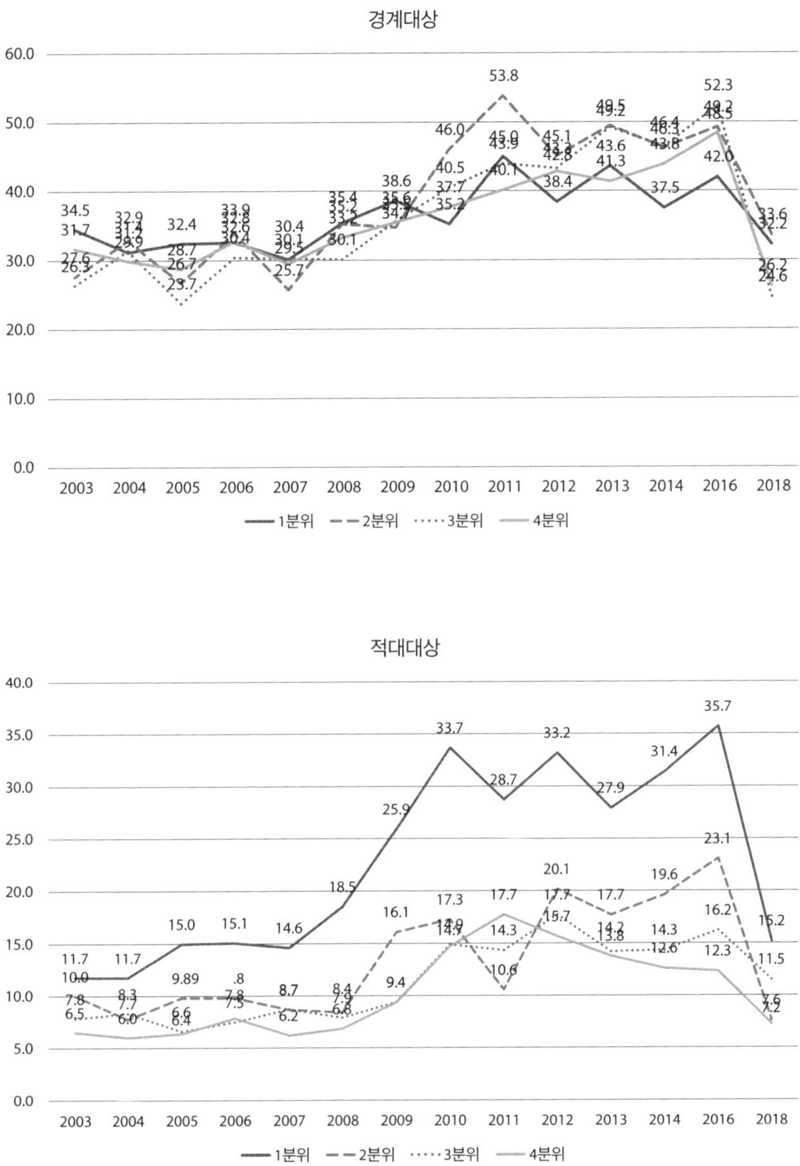

그림 6. 소득분위별 북한에 대한 인식 차이

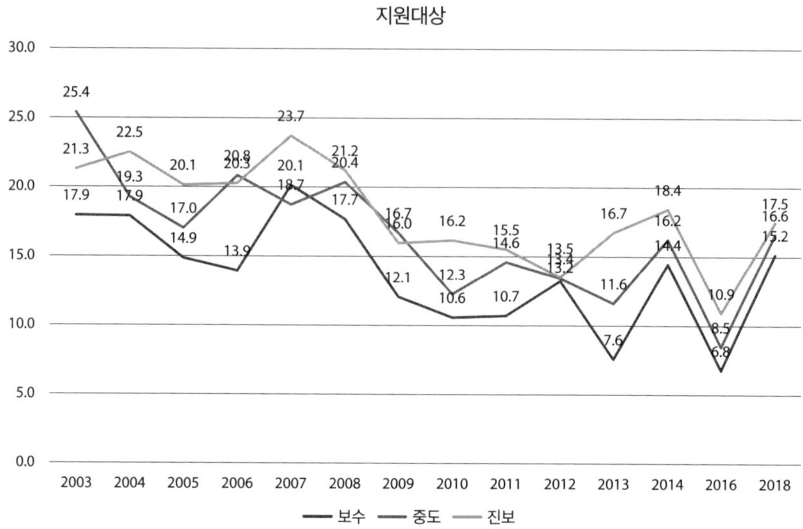
지원대상
30.0
25.0
20.0
15.0
10.0
5.0
0.0
25.4
22.5
23.7
21.3
20.1
20.8
20.3
20.1
21.2
20.4
19.3
17.9
17.9
17.0
18.7
17.7
14.9
13.9
16.7
16.0
16.2
15.5
14.6
13.5
13.4
13.2
16.7
18.4
16.2
14.4
17.5
16.6
15.2
12.1
12.3
10.6
10.7
11.6
10.9
8.5
7.6
6.8
2003
2004
2005
2006
2007
2008
2009
2010
2011
2012
2013
2014
2016
2018
보수
중도
진보

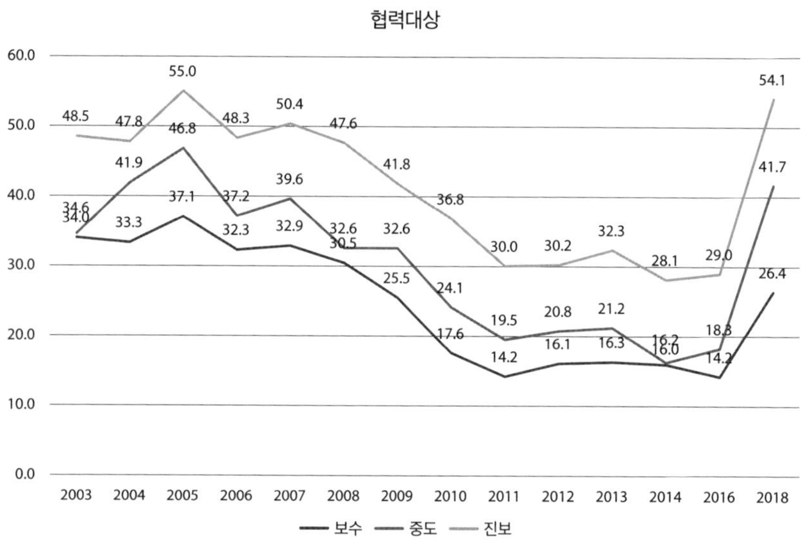
협력대상
60.0
50.0
40.0
30.0
20.0
10.0
0.0
55.0
54.1
48.5
47.8
46.8
48.3
50.4
47.6
41.9
39.6
41.8
41.7
34.6
34.0
33.3
37.1
37.2
32.3
32.9
32.6
30.5
32.6
36.8
30.0
30.2
32.3
28.1
29.0
26.4
25.5
24.1
19.5
20.8
21.2
17.6
14.2
16.1
16.3
16.2
16.0
18.3
14.2
2003
2004
2005
2006
2007
2008
2009
2010
2011
2012
2013
2014
2016
2018
보수
중도
진보

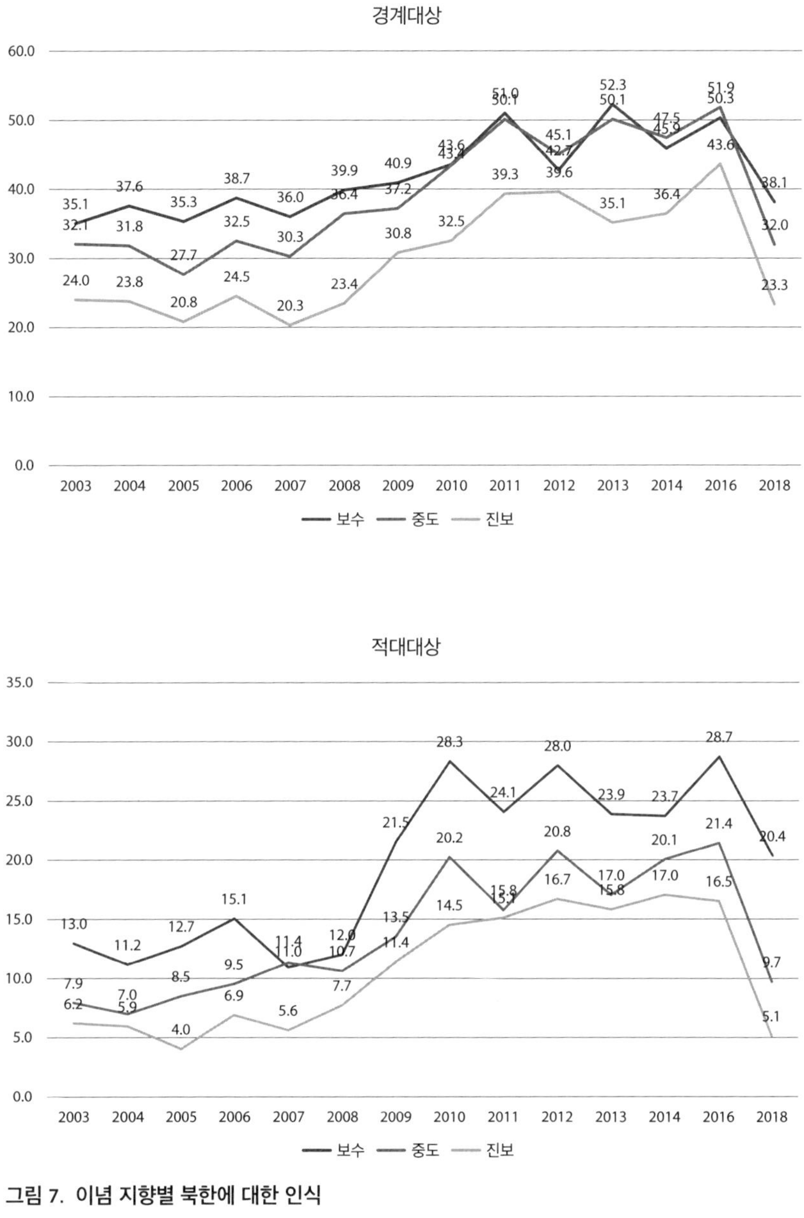

그림 7. 이념 지향별 북한에 대한 인식

금 돌아서 천천히 가더라도 아주 작은 목소리라도 들으면서 토론하고 설득하고, 최선이 안 되면 차선이라도, 되도록 많은 사람이 수긍한 상태에서 통일의 여정을 시작해야 한다. 그 시작은 충분한 정보 제공과 학습, 성찰과 고민, 그리고 토론을 위한 공론장을 만드는 것이다. 전 국민적 토론으로 설정한 통일로 가는 길은 외부 환경 변화와 압력에도 버틸 수 있다. 이제 공론조사 또는 숙의민주주의라 불리는 이상적 담론 공간의 그림을 그려야 한다.

3. 공론화 시각에서 본 독일의 통일

1) 독일의 분단 과정

이 글은 독일의 분단과 통일 경험을 공론화 없이 추진된 위로부터의 통일로 인한 부작용에 초점을 두고 다룬다. 그 부작용은 지나간 과거가 아니라 사회 불평등, 집단 간 갈등, 사회통합의 문제가 나타나는 현재의 독일이다. 히틀러가 1945년 5월 자살한 후 그의 유언에 따라 성립된 플렌스부르크 정부가 연합국에 무조건 항복함으로써 제3제국은 붕괴했다. 앞서 2월에 미·소·영 3국 정상이 만나 합의한 얄타회담 결과에 따라, 4대 승전국(미국, 소련, 영국, 프랑스)은 연합국 관리위원회를 설치하여 독일에 대한 통치권을 위임받아 독일 전 지역과 베를린을 4개의 점령지로 분할하였다. 7월에 열린 포츠담회담에서 이 분할은 확인되었고, 독일을 탈나치화, 비군사화, 지방분권화, 민주화하기로 합의하였다. 주변 국가들은 이미 두 차례의 세계대전을 일으킨 독일이 단일한 중앙집권국가로 남는 것을 원하지 않았다. 노벨문학상을 수상한 작가 프랑수아 모리악의 "나는 독일을 너무나 사랑한다. 그래서 두 개의 독일이 있었으면 좋겠다."라는 발언은 독일에 대한 당시 유럽인들의 태도를 적나라하게 보여준다.

독일 점령정책은 동서 간 냉전이 격화됨에 따라 변화한다. 소련이 동유럽 국가들에서 공산주의 정권을 수립하면서 세력을 확장하자, 이를 저지할 강하고 안정된 중부유럽의 자본주의 국가로서의 독일이 필요해졌다. 그 결과 1947년 1월에는 미국-영국 점령지가 통합되었으며, 1949년 4월에는 남아 있던 프랑스의 점령지도 합쳐졌다. 이후 1949년 5월 24일 기본법에 의거하여 서구 3개국 점령지에서 독일연방공화국(Bundesrepublik Deutschland)이 만들어졌으며, 이어서 1949년 10월 7일 독일민주공화국(Deutsche Demokratische Republik)이 헌법 선포와 함께 소련 점령지에서 만들어졌다. 이상에서 알 수 있듯이 독일의 분단은 독일 외부의 세력관계에 의해 일방적으로 결정되었다. 전범국이었던 독일은 승전국들의 합의에 따라 4개 점령지로 분할되었고, 냉전의 격화라는 조건하에서 독일연방공화국(이하 서독)과 독일민주공화국(이하 동독)이라는 각기 다른 정부로 분단되었다.

전범국과 냉전이라는 두 조건은 이후에도 서독사회가 통일을 적극적으로 공론화하는 데 장애요인으로 작용했다. 애초에 분단이 4대 승전국에 의해 결정된 것이었던 만큼, 독일문제는 서독과 동독 두 국가, 그리고 시민사회의 노력으로 해결할 수 없는 것이었다. 이는 근본적으로 국제정치의 산물이었고, 미소 간 냉전의 종속변수였다(박종철, 2005). 또한 두 번의 세계대전으로 큰 피해를 겪었던 주변 국가들 역시 독일이 다시 하나로 통일되는 것을 원하지 않았다.

대내적으로도 통일 담론은 민족주의 담론과 연계되어 나치의 기억을 되살리게 만드는 것이었고, 이는 전후 독일 시민사회의 지배적인 반민족주의 정서와 어긋나는 것이었다. 독일의 교육 역시 보불전쟁, 제1차 세계대전, 제2차 세계대전이라는 민족주의적 흐름 위에서 추진된 독일만의 길을 벗어나 탈나치화와 유럽통합이라는 흐름 위에서 축조된 만큼, 통일은 시민사회에 있어 주요 담론으로 자리 잡지 못하였다. 그 결과 독일의 통일 과정은 국민참여형이라기보다는 냉전과 데탕트, 동구권의 붕괴라는 국제정치의 변화에 따른 정부주도형에 가까워졌다. 나아가 서독 정부에게도 '통일'은 '자유'와 '평화'에 비하여 우선순위에 있지 못했다. 아데나워 정부에게 우선적 가치는 '자유', '평화', '통일' 순이었다. 신동방정책을 추진한 브란트 정부에서는 '평화', '자유', 그다음이 '통일'이었다(손기웅 외, 2007: 156).

2) 통일 담론의 전개

1949년 9월 수상으로 취임한 콘라트 아데나워가 전쟁으로 폐허가 된 국가를 재건하기 위해 취한 정책의 핵심은 서방화(Westbindung)였다. 서구 국가들과의 관계 개선을 통해 국가의 지위를 회복하고, 경제를 복구하는 것이 우선이었다. 통일은 기본법에 의해 서독의 의무로서 제시되었으나, 적극적으로 추진되지는 않았다. 이런 상황에 변화가 온 것은 1950년대 중반이었다. NATO 가입과 재무장을 마친 서독은 할슈타인 원칙과 힘의 우위, 그리고 자석이론이라는 세 가지 특징으로 동방정책을 추진해 나갔다. 할슈타인 원칙이란 동독과 수교한 국가와는 외교관계를 수립하지 않는다는 것으로 독일을 대표하는 유일한 합법정부는 서독이라는 단독대표권을 전제하는 것이다. 힘의 우위 정책이란 서방화를 통해 강력한 경제력을 확보하여 동구권 국가들에 영향을 미침으로써 동독에 대한 우위를 확고히 한다는 것이다. 마지막으로 자석이론은 힘의 우위를 통해 동독을

끌어들여 흡수통일을 이루겠다는 것이다.

결과적으로 아데나워의 임기 동안 서독은 서구 국제사회의 일원으로 수용될 수 있었고, 성공적인 전후 복구의 기반을 마련하였지만, 독일 문제에 있어서는 오히려 냉전 속에서 분단을 고착화하는 결과를 낳았다. 비판가들은 아데나워가 독일 민족의 통일보다는 오히려 서구와의 통합을 우선시함으로써 의도적으로 분단을 촉진시켰다고 보았다(김명회, 2010: 158). 동독과 서독으로 두 국가가 분리된 것은 단지 미국이 독일의 패권주의와 소련의 팽창을 저지하기 위한 이중봉쇄 때문만이 아니라, 서독 스스로가 자기봉쇄를 추구했기 때문이라는 것이다.

이런 비판 속에서 대안으로 제시된 것이 동서독 간의 중립화 국가연합안이었다. 기사련 당원이자 역사학자였던 울리히 노악(Ulrich Noack)은 1949년 중립주의 조직인 나우하이머 그룹을 구성하여 동독과 서독이 느슨한 연합체를 형성하여 영구 비무장 중립국가를 이룰 것을 주창했다. 1954년에 바이에른 지역의 보수정당인 바이에른당의 이론가 헤르만 에첼(Hermann Etzel)은 동서독이 현재의 체제를 보존하면서 연합할 것을 주장했다(이동기, 2015: 5-8). 그러나 이들 주장은 동서독 모두에서 환영받지 못했으며, 아데나워는 나치에 대항해 싸운 투사라는 도덕적 권위를 기반으로 국내 여론과 상관없이 자신의 서방화 정책을 일방적으로 추구해 나갔다(김영희, 2016: 29).

신동방정책은 1969년 사민당의 빌리 브란트가 자민당과의 연정을 통해 수상으로 취임한 이후 기존의 기민당이 추진했던 힘의 우위를 통한 자석이론을 '접촉을 통한 변화', '작은 걸음의 정책'으로 변화시켰던 것을 일컫는다. 작은 걸음의 정책은 급속한 통일보다는 교류협력을 통한 점진적 접근을 의미한다. 브란트는 서베를린 시장이던 1961년에 동독이 베를린장벽을 건설하는 것을 지켜볼 수밖에 없었다. 이 경험을 통해 기민당의 힘의 우위 정책이 독일문제를 해결할 수 없다는 점을 인식하였고, 자신의 참모였던 에곤 바르와 함께 새로운 정책을 입안했다. 그리고 기민당과 사민당 사이의 대연정 기간 동안 쿠르트 키징거 수상 밑에서 내무부장관으로 재직하며 신동방정책을 추진하려고 시도했지만 독립된 국가로서의 동독의 존재를 인정할 수 없었던 기민당과의 연정하에서는 일정한 한계가 있었다.

1969년 선거에서 신동방정책에 우호적이었던 자민당과의 연정을 통해 수상에 오른 후 브란트는 미국과 소련 사이의 데탕트하에서 본격적으로 신동방정책을 추진했다. 신동방정책의 목표는 인위적인 분단이 발생시킨 인간적 고통을 경감하고 완화시키는 것으로 이를 위해서는 동독을 정당성 없는 괴뢰정권으로 치부할 것이 아니라, 하나의 정식 국가로 인정하고 지원함으로써 평화공존을 추구할 필요가 있었다. 그리하여 동독과 서독과의 관계를 한 민족 한 국가에서 한 민족 두 국가로 전환시켰다. 독일문제를 다루는 전독문제성(Bundesministerium für gesamtdeutsche Fragen)의 호칭을 내독관계성(Bundesministerium für innerdeutsche Beziehungen)으로 바꾼 것은 브란트의 의지를 전형적으로 보여 준다(김진호, 2014). 또한 기존의 할슈타인 원칙을 폐기하고 동독과 외교관계를 맺은 국가들과도 외교관계를 수립함으로써, 동독을 고립화하는 정책을 폐기하고 동구권과의 관계 개선을 추진하였다. 그 결과 1970년 모스크바조약, 바르샤바조약, 1971년 베를린에 관한 4개국 협정에 이어 1972년에는 동서독 기본조약을 체결함으로써 서독의 독일문제에서의 방향을 아데나워가 추구했던 현상 타파에서 현상 유지로 완전히 전환시키는 데 성공하였고, 1973년 유엔에 동독과 함께 동시 가입하였다.

이 과정이 순탄하게 진행된 것은 아니다. 당시 기민당과 기사당은 브란트가 통일을 포기하고 서독을 모스크바에 종속시키고 있다고 맹렬히 비판하였다(김면회, 2010). 동독을 사실상의 국가로 인정함을 의미했던 동서독 기본조약은 하원에서는 268 대 217표로 비준되었지만, 기민당의 반대로 상원에서 부결되었다가 상하원조정위원회를 통해서야 비준되었다. 이 과정에서 기민당은 위헌소송까지 제기하였고, 브란트 불신임투표를 강행하였다. 1969년 이후 사민당과 자민당의 연정에서 10명의 의원이 신동방정책에 반대하여 기민당으로 당적을 옮겼던 만큼 위협적인 불신임투표였으나, 브란트에게는 다행히도 겨우 2표 차로 불신임투표는 통과되지 않았다.

신동방정책에 반대한 것은 정치세력만은 아니었다. 실향민연합 역시 신동방정책에 강력하게 반발하였다. 실향민들은 주로 중부유럽의 각국에 흩어져 살다가 제2차 세계대전 패배 이후 추방되어 서독에 정착한 사람들과 동독에서 탈출한 사람들로 이루어져 있었다. 이들은 1950년대에는 독자 정당을 출범시켜 기민당과의 연정에 참여했을 정도로 세력화가 되어 있었고, 원내 진출에 실패한 이후에도 협회를 조직하여 정치권에 강력한 영향력을 행사해 오고 있었다.

브란트가 신동방정책을 추진해 동독을 사실상의 국가적 실체로 인정한 것과 동구권 국가들과의 외교관계 수립 과정에서 폴란드와의 국경선인 오더-나이세선을 인정한 것은 실향민들에게는 자신들이 돌아갈 고향을 포기한 것으로 인식되었다. 그들은 브란트에게 신동방정책을 포기하고 재통일정책으로 돌아갈 것을 시위, 출판, 의회 위원회 설립 등을 통해 요구했다(김진호, 2014). 실향민연합은 불신임투표 부결 이후 기민당과 연합하여 총선에 임했으나, 1972년 총선에서 일반적인 예상과 달리 사민당에 대패하였다. 단독으로 원내1당을 차지하는 대승을 거둔 사민당은 신동방정책을 안정적으로 추진할 수 있었다.

3) 공론화 없는 통일

베를린장벽이 무너지기 전까지 누구도 통일이 그렇게 급속하게 이루어질 것이라고 예상하지 못했다. 1984년과 1987년에 동독과 서독에서 각각 14~29세 이하를 대상으로 이루어진 여론조사에서도 통일이 가능하다고 답변한 비율은 동독 4%, 서독 2%에 불과했으며, 통일이 불가능하다고 답변한 비율은 각각 60%, 68%에 달했다(김진호, 2014). 장벽이 무너지기 불과 몇 달 전인 1989년 봄에 서독에서 이루어진 여론조사에서도 생전에 통일이 가능할 것이라고 답변한 사람은 겨우 7%에 불과했다(김진호, 2014). 예상하지 못했던 통일이 급격한 속도로 진행되면서 서독의 시민사회는 물론 의회 역시 통일 과정에 능동적으로 개입하지 못했다. 통일 과정을 주도한 것은 동독에서 격화되어 갔던 반체제 시위, 그리고 그 시위에 적극적으로 반응했던 헬무트 콜 수상이었다.

당시 서독 정부는 통일에 대한 사전계획이 전혀 없었다(김진호, 2014). 콜은 1989년 11월 28일 발표한 10개 항 계획에서만 하더라도 동서독 간 국가연합을 수립할 것을 제안했다(염돈재, 2010). 그러나 동독에서 시위의 구호가 점차 "우리가 국민이다(Wir sind das Volk)"에서 "우리는 하나의 국민이다(Wir sind ein Volk!)"로 변하며 동독 개혁보다는 서독과의 즉각적인 통일로 초점이 옮겨 가자, 콜은 1990년 초에 이르러 전격적 통일로 정책 방향을 변경하였다. 콜의 회고록에 따르면 이 변경에는 1989년 12월 19일에 있었던 동독 드레스덴 방문이 결정적이었다. 콜이 동독 총리 한스 모르도와의 정상회담을 위해 드레스덴에 방문하자 몰려든 동독 시민들은 모르도가 아닌 콜의 이름을 외쳤고, 이 경험을 통해 동독이 끝났으며, 통일이 눈앞에 있다는 것을 깨달았다고 한다(김영희, 2016).

이 과정에서 콜은 주요 정책들을 내각이나 관료 조직을 통하기보다는 신뢰하는 소수의 최측근들과 함께 연방총리실을 중심으로 결정해 나갔다. 또한 공론화보다는 영향력을 가진 인사들과 직접 만나서 문제를 해결했다. 언론과의 접촉을 회피했고 중요한 정책 결정을 내린 후에야 언론에 발표하곤 했다. 연방 내각의 역할 역시 이미 총리실에서 결정한 사항을 사후 추인하는 데 그쳤다. 콜의 핵심 측근인 내무부장관 볼프강 쇼이블레 역시 동독에 서독의 제도를 이식함에 있어서 전문가위원회가 제안한 느린 동화 정책을 수용하기보다는, 이미 논의가 시작되기 전부터 비밀리에 완벽하고 신속한 동화를 위한 이행법을 추진함으로써 토론을 피했다. 통일의 본질적인 분수령이 됐지만, 서독 마르크와 동독 마르크를 일대일 비율로 교환함으로써 통일 이후 동독 경제를 붕괴시켰다고 평가받는 화폐 통합 역시 여론을 통하기보다는 내부 실무그룹에 의해 이루어졌다. 당시 연방은행, 재무부, 전문가위원회, 각종 경제연구소, 경제학자들은 빠른 화폐 통합과 동독 마르크의 화폐 절상을 반대했으나, 콜은 이를 수용하지 않았다.

콜을 중심으로 급속하게 통일이 진행되는 동안 서독 내 시민사회는 통일 과정에서 역할이 없었다. 대부분 통일을 예측하지 못한 만큼, 미리 대비계획을 준비하지 못한 상태에서 통일을 맞이했기 때문이다. 서독 시민사회 내에서 가장 큰 영향력을 확보하고 있는 조직 중 하나인 노동조합 역시 통일에 대한 준비가 없었던 것은 마찬가지였다(정병기, 2003). 1981년에 노조 원칙강령에서 재통일과 관련된 사항을 삭제하고 대신 동독과의 공존을 전제로 한 평화정책을 노조의 관심사항으로 제시하였던 것에서 알 수 있듯, 서독 노조는 독일문제의 해결방향을 통일로 보지 않고 있었다. 그 결과 동독의 정당들이 1990년 3월에 있었던 동독의 최초이자 마지막이었던 자유선거를 앞두고 서독의 정당들과 연합함으로써 일정한 영향력을 유지했던 것에 비해, 동독의 시위를 주도했던 동독의 시민세력들은 서독의 시민사회에서 연대세력을 찾아내지 못하고 통일 이후 주도권을 상실하였다.

독일 통일 이후 30년의 시간이 흘렀지만, 여전히 신연방주와 구연방주 사이의 경제적 격차는 존재한다. 또한 이 격차는 정치와 행정의 통일을 넘어 사회문화적 통합을 의미하는 내적 통합의 저해요인으로 작용하고 있다. 구연방주 주민들의 경우, 상대적으로 신연방주에 대해 큰 관심을 가지고 있지 않다. 2010년에 있었던 여론조사에 따르면 신연방주 주민 중 9%만이 아직까지 구연방주에 방문한 적이 없었던 것에 비하여 구연방주 주민은 21%가 한 번도 신연방주에 방문한 적이 없었다. 또한 신연방주 주민의 78%가 구연방주 주민과 결혼할 수 있다고 응답한 것에 비해, 구연방주 주민은 67%만이 그렇다고 응답했다(윤철기, 2014: 22).

다만 서독 주민들의 동독에 대한 무관심은 통일 이후에 생겨난 것이 아니라, 오랜 역사가 있다. 새로 집권한 사회민주당의 브란트가 신동방정책을 추진함으로써 동독과의 문제가 사회적 관심사항으로 떠오른 1971년의 설문조사에서도 동독에서 발생하는 일에 관심 있다고 대답한 서독 주민은 42%에 불과했으며, 54%는 관심이 없다고 답했다(노명환, 2006: 60). 그러나 대부분의 주민들이 동독에 관심 없다고 답변한 1960년대에 비하면, 42%라는 수치도 상당히 증가한 것이었다(노명환, 2006: 60). 또한 통일을 시급한 과제라고 생각한 비율도 1965년 45%에서 1988년에 무려 0.5%로까지 급락하였다(염돈재, 2010).

결국, 이러한 수치들은 베를린장벽 붕괴에서 서독 시민들이 열광한 것은 일시적이고 예외적인 것이었음을 말해 준다. 서독의 시민사회 내부에서 통일은 관념상으로는 추구해야 할 목적이었을지 몰라도, 현실적인 목표는 아니었으며, 주요 담론이 아니었다. 통일은 갑작스럽게 찾아왔고, 1년이 채 안 되는 짧은 시간 동안, 동독 시민들의 강력한 요구와 콜 수상의 주도하에서 이루어졌다. 이 과정에서 통일에 대한 대비가 없었던 서독 시민들과 시민사회는 어려움을 겪을 수밖에 없었다(전재성 외, 2013: 204).

위르겐 하버마스는 통일 과정에서 서독과 동독 시민들을 포함한 공개적인 논의가 없었다는 점이 통일 이후 심각한 문제를 낳았다고 지적했다. 통일을 위해 무엇을 희생할 수 있는지, 무엇을 기대할 수 있는지에 대한 상호 간의 공론화 과정이 부재한 통일의 결과로 구연방주에서는 불만이, 신연방주에서는 분노가 확산되고 있다는 것이다. 구체적으로 콜 정부가 동독의 재건을 위해 서독이 지원해야 하는 지원금 규모에 대한 논의를 회피했으며, 빠른 통일을 위해 서방의 경제정책을 일방적으로 동독에 이식하는 민영화 정책을 추진함으로써 대규모의 탈산업화와 대량 실업을 촉발했고, 각종 행정시스템 역시 일방적으로 이식함으로써 내적 통일을 더 어렵게 만들었다(Harbermas, 1996).

콜 정부는 통일에 필요한 막대한 비용을 은폐하고 통일에 대한 장밋빛 미래를 선전하며 일방적으로 통일을 추진해 나갔다. 헬무트 슈미트의 회고에 따르면, 콜은 "짧은 시일 안에 국가 번영을 이룰 것"이라고 동독 주민에게 약속했으며, 서독 주민에게는 "우리는 어떠한 경우에도 세금을 인상하지 않을 것"이라고 말했다. 통일이 조인되기 전날 TV 연설에서 "지금 우리는 그 어느 때보다도 통일의 경제적 과제를 극복할 준비가 잘되어 있다"고 장담했다. 이는 당시 1990년 2월에 있었던 여론조사에서 서독 주민 중 통일비용 지불에 찬성하는 비율이 5%, 주저하면서 찬성하는 비율이 15%에 불과했던 반면, 반대한다는 주민이 77%에 달했던 상황을 우회하기 위한 조치였다. 2019년 이루어진 조사에 따르면 구연방주와 신연방주 모두에서 통일은 긍정적인 것으로 기억되고 있다. 그럼에도 불구하고, 각종 미래에 대한 전망은 크게 다르게 나타나고 있다. 구서독지역인 구연방주 주민들의 경우 미래의 경제, 정치, 교육에 대해서 상대적으로 낙관적으로 생각하는 비중이 큰 반면, 구동독지역인 신연방주의 주민들에게서는 부정적인 답변이 더 높게 나타난다.[8] 사회경제적 조건의 실질적인 격차와 더불어 두 지역 주민들의 미래 전망에서도 차이가 여전히 지속되고 있다. 통일은 했지만 그것이 민족적 차원에서 반드시 필요했으며 함께 잘 살기 위해 서로 도와야 한다는 주장에 대한 지지가 매우 낮은 상태가 이어지고 있다.

4. 공론화와 국민적 합의의 관점에서 본 역대 정부의 통일정책

1) 김대중 정부와 노무현 정부

한국의 통일 논의에서도 시민과의 소통이나 동의가 없는 것은 마찬가지이다. 정치적 수사이기는 했지만 국민적 합의에 기초한 통일정책을 천명

8 https://www.pewresearch.org/wp-content/uploads/2019/10/FT_19.10.18_EastWestGermany_Topline_2.pdf

한 최초의 정권은 김대중 정부와 이를 승계한 노무현 정부일 것이다. 물론 실제로는 대북정책에서 국민적 합의를 위한 공식적 절차는 없었을 뿐 아니라 투명하지도 않았다(김의영, 2013). 그 결과 두 정부가 추진한 대북정책은 사회적, 경제적, 정치적 입장을 달리하는 집단 간 갈등을 증폭시키는 불씨가 되곤 했다. 김대중 정부와 노무현 정부의 통일정책은 각각 대북화해협력정책(engagement policy)과 평화번영정책(policy of peace and prosperity)로 불린다(〈그림 8〉 참조). 두 정부의 대북정책은 서로 표현은 달랐지만 '국민 합의에 의한 대북정책 추진'과 '국민과 함께하는 정책'이라고 명시함으로써 정부의 일방적 대북정책의 수립과 추진을 경계하고 있

김대중 정부의 대북화해협력정책(engagement policy)

평화와 화해협력 및 남북관계의 개선을 통한 한반도 통합

3대 원칙

- 평화를 파괴하는 무력 도발 불응
- 흡수 통일 배제
- 남북 간 화해협력의 적극 추진

정책 기조

- 안보와 화해협력의 병행 추구
- 평화공존과 평화교류의 우선 실현
- 남북한 상호이익의 도모
- 남북 당사자 해결 원칙하에 국제적 지지 확보
- 국민적 합의에 의한 대북정책 추진

노무현 정부의 평화번영정책(policy of peace and prosperity)

평화증진과 공동번영

4대 원칙

- 남북한 간 대화를 통한 문제 해결
- 상호신뢰 우선과 호혜주의
- 남북한 당사자 원칙에 입각한 국제협력
- 국민과 함께하는 정책

추진전략

- 북핵문제의 평화적 해결
- 한반도 평화체제 구축
- 동북아 공동번영 추구

그림 8. 김대중 정부와 노무현 정부의 대북정책

출처: 통일부 북한 정보 포털, 평화번영정책

음이 확인된다. 두 정부는 남북한 문제는 당사자 문제이면서 국제 문제라는 점을 감안하여 한반도 문제 해결에서 주변국의 지지와 협력이 절대적으로 중요하다고 판단하여 남북한 당사자 원칙에 입각한 국제협력의 원칙을 강조하였다. 두 정부 모두 국민과 함께하는 정책이라는 원칙하에 대북정책 추진에 있어서 국민적 합의를 기본으로 하고 그 어느 정부보다도 투명한 대북정책을 추진하겠다고 공표하였다.

북한과의 군사적 긴장을 완화하고 '선평화 후통일'이라는 기본원칙에 대한 진전을 이루어낸 김대중 정부의 햇볕정책도 합의에 기초한 것은 아니었다. 김대중 정부조차도 국민적 합의를 바탕으로 대북정책을 추진하겠다는 약속을 지키지 못했다. 노무현 정부도 '국민과 함께하는 정책을 원칙으로 하여 대북정책 추진에 있어서 국민적 합의를 기본으로 하고 그 어느 정부보다도 투명한 대북정책을 추진하겠다'고 공표하였으나 대북정책을 둘러싼 정쟁의 소용돌이에서 어려움을 겪기는 마찬가지였고, 이를 타개하기 위해 제시한 국가 발전과 동북아 번영을 통한 항구적 평화정책 추진도 타 정파나 시민사회와의 소통 속에서 도출된 것은 아니었다. 진보정부에서조차 대북정책은 공론장에 제대로 올려진 적이 없었다. 그 이유는 무엇일까? 여러 가지를 들 수 있겠으나, 무엇보다 북한에 대한 인식과 대북정책을 통해 이루려는 목표가 정파들 사이에서 다르기 때문일 것이다(통일연구원, 2017: 72). 대북 노선을 둘러싼 정파 간 이견은 토론을 통해 좁힐 수 있는 문제가 아니라 정파의 정체성과 생존을 걸어야 하는 사생결단의 문제이기 때문일 것이다. 각 정파의 핵심적 지지 기반의 금과옥조여서 둘 사이에 협의와 동의의 공간을 만드는 시도를 하는 것은 세력의 약화를 각오해야 하는 일이었을 것이다. 북한을 바라보는 두 세력이 지닌 시각의 근본적인 차이로 기껏해야 5년만을 보장받은 일개 정권은 통일에 대한 국민적 합의 도출과 수용성 제고 추진이 어려웠다. 결과적으로 시민이 직접 참여한 통일 논의는 고사하고 두 거대 정치세력 간에 대화도 이루어진 적이 없다. 유력 정치인이나 세력이 갑자기 내놓은 통일에 대한 구상들이 시간이 지나 범람하면서 그 차이가 무엇인지에 대해 시민들은 알 수 없는 지경에 이르렀다. 통일 공론화를 바로 시작해야 하는 이유가 여기에 있다.

2) 이명박 정부와 박근혜 정부

이명박 정부의 '비핵·개방·3000' 정책은 햇볕정책과 평화번영정책의 '민족중시'적 자세와 달리 '국제중시'적 자세로의 전환을 강조한다. 이명박 정부는 "상생과 공영의 남북관계"를 대북정책의 전략으로 설명하고, 이를 위한 중점과제로서, '한반도 비핵 평화 구조 공고화', '남북 경제공동체 기반조성', '남북 사회문화공동체 기반조성', '인도적 협력 증진'을 제시하였다.

이명박 정부는 햇볕정책과 평화번영정책이 북한 위주의 경향성을 보인다고 비판하면서 남한 위주의 남북관계를 구축하겠다고 천명하였다. 퍼주기가 이전 정권에서 행해졌다고 평가하면서, 핵문제 해결이 이루어질 때까지 대북 경협도 중단한다고 발표하였다. 물론 이 대목에서도 국민에게 알리고 동의를 구하는 과정을 거치진 않았다. 이명박 정부가 누가 주도하여 남북관계에 접근하는가에 천착했고 이를 다른 문제와 연동시켰다는 점은 통일 방안 구축과 공감대 확산은 전문가와 정치권의 몫이기 때문에 공론화할 필요성을 느끼지 못했음을 시사한다. 통일 공론화가 지향하는, 어떻게 함께 풀어갈 것인가의 문제는 고려 대상에 없었다. 그러면서도 대북정책의 핵심 원칙 중 하나로 국민 합의를 포함한 사실은 아

대북정책 비전	비전	한반도 평화통일의 실질적 토대 구축
	목표	평화공동체(비핵화+새로운 평화구조 창출) 경제공동체(북한의 발전+상생의 남북경협) 형성 행복공동체(남북 7천만의 행복 추구)
	방식	실용과 생산성에 기초한 상생과 공영의 남북관계 발전 추구

⇧

원칙	• 실용과 생산성 • 원칙에 철저, 유연한 접근 • 국민합의 • 남북협력과 국제협력

⇧

중점 추진 과제	• 진정성 있는 남북대화 • 한반도 평화정착 • 상생과 호혜의 남북경협 • 사회 문화교류의 활성화 • 인도적 문제 해결

그림 9. 이명박 정부의 대북정책: 상생과 공영의 대북정책

출처: 통일연구원(2008)

이러니하다(〈그림 9〉 참조).

박근혜 정부는 통일 준비의 정책화와 민관 협력의 제도화를 통해 통일 비전과 로드맵을 마련하고 통일 공감대 확산을 내세우며, 통일준비위원회를 출범시켰다. 통일준비위원회는 2014년 8월 대통령이 위원장으로 주재하는 제1차 전체회의를 시작으로, 일반인을 대상으로 한 다양한 공청회와 세미나를 개최하여 소통 창구로서 역할을 모색하였으며, 국제사회의 한반도 통일 문제에 대한 의견을 수렴하는 활동도 함께 진행하였다. "통일준비위원회는 정부위원, 민간위원, 국회의원, 국책연구기관을 아우르고 시민자문단, 교육자문단, 언론자문단을 포괄하는 대통령직속 위원회로서의 활동이 향후 통일을 준비하는 데에 밑거름이 될 것을 강조하였다."(송영훈, 2017: 60) 실제로 박근혜 정부의 통일준비위원회가 마련

표 1. 박근혜 정부의 대북정책

목표	남북관계 발전, 한반도 평화 정착, 통일 기반 구축	
추진 원칙	균형 있는 접근, 진화하는 대북정책, 국제사회와의 협력	
추진 기조	① 튼튼한 안보에 기초한 정책 추진 ② 합의 이행을 통한 신뢰 쌓기 ③ 북한의 '올바른' 선택 여건 조성 ④ 국민적 신뢰와 국제사회와의 신뢰에 기반	
추진 과제	① 신뢰형성을 통한 남북관계 정상화	- 인도적 문제 지속적 해결 추구 - 대화채널 구축 및 기존 합의정신 실천 - 호혜적 교류·협력 확대·심화 - '비전 코리아 프로젝트' 추진
	② 한반도의 지속가능한 평화 추구	- 평화를 위한 확고한 안보태세 완비 - 북핵문제 해결을 위한 다각적 노력 - DMZ 세계평화공원 조성 - 정치·군사적 신뢰구축 추진
	③ 통일 인프라 강화	- '민족공동체 통일 방안' 발전적 계승 - 국민과 함께하는 통일 추진 - 북한 주민의 삶의 질 개선 추구
	④ 한반도 평화통일과 동북아 평화협력의 선순환 모색	- 통일에 대한 국제사회의 지지 확대 - 동북아의 지속가능한 평화와 발전 추구를 통해 궁극적으로 북한문제 해결에 기여 - 북방 3각 협력 추진

자료: 하상식(2014: 127)

한 공감대 확산 노력은 이전 정부들의 통일 방안에 대한 접근과는 차별성을 가진 최초의 시도로 평가받는다. 통일준비위원회 주도로 전체회의와 분과회의가 정기적으로 개최되고 여기에서 통일 로드맵과 정책 의제가 발굴되기도 하였다. 2014년 8월에 제1차 회의를 개최한 이후 10월과 12월 2번의 전체회의를 열어 언론과 국민적 관심을 받은 바 있다. 특히 "2014년 통일 청사진의 제시, 인도적 지원 및 민생 인프라 구축, 한반도 평화와 국제협력, 상생과 융합의 생태환경 통합, 국민 통일 공감대 확산이라는 측면에서 정부와 민간 전문가, 시민단체들이 토론하는 기회를 제공한 것은 긍정적으로 평가"된다(송영훈, 2017: 61).

통일준비위원회에 대한 부정적인 평가도 제기된다. 우선 2016년 한

표 2. 박근혜 정부의 통일준비위원회의 구성과 운영

구성	위원장(대통령)과 부위원장(민간, 정부)을 포함한 50명의 위원으로 구성
조직	▲외교안보, 경제, 사회문화, 정치·법제도 등 전문성을 갖춘 분과위원회를 설치 ▲다양한 여론 수렴을 위해 국회협의체, 시민자문단, 언론자문단, 교육자문단 등을 운영
운영	전체회의는 분기마다 1회 개최, 분과위원회는 월 1회 개최, 자문단과도 정례 협의

출처: 통일부(2015: 37).

국의 정치적 상황, 즉 국정농단, 광화문 촛불시위, 대통령 탄핵 등과 맞물려 통일준비위원회는 실질적인 통일 담론 주도권을 상실하였다. 이 국면에서 민간 전문가들이 대거 참여했을지언정 실질적인 역할을 기대하기는 어려웠다. 아울러 통일준비위원회는 국민의 의견을 모아 이를 전문성을 바탕으로 정리해 통일 로드맵과 방안을 제시해야 했지만, 위원장인 대통령이 정치적으로 심각한 상태에서 역량을 발휘하기에는 한계가 있었다. 탄핵 이후 들어선 새 정부와는 대북관계와 통일 방안에 대한 철학에 있어서 근본적인 차이가 더욱 두드러졌다. 결국 통일준비위원회는 문재인 정부 임기 초인 2017년 6월 1일 출범한 지 3년 만에 폐지되고 만다. 이는 통일 방안 마련에 있어서 대통령과 정치권 중심의 한계를 여실히 보여주었다고 볼 수 있다.

3) 문재인 정부

문재인 정부의 대북관계와 통일 방안에 대한 접근법은 이전 두 정부와 매우 다르며, 김대중 정부와 노무현 정부의 접근법과 유사하다고 할 수 있다(민태은 외, 2017). 문재인 정부의 민족공동체 통일 방안은 남북한의 '화해협력', '남북연합', '완전한 통일국가 수립' 단계를 통해 최종적으로는 1민족, 1국가, 1체제의 통일국가 수립을 목표로 하는 단계적, 점진적 방식의 통일 방식을 추구하는바, 북한을 화해협력의 대상으로 존중하면

표 3. 문재인 정부의 대북관계와 통일 방안

2대 비전	'평화공존'·'공동번영'
3대 목표	① 북핵문제 해결 및 항구적 평화 정착 ② 지속가능한 남북관계 발전 ③ 한반도 신경제공동체 구현
4대 전략	① 단계적·포괄적 접근 ② 남북관계 북핵문제 병행 진전 ③ 제도화를 통한 지속가능성 확보 ④ 호혜적 협력을 통한 평화통일 기반 구축
5대 원칙	① 우리 주도의 한반도 문제 해결 ② 강한 안보를 통한 평화 유지 ③ 상호존중에 기초한 남북관계 발전 ④ 국민과의 소통과 합의 중시 ⑤ 국제사회와의 협력을 통한 정책 추진

출처: 통일부(2017)

서, 궁극적으로 남북 간 합의에 따른 평화적·민주적 방식의 통일을 지향하고 있다(통일부, 2017).

문재인 정부는 2017년 11월 21일, 대통령 후보 시절의 공약과 베를린 구상, 광복절 경축사를 통해 밝힌 대북정책의 비전과 전략, 목표 및 원칙을 담은 한반도 정책을 발표한 바 있는데, 여기에 포함된 5대 원칙 중 하나로 "국민과의 소통과 합의 중시"가 강조되었다. 그리고 4대 전략 중 하나로 "제도화를 통한 지속가능성 확보"도 언급되었다(표 3). 그러나 국민적 공감대 획득과 합의를 어떤 방식으로 실천해갈 것인가에 대해서는 아직 제시된 바 없으며 실제로 이와 관련해 어떤 움직임을 보인 적도 없다. 문재인 대통령은 후보 시절부터 평화의 가치와 중요성을 계속해서 강조해 왔으며, 이전 정부와 달리 전쟁 없는 평화, 일상의 평화가 보장되는 한반도를 반복적으로 강조해 왔다는 점에서(서보혁 외, 2018), 국민적 합의 프로세스에 대한 무관심은 이해하기 어렵다.

문재인 정부의 대북정책은 김대중·노무현 정부의 정책들을 계승하는 것으로 여겨지는 내용을 많이 포함하고 있다(민태은 외, 2017). 그리고 문재인 정부의 가장 큰 치적으로 미국, 북한과의 3각 외교를 통한 전쟁 위험 감소와 통일 대화 재개를 꼽는다. 문재인 정부는 평화를 최우선으로 추구하면서 상호존중의 정신에 입각하여 '일관성'과 '지속성'을 추구하는 데 역점을 두고 대북정책, 통일정책을 추진하고 있다. 이는 국민적 합의를 바탕으로 한 통일국민협약(국내적 측면), 남북기본협정(남북관계 측면), 한반도 평화협정(국제적 측면)을 체결해 제도적으로 뒷받침되는 지속가능한 남북관계를 정립하는 것을 목표로 하며, 정책의 범위를 동북아와 국제사회로 확장함으로써 모두에게 이익이 되는 협력을 증진시켜 공동번영의 질서를 창출하고자 한다(통일부, 2017). 그러나 전향적 대북관계와 통일 방안의 구체화는 한국의 전통적 보수세력을 자극해 갈등을 야기하고 있으며, 이를 해소할 실천을 요구하고 있다. 문재인 정부는 국민의 참여와 국회의 동의를 통해 이러한 갈등을 극복한다고 했으나, 무엇 하나 이루어진 것이 없다.

문재인 정부는 국민의 참여를 통한 통일 기반 구축을 강조하며 '열린 정책'의 정신을 구현하고, 지역과 현장으로 찾아가 정책을 설명하고 의견을 듣는 '직접 소통'과 '현장 소통' 노력을 확대해 나갈 것이라고 밝히고 있다. 또한, 접수된 국민 제안과 의견들은 정기적으로 정책 반영 여부를 정리하여, 그 결과를 국민들과 공유해 나가겠다고 밝힌 바 있다(통일부, 2017). 하지만 에너지, 환경, 예산 등 다른 분야에서는 국민의 참여를 강조하며 공론조사를 몇 차례 수행한 바 있으나, 아직 대북관계와 통일 방안 마련과 관련해서는 진지한 논의와 실천을 추진하지 않고 있다. 대통령과 정권 핵심의 의중, 그리고 정치 엘리트의 정치적 유불리 판단에 따른 통일 공론화 추진이 가진 폐해라 할 수 있다.

최근(2020년 5월 19~21일) 한국갤럽이 전국 성인 남녀 1,000명을 대상으로 문재인 정부의 7개 분야 정책과 관련해 각각 평가한 조사 결과에 따르면, 대북정책과 관련해 잘한다는 평가는 1차 남북정상회담이 끝난 무렵인 2018년 5월 83%에 달한 반면, 이 조사에서는 40%까지 감소한 것으로 나타나 남북관계를 바라보는 기대와 실망의 간극을 보여주었다.[9]

5. 공론조사 의제로서의 통일과 평화체제

대북정책을 둘러싼 갈등이 심화할 경우, 대북정책은 내용이나 성격에 상관없이 국민적 비판에 직면할 수밖에 없으며, 그 결과 대북정책의 정당성과 추진 기반 또한 약화한다. 1차 남북정상회담 이후 김대중 정부의 대북정책에 대한 정권 내부 갈등, 정파 간 갈등이 시민사회로 확대되었고, 그 결과 대북정책의 정당성과 추진 기반도 흔들렸다. 시민사회 내 갈등과 정치권 내 갈등이 서로 상승작용을 일으켰으며, 대북정책의 이념화·정쟁화 경향은 더 강화되었다(김의영, 2013). 물론 대북관계 개선과 통일 방안 마련에 대한 사회적 대화와 합의를 추진하는 일은 신중해야 한다. 북한에 대한 인식이 근본적으로 다르다는 점과 이러한 인식 차이를 좁히기가 매우 어렵다는 점을 유념하고 실현 가능성이 거의 없는 대북정책에 대한 합의를 강조하기 위해서는 면밀한 검토와 치밀한 준비가 선행해야 한다. 통일 과정과 방안에 대한 논의는 긴 호흡에서 이루어져야 한다. 따라

9 http://www.newdaily.co.kr/site/data/html/2020/05/22/2020052200134.html

서 단기적으로 정책의 구체적 내용에 대한 이견을 좁히는 데 몰두할 것이 아니라 시간이 소요되더라도 우리 내부에서 북한에 대한 인식 차이를 좁힐 수 있는 방법부터 고민해야 할 것이다(통일연구원, 2017: 73).

숙의를 통한 민주주의의 질 향상. 현 정부는 정치과정에 투명성과 공정성을 강화하기 위해 여러 제도를 시행했는데, 그중 대표적인 것이 학습과 토론에 바탕을 둔 숙의민주주의, 즉 공론조사이다. 이 제도는 정치권과 관료가 독점해 온 정책 결정권을 국민에게 돌려주고, 그 과정을 공개해 정책의 정당성과 책임성을 강화하려는 시도이다. 좋은 민주주의란 결국 어떤 위치에 있고, 얼마나 가졌는가에 관계없이 자신의 목소리를 표출할 수 있도록 하는 것이므로 이 시끄러운 절차를 거쳐 합의에 도달하고, 이를 통해 국민을 설득하는 과정은 매우 매력적이다. 전문성이 없는 평범한 사람들도 정책에 관여한다는 시민 역량에 대한 믿음을 전제하고 있어 희망적이기도 하다. 통일 방안에 대한 공론화의 초기 형태로 김의영(2013)이 밝힌 바 있는, 대북정책 결정과 추진 과정에 대한 민주적이고 개방적인 정책 거버넌스를 고려해 볼 만하다. 즉 대북정책에 대한 사회적 소통을 활성화하기 위한 제도적 기반을 우선 만들고, 그 운영을 전적으로 해당 기관에 일임하는 것이다. 최종 결정은 정부와 정부 엘리트가 하되, 정책 거버넌스는 공론화, 토론회, 공청회, TV 토론, 사이버 공론장, SNS, 각종 행사 등 모든 채널을 가동하여 충분히 의견을 모으고 정리해 최종 결정권자에게 권고안을 제시하는 것이다. 이 과정에서 되도록 많은 국민이 통일에 대해 진지하게 고민하고 북한과 관련된 많은 정보에 노출되어 냉정하고 차분한 토론을 사회적으로 조직하는 것이다. 사회적 소통의 활성화는 사회 전체적으로 정책 대안을 폭넓게 모색하도록 하는 기반을 형성하며, 불필요한 이념 갈등과 정쟁을 감소시키는 결과를 가져올 수 있다. 즉 대북정책의 지속가능성과 일관성을 강화할 수 있다.

한반도의 평화와 통일로 가는 공론화는 어떠해야 하는가? 공론조사의 성공 조건은 무엇인가? 끝으로 통일의 공론화가 성공하기 위해서 갖춰야 하는 원칙들을 정리하면 다음과 같다. 공론조사를 구성하는 절차와 과정, 그리고 내용들이 너무 다양해 일일이 열거할 수는 없지만 대체적으로 다음의 네 가지 조건을 충족해야 성공한 조사라고 평가받는다.

첫째, 공론조사는 이해당사자의 포괄적이고 전면적인 참여와 발언 기회의 확보가 보장되어야 한다. 자신들의 운명을 바꿀지도 모르는 결정이 자신들을 배제한 채 정해지거나, 발언 기회조차 박탈당한다면, 그런 상태에서의 공론조사 결과에 대한 수용 가능성은 낮아진다. 따라서 공론장이 이해당사자의 참여와 상호 토론 기회를 제공할 때, 공론조사의 과정과 결과에 대한 수용 가능성을 높일 수 있다.

둘째, 현대사회에서 이슈는 날이 갈수록 전문화되기 때문에 참여자들이 공론화 과정에 참여하기 위해서는 일정 수준 이상의 지식과 정보를 가지고 있어야 한다. 문제로 다루어지는 사안에 대한 기초적인 이해가 전제되지 않은 상태에서 이루어진 공론조사 결과는 사회 갈등을 해소하기보다는 증폭시킬 가능성이 높다. 한쪽에 치우친 정보를 참여자에게 제공하는 경우에도 공론조사 결과와 의사 결정의 정당성은 낮아진다. 정보 제공에서 소외된 당사자가 그 결과를 쉽게 수용할 수 없기 때문이다.

셋째, 일반 국민의 능동적인 참여와 상호 간의 토론 기회 제공이 매우 중요하다. 이는 심의민주주의 이론에서 공론장의 핵심적인 속성으로 강조하는 공적 대화로서, 시민으로서의 정체성의 변화와 공적 관점에서의 이익과 가치의 재정의가 발생하는 중요한 계기일 수 있다. 일반 국민 모두가 공론조사의 참여자가 되는 방법은 국민투표밖에 없다. 소수의 국민이 참여하는 공론조사의 결과를 바탕으로 정책 결정이 이루어지는 점을 감안하면 공론화 과정에서 다루어지는 모든 정보와 지식, 그리고 논쟁을 일반 국민들이 공유하는 것은 공론조사의 성패를 좌우한다. 이는 공론조사를 수행하는 이유 중 하나가 정책 결정의 결과를 되도록 많은 국민이 수용할 수 있도록 조건을 구성해가는 것이기 때문이다.

넷째, 공론조사 결과의 국민적 수용성을 담보할 수 있는 절차 공정성의 확보이다. 절차 공정성이 담보될 때만이 상반된 입장을 가진 당사자들의 참여 가능성을 확보할 수 있고, 공론조사 결과에 대한 수용 가능성을 증대시킬 수 있기 때문이다. 이 기준으로 보았을 때 통일 방안과 평화체제에 대한 공론조사는 국민 모두 이해당사자이며 해당 사안에 대한 관심도와 이해도가 일전에 수행된 신고리 5·6호기 건설 재개/중단 공론조사보다 높다고 할 수 있다. 그러나 다루어야 할 사안이 광범위하고 다양해 의제 설정이나 정보 제시가 쉽지 않고 이와 관련된 갈등도 여러 층위에서 발생할 가능성이 크다.

향후 통일 논의의 민주주의를 위해 고려해야 할 현실적 문제들을 정리해 보면 다음과 같다. 첫째, 서구의 참여민주주의 실험에서 드러난 공통적인 문제는 아는 게 많고 소득수준이 높은 사람들의 주장이 더 중요하게 취급된다는 점이다. 지도자는 이를 대중의 평균적 의견으로 인식해 결정에 반영하고 이 결정으로 만들어진 정책은 사회적 약자가 아닌 좋은 환경에 있는 사람들을 위해 봉사한다. 신고리 5·6호기 공론화 백서에 따르면, 시민토론회에 참가한 471명 중 약 40%가 월 500만 원 이상의 소득을 가진 경제적으로 안정적인 사람들이었다. 사회경제적 불평등과 참여불평등의 악순환은 참여민주주의가 항상 경계해야 할 대상이다.

둘째, 참여의 제도화는 언제든지 절차적이고 형식적인 통과의례로 변질되곤 한다. 기획재정부는 국민이 예산사업의 제안, 심사, 우선순위 결정에 직접 참여하는 국민참여예산제도를 실시하고 있다. 투명성 제고의 측면에서 좋은 시도로 보이지만, 실제 우리 대부분은 이 제도의 존재 자체도 알지 못한다. 예산과 재정은 상당한 전문성을 요구하기 때문에 일반 시민은 관심이 있어도 접근이 어렵다. 결과적으로 국민의 참여가 미진한 국민참여예산제도로 귀결될 가능성이 있다. 그래도 기획재정부는 대통령의 국정 기조에 부응하는 참여제도 실시라는 명분을 취하고, 이익집단은 자신의 이해를 담은 사업을 제안하는 실리를 챙기며, 관련 부처는 제안된 사업 중에서 입맛에 맞는 것을 선택하는 자율성을 확보하게 될 것이다. 국민의 관심과 참여가 결여된 참여제도는 한 번의 잔치로 끝날 수 있음을 명심해야 한다.

셋째, 공론장에서는 극단적인 주장이 주목을 받는다. 토론을 통해 한쪽에 치우친 주장이 자연스럽게 걸러지면 좋지만 대개는 가장 높은 지지를 받는다. 국가교육회의의 공론화위원회가 대학입시제도를 토론과 숙의를 통해 결정하는 것이 맞는가에 대한 의문은 논외로 하더라도, 입시 정책처럼 주제가 엄중하고 복잡하며, 모든 국민이 이해관계자인 사안에서는 이해가 쉽고 선택에 부담이 없는 안이 채택될 가능성이 높다. 대중적 지지가 높은 안이 항상 선한 결과를 의미하지는 않는다는 사실을 잊지 말아야 한다. 사실 숙의민주주의의 진정한 가치는 학습과 토론이 이루어지는 과정에 있다. 이 과정에서 산출된 기록은 최종 결정 시 유용한 자료로 활용된다. 즉 숙의민주주의의 핵심은 승자와 패자를 정하는 것이 아닌 결론에 도달하는 과정에 있다. 그러나 기존 공론화는 이해와 입장을 달리하는 집단 중 누가 이길지를 선택하도록 강제하기 때문에 민주주의의 질과 격을 한 단계 높일 수 있는 공론조사라는 제도의 가능성을 스스로 제한하고 있다. 충실한 학습과 토론을 통해 창발할 수 있는 시민의 지혜를 포기한 것이다.

토론과 숙의의 중요성은 남북문제에서도 마찬가지이다. 문재인 대통령과 김정은 위원장이 판문점에서 보여준 전쟁종식에 대한 의지는 온 국민을 들뜨게 하지만 남북 공존과 평화 정착까지는 지난한 과정이 될 것이다. 시간이 흐르면서 생각의 차이가 선명해질 것이며, 내부 갈등도 격화될 것이다. 평화를 위한 국민의 에너지를 하나로 모으려면 현실적인 갈등에 대한 조심스러운 접근이 필요하며 그 출발은 소통과 협의가 되어야 한다.

김면회. 2010.「독일 신동방정책 결정 요인과 지속성 연구」.『유럽연구』28권 2호.

김영희. 2016.『베를린 장벽의 서사』. 창비.

김의영. 2013.「대북정책의 국민적 합의와 거버넌스」. 통일부.

김진호. 2014.『서독의 동방정책과 신동방정책』. 파랑새미디어.

노명환. 2006.「사민당/자민당 연립정부의 동방정책과 동·서독 관계에 대한 국민의식 개혁 교육 그리고 그 변화(1969-82): 국가 상황에 대한 보고와 역사, 지리 그리고 사회과학 학교교재들의 내용을 중심으로」.『국제지역연구』10권 2호.

민태은·이기동·이상근·전재성. 2017.「대북·통일정책 관련 주요 쟁점과 정책추진방향」. 통일연구원.

박종철 외. 2005.『통일관련 국민적 합의를 위한 종합적 시스템 구축방안: 제도혁신과 가치합의』. 통일연구원.

박성조·양성철. 1991.『독일통일과 분단한국』. 경남대학교 극동문제연구소.

손기웅 외. 2007.『NGOs의 역할 및 발전방향』. 통일연구원.

서보혁·김일한·송영훈·손유나. 2018.「문재인 정부의 2018 대북정책 방향」. 통일부 연구용역 보고서.

염돈재. 2010.『독일 통일의 과정과 교훈』. 평화문제연구소.

윤철기. 2014.「독일 '내적 통합'이 남북한 '마음'의 통합에 주는 교훈」.『현대북한연구』17권 2호.

이동기. 2015.「국가연합과 평화체제: 분단 독일의 국가연합안 개관」.『시민과세계』27호.

전재성 외. 2013.『민족공동체 통일방안 계승 및 발전방향 공론화』. 서울대 국제문제연구소.

정병기. 2003.「독일 통일 과정에서 나타난 정치·사회단체들의 대응: 개혁과 통일의 갈등」.『통일정책연구』12권 2호.

청와대. 2009.『이명박 정부 외교안보의 비전과 전략: 성숙한 세계국가』.

통일연구원. 2008.「상생공영 정책 추진방향 체계 및 추진전략」.『「이명박 정부」대북정책의 체계 및 추진전략』. 통일부 정책연구보고서.

통일연구원. 2010.『이명박 정부 대북·통일정책의 세부 실천방안』. 경제·인문사회연구회 협동연구총서.
통일부. 2015.『박근혜정부의 통일 구상』.
통일부. 2018. “「문재인의 한반도 정책」 설명자료 발간 관련 Q&A.”
통일부 북한 정보 포털, 대북포용정책. https://nkinfo.unikorea.go.kr/nkp/term/iewKnwldgDiccary.do?pageIndex=7&dicaryId=128&searchCnd=0&searchWrd=.
통일부, 북한 정보 포털, 평화번영정책. https://nkinfo.unikorea.go.kr/nkp/term/viewKnwldgDicary.do?pageIndex=1&dicaryId=17.
하상식. 2014.「박근혜 정부 대북정책의 특징과 과제」.『대한정치학회보』 22권 4호.

Habermas, Jürgen. 1996. “National unification and popular sovereignty.” *New Left Review* 1/219.

결론

8 한반도 전략적 평화를 위한 시론

평화조건과 양자승인의 이중주●

김태균

1. 서론: 평화의 전략화를 위한 총체적 접근

이른바 '평화학(peace studies)'의 학문적 동기는 전 세계에 퍼져 있는 분쟁과 내전을 방지하고 궁극적으로 이를 종식하며 분쟁 이후 안정적인 국가와 사회의 재건을 모색하기 위한 국제사회의 새로운 민주적 거버넌스 프로젝트의 총체적인 학술적 노력에서 시발되었다고 정의할 수 있다. 평화학을 현실적·정책적 필요성에 기반을 둔 신생 문제해결형 학문으로 치부하기에는 이미 기존 사회과학이 평화학에 개념적으로나 정책적으로 깊은 뿌리를 두고 있다. 평화라는 개념이 일종의 범분야적(cross-cutting) 성

● 이 글은 2019년도 서울대학교 통일평화연구원의 재원으로 통일·평화기반구축사업의 지원을 받아 수행된 결과물로 한양대학교 평화연구소 학술저널인 『문화와 정치』 제7권 2호에 게재된 "분쟁 이후 평화구축의 성공요인에 관한 전략적 평화론: 평화조건과 양자승인의 이중주" 논문을 중심으로 수정·보완한 것이다.

격을 띠기 때문에 분쟁 전 예방외교에서 분쟁 후 국가재건 및 국정관리 회복에 이르기까지 한 국가와 사회가 갈등과 분쟁에서 안정과 복구로 이행하기 위하여 주변 국가와 조율하고 협력해야 하는 다층적인 국제관계의 공통 변수로서 평화의 가치가 인식되어 왔다. 갈등과 전쟁에 반대되는 개념이자 그 해법으로 간주된 평화는 국가 간의 관계성을 현실주의적 힘의 위계질서가 아닌 자유주의적 협력으로 전환시키는 주요 수단이자 목적으로 활용되었다. 따라서 칸트의 영구평화론(perpetual peace), 자유주의 전통의 민주평화론(democratic peace theory), 레이몽 아롱의 『평화와 전쟁(*Peace & War*)』 등의 국제정치 자유주의 이론 또는 대안적 사회학 이론과 더불어, UN의 평화유지활동(peacekeeping operation, PKO) 등 실제 국제사회의 구체적인 개입행위로 다양하게 현실정치에서 활용되었다.

인권, 민주주의, 평화구축(peacebuilding)에 대한 글로벌 수준의 컨센서스가 UN의 PKO 등으로 가시화되고 본격적으로 평화가 글로벌 공론장에서 표출되는 과정에는 냉전종식이라는 역사적 분수령이 있었다. 1987년부터 1994년 사이에 UN 안전보장이사회가 통과시킨 결의안의 수가 그전 냉전시대보다 네 배로 증가하였고, 평화유지활동의 수는 세 배로 증가하였으며, 경제제재의 수는 일곱 배로 확장되었다(Doyle and Sambanis, 2006: 6-7). 파병된 군인의 수도 1만 명에서 7만 명 이상으로 확대되었으며, UN의 평화유지활동 예산도 2억 3천만 달러에서 36억 달러로 대폭 확장되었다. 특히, 1945년 이후부터 2000년까지 UN이 추진했던 55번의 평화작전 중 75%에 해당하는 41차례의 평화작전이 1989년 이후에 집행되었으며, 냉전 이후 1989년과 1999년 사이 10년 동안 33차례 평화작전이 기획되었는데 이 수는 지난 냉전 기간 40년 동안 시행되었던 15차례의 평화작전보다 두 배 이상 많은 결과이다(Paris, 2004: 17).

이렇듯, 냉전 이후의 평화학은 UN PKO와 같이 실천의 영역에서 뚜렷한 성과와 현실적 참여를 이루어내었다.[1] 평화유지활동의 성공여부를 떠나 분쟁지역에 적용된 평화학의 실천적 기여는 충분히 가시적인 성과를 만들었다는 역사의 평가를 받을 수 있다. 반면, 상대적으로 평화학의 이론적 발전은 실천적 성과에 비해 만족스러운 결과를 도출하지 못하고 있는 상황이다. 평화학의 지적 경로가 역사적 사건과 다양한 인접 학문 분야에서 수입된 다학제적 상상력으로 형성된 만큼, '평화'에 관한 학술적 정의의 경우 명확한 개념보다는 개념에 관한 논쟁적인 상황이 필연적으로 연출될 가능성이 높다(Caplan, 2019: 10). 따라서, 평화학에 대한 명확한 구분과 학술적 기준 없이 특정 연구에 평화와 관련된 내용이 있는 경우 쉽게 평화학 범주로의 진입이 허용되는 현상이 발생한다.

평화의 정의와 평화학의 범주에 관한 논쟁은 차치하더라도, 평화학의 인식론적 범주가 대부분 자유주의 맥락의 민주평화론에 한정되어 있다는 비판에 주목할 필요가 있다(Philpott, 2010; Paris, 2004). 정도의 차이는 있지만, 공통적으로 평화학의 주요 연구주제가 민주평화론에 입각하여 분쟁 이후 평화구축과 국가재건의 핵심적 내용을 자유시장경제, 인권보장, 민주주의, 경제성장 등에 집중하고 있기 때문에 신자유주의적 요소와는 거리가 있지만 분쟁 이후 단계에서 민주주의제도와 시장경제제도의 정착을 일괄적으로 모든 국가재건 프로젝트에 적용한다는 특징이 있다

1 유엔헌장 7장에 의거하여 국제연합군이 분쟁지역에 직접 투입되어 개별 국가의 주권을 초월하는 경우를 제외하고 UN의 평화유지활동은 보통 유엔헌장 6장에 의해 법적 정당성을 확보하게 된다. PKO의 행동범주는 인도주의적 긴급구호, 무장집단의 무장해제, 선거감시, 난민의 재정착, 정부기관/제도 재구축 등과 같이 상당히 다양한 의제로 확장되고, 때로는 국가주권 원칙을 침해하는 정부기관의 위임통치까지도 대행할 수 있다.

(Doyle and Sambanis, 2006; Russett, 1993). 이에 대하여 현실주의적 제도주의자들은 민주평화론에 기반한 처방이 평화구축 단계에서 민주주의의 공고화에 긍정적인 영향을 미치기보다 분쟁이 재발할 가능성이 큰 정치적 빌미를 제공한다고 비판한다(Fukuyama, 2004; Paris, 2004). 시장경제와 민주주의의 무리한 도입이 아직 준비가 되지 않은 취약국에게 오히려 제도적 부담을 주게 되고, 급격한 자유시장제도보다 실질적으로 국가재건에 필요한 제도와 이를 관리할 수 있도록 역량강화를 제공하는 것이 더 시급하다는 주장이다(Grindle, 2007). 또한, 이러한 논쟁을 넘어서 민주주의의 특징만 강조하거나 제도적 측면만을 강조하는 것이 아니라 평화구축을 위해 동원 가능한 요소와 조건들을 통합해서 총체적으로 운영하는 '평화의 전략화'가 기존 평화학 논의의 대안으로 강조되고 있다(Philpott and Powers, 2010; Lederach, 2005).[2]

이렇듯, 이른바 '평화전략(strategies of peace)' 또는 '전략적 평화(strategic peace)'라는 대안적 평화학 접근법은 평화연구의 총체적인(holistic) 접근법을 모색하는 이론적 지향점을 가지고 있다. 21세기에 들어와 이미 UN 안전보장이사회는 기존의 협의의 평화구축에서 광의의 평화구축으로 전환하고 전략적 평화의 포괄적 접근(comprehensive approach)을 국제사회의 평화구축을 위한 새로운 패러다임으로 강조하였다(United Nations Security Council, 2001). 전략적 평화의 핵심은 분쟁 이

2 평화의 전략화 또는 전략적 평화론의 논의는 UN과 함께 학술기관으로는 미국의 노트르담대학교(University of Notre Dame) 소재 크로크 국제평화연구소(Kroc Institute for International Peace Studies)를 중심으로 추진되었으며, 이를 토대로 Strategies of Peace라는 연구성과가 2010년 단행본으로 출간되었다.

후 평화구축을 위해 동원 가능한 행위자와 행위 영역 및 수준을 통합적으로 관리하는 방안으로, 시간의 축도 단기와 중장기를 구분하고 재연결하는 평화의 전략화를 도모하는 것이다(Lederach and Appleby, 2010). 전략적 평화는 민주평화론에 입각한 기존 평화학 이론의 함정에서 벗어날 수 있고, 제도주의의 비판을 적극적으로 수용할 수 있으며, 요한 갈퉁(Johan Galtung)의 물리적 폭력이 해소된 소극적 평화(negative peace)와 구조적 폭력이 제거된 적극적 평화(positive peace) 간의 이분법도 통합할 수 있는 유연한 총체성을 가지고 있다. 더 나아가 분쟁 이후 평화구축을 위하여 단기적으로 투입되는 인도적 지원과 중장기적으로 투입되는 국제개발협력을 유기적으로 연결하는 통합성도 전략적 평화론이 보유한 장점이기도 하다(김태균, 2019).

그러나, 전략적 평화의 총체적인 접근법은 모든 가능한 행위자, 분석단위, 분석수준을 변수로 포괄하기 때문에 평화구축을 위한 평화작전 중 특정 사례가 성공한 이유를 구체적으로 밝히는 데 내재적 한계가 있다. 평화의 전략화 과정에서 다양한 수위의 변수가 복합적으로 연동되어 있기 때문에 사실상 전략적 평화론에서 특정 변수를 성공요인으로 찾아내는 작업은 대단히 어려울 가능성이 높다. 또한 성공요인의 정의와 기준에 관한 다양한 견해가 존재하기 때문에 더더욱 특정 성공요인을 찾아내는 작업은 쉬운 일이 아님이 분명하다. 분쟁지역의 갈등해결(conflict resolution)과 평화구축을 성공적으로 추진하기 위해서 전략적 평화론의 통합적 총체성이 필요하지만, 총체성을 구성하는 다층적인 요소 중 어느 요인이 성공적인 평화구축을 위하여 반드시 필요한 조건인가를 선별하는 과정도 중요하다. 따라서, 본 연구는 총체적인 전략적 평화를 토대로 평화구축이 성공적으로 진행되기 위해 가장 핵심적인 요인을 찾는 기초

분석을 목표로 한다.

전략적 평화의 평화작전이 성공하기 위한 요건을 탐색하기 위해서 본 연구는 UN이 평화협정(peace accords)에 따라 부과하는 평화조건(peace conditionality), 그리고 양자원조 관계의 제3국이 얼마나 평화조건을 지지하는가 또는 적어도 암묵적 동의를 하는가에 따라 평화구축의 성공이 좌우된다는 평화 프로세스에 주목한다. 이를 검증하기 위하여 지금까지 시행된 UN의 평화유지활동 사례 중 기존 연구가 모두 성공사례라고 평가하는 나미비아, 모잠비크, 캄보디아 등 3개의 PKO 사례와 각각의 사례에 적용되었던 평화조건, 그리고 이와 관련된 가장 핵심적인 제3국의 지지 정도를 비교·연구한다. 마지막으로 이러한 평화조건과 제3국의 양자승인을 중심으로 전략적 평화 방안의 한반도 적용에 관해 간략하게 검토함으로써 결론을 갈음한다.

2. 평화구축 프로세스의 다층적 구조: 전략적 평화의 총체성(holism)

분쟁 이후 평화구축을 성공적으로 추진하기 위해서는 복합적인 요인들을 동시에 고려해야 한다는 것이 국제기구와 학계의 중론이다(Wallis et al., 2018).[3] 1996년 라이베리아의 내전 종식 후 평화작전이 수행되는 과정에

3 분쟁 종식 이후 국가재건과 평화구축의 개발과정을 특정 주체에 따른 제도개선이 아니라 총체적인 국가형성의 복합체에 의한 혼종적(hybrid) 방식을 취해야 된다는 실천적 권고는 2011년 세계은행(World Bank)의 「세계개발보고서」가 강조한 국제기구와 원조공여국과

서 분쟁당사자인 반군과 정부군이 평화협정에 서명하고 이듬해 대통령 선거를 통해 리더십과 제도를 개선하는 정치적 노력이 20만 명의 목숨을 앗아간 내전의 폐해를 완벽하게 해결할 수 있었을까? 라이베리아에서는 2000년 다시 내전이 발발하였고 1차 내전과 동일한 이슈와 분쟁당사자가 다시 동일한 방식으로 내전을 반복하여 추가적으로 15만 명의 희생자를 낳았다. 결국 내전은 반복되었고 정치제도 개혁이라는 국부수술로는 평화구축이 성공하지 못하였다. 평화구축 과정은 단순히 정치적 제도를 개혁한다고 해결되는 문제가 아니라 내전의 원인이 되었던 경제·정치·사회·문화·종교 등 다양한 이슈들이 총체적으로 연결된 복합체를 전방위에서 해체하는 지난한 과정을 의미한다.

이러한 맥락에서 전략적 평화의 총체성이 중요한 해법으로 부상하게 된다. 분쟁을 종식하기 위한 분쟁당사국과 국제사회의 노력, 분쟁 이후 평화구축을 위한 경제재건, 정치시스템 복구, 사회통합 이슈에 관한 제도장치 구축, 평화구축 이후 분쟁 재발 방지를 위한 노력, UN과 주변국가들의 원조 지원 등 평화구축 프로세스는 복합적인 구조가 시공간적으로 분포된 혼종적(hybrid) 방식으로 전개된다(Mac Ginty, 2011; Peterson, 2012; Call, 2012). 복합적인 구조의 시공간적 분포가 이슈별로 구성되는 동시에 이슈와 분쟁을 바라보는 시각의 차이로도 재구성될 수 있다. 복합적으로 수용 가능한 모든 변수를 포괄하여 총체적인 접근을 시도하는 전략적 평화론은 동시에 모든 변수를 고려하지만 이 중 어떠한 변수를 전략

같은 외부행위자와 분쟁국의 내부행위자 간의 통합적 접근에 잘 담겨 있다(World Bank, 2011).

화하여 평화구축의 목표를 달성할 것인가를 고민한다는 점에서 '전략적' 이라 평가할 수 있으며, 따라서 전략적 변수가 되는 요건을 찾아내는 작업이 전략적 평화론에서는 중요한 연구목적이자 방법론이 되어야 한다. 먼저, 평화구축의 성공을 위한 전략적 변수를 찾아내기 전에 아래와 같이 세 가지 측면에서 전략적 평화론이 평화구축의 다층적 구조를 총체적 시각으로 통합하려는 시도를 검토하기로 한다.

1) 소극적 평화 vs. 적극적 평화

평화학의 창시자로 손꼽히는 노르웨이 사회학자 갈퉁의 소극적 평화와 적극적 평화라는 전통적인 이분법을 전략적 평화로 통합하고, 적극적 평화로 전환하는 평화구축의 방향성을 궁극적인 전략적 평화의 목표로 재해석할 수 있다.[4] 주지하다시피, 갈퉁의 소극적 평화는 물리적 폭력으로 사람의 생명과 안전을 해치는 직접적 폭력이 해소된 상태를 의미하며, 적극적 평화는 사회체제에 내재된 억압인 구조적 폭력과 문화적 폭력까지

4 적극적 평화와 소극적 평화로 구분하는 기저에는 영국의 사상가 아이자이어 벌린(Isaiah Berlin)이 명명한 '소극적 자유(negative freedom)'와 '적극적 자유(positve freedom)'가 있다(Berlin, 2000). 전자는 '타인에 의한 간섭의 부재'라는 소극적인 기준에 의해 자유를 파악하는 것이고, 후자는 '타인이 아니라 자신이 결정하였다'라고 대답하였을 때 거기에 함의된 '자기지배'라는 의미에서의 자유를 말한다. 합리적인 사고에 의하면 적극적 자유의 추구가 소극적 자유의 이행을 추월하는 것이 당연한 이치겠지만, 벌린은 적극적 자유의 함정을 경고한다. 즉, 적극적 자유를 통해 개인이 고차원적인 자아에 의한 저차원적인 자아의 지배를 인정하고 이 관계 속에서 자유를 발견할 경우, 민족·교회·국가라는 사회적 전체에 개인의 자아를 종속시키는 것도 자유라는 이름으로 정당화될 위험이 있다는 의미이다. 따라서 적극적 자유라는 미명하에 소극적 자유를 통제하거나 소멸시키는 것은 자유의 본질적인 이상에 위배되는 결과를 초래함을 의미한다. 이와 유사하게 적극적 평화의 실천을 위하여 소극적 평화를 희생하는 경우가 발생한다면 이 또한 평화구축이라는 본질적인 목표에 위배되는 결과가 나올 수 있다는 점에 주목할 필요가 있다.

모두 해소된 상태를 의미한다는 점에서 갈등해결을 넘어서 빈곤·불평등·기후변화까지 모두 평화담론의 대상으로 삼는다(Galtung, 1969, 1990). 갈퉁에게는 소극적 평화에서 적극적 평화로의 전환이 평화의 계몽적 발전으로 상정되었지만, 적극적 평화로의 이행은 소극적 평화가 언제나 필수적인 토대로 작동하여야 하는 체계라고 평가할 수 있다(Galtung, 1996). 다시 말해, 적극적 평화가 다분히 유토피아적인 상상 공동체이고 현실 세계에서는 소극적 평화라도 달성하기에 급급할 수 있는 평면적인 로드맵이라고 볼 수 있다.

이러한 갈퉁의 이분법적 사고에 대하여 케네스 볼딩(Kenneth Boulding)은 과거의 국제평화 연구를 소극적 평화라고 치부하고 구조적 폭력의 새로운 개념을 소개함에 따라 지금까지의 평화연구가 폄하되었다고 비판하였다(Boulding, 1977, 1978). 적극적 평화의 도입으로 인하여 이론 분야에 전문성이 상대적으로 약한 평화 연구자들이 거시적 이론 영역에 끌려들어가는 부정적인 효과를 낳았고 현장 중심의 정책개발을 주요한 테마로 삼고 있었던 평화연구가 점차 이론적 주제로 무게중심을 옮겨가는 현상이 나타났다는 해석이다. 이에 볼딩은 이른바 '안정적 평화(stable peace)'라는 개념으로 소극적 평화와 적극적 평화의 통합화를 시도하게 된다(Boulding, 1991). 소극적 평화의 물리적 폭력 부재를 토대로 종교와 이데올로기, 그리고 경제개발과 같은 사회체계가 어떻게 안정적 평화를 위한 행위의 가능성을 증감시키는가를 추적함으로써 적극적 평화를 안정적 평화에 포함시키려는 학문적 노력을 시도하였다.

볼딩의 시도와 유사하게 전략적 평화는 소극적 평화와 적극적 평화의 대상을 모두 포괄하며 어느 한쪽의 평화를 편향적으로 지향하는 것이 아니라 양극단이 모두 평화의 전략으로 동시에 또는 순차적으로 필요하다는 총체적인 접근법을 강조한다. 적극적 평화가 이행되기 위해서는 소극적 평화가 기초적 토대로 작동하며, 소극적 평화도 적극적 평화의 목표가 없이는 지속가능하지 않게 된다. 더욱 핵심적인 문제는 통합적인 관리와 더불어 통합적 관리를 위한 전략적 접근법이 무엇인가를 총체적으로 만들어 가는 것이다.

2) 민주평화론 vs. 제도주의

평화구축에 대한 총체적인 접근법인 전략적 평화론은 자유주의와 시장경제, 그리고 민주주의를 평화구축의 핵심 해법으로 강조하는 민주평화론과 달리 복합적인 행위자와 단기 및 중장기 제도적 해법을 종합적으로 제시한다는 점에서 민주평화론과 제도주의를 종합적으로 고찰할 수 있다. 민주평화론에 입각한 평화구축 접근은 워싱턴 컨센서스(Washington Consensus)와 같은 전형적인 신자유주의적 처방이 아닌 보다 광범위하고 유연한 적극적 평화론의 일환이라고 평가할 수 있다(Doyle and Sambanis, 2006). 민주화 과정으로 정치적 개혁을 시도하고 자유시장경제를 도입하여 경제재건과 평화구축의 연계를 시도한다는 점에서 분쟁당사국에게 잔인한 신자유주의적 개혁을 일방적으로 요구하기보다 중장기적인 시간축에서 자유주의 세계질서의 편입을 유도하는 것이다. 그럼에도 불구하고, 성급한 시장도입과 자유무역, 정부개입 최소화 등의 신자유주의적 처방이 다시 무장 갈등과 사회 갈등을 재소환하여 평화구축의 장애물이 된다는 제도주의자의 자유시장론에 대한 반론이 제기되고 있다(Smith, 2010; Paris, 2004).

제도주의자의 반격은 다분히 단기적인 소극적 평화의 형해화 문제에 집중하고 있다. 제도주의는 민주주의와 시장경제가 안정적으로 도입되기 위한 제도적 토양의 우선적 개선, 그리고 다층적 구조로 복잡하게 얽혀 있는 평화구축 프로세스를 조세제도 등 정부의 기본적인 제도부터 풀어나가는 국가형성(statebuilding) 과정을 강조한다(Fukuyama, 2004; Bräutigam et al., 2007). 제도개선은 현지의 조건과 상태 및 요구가 적극적으로 수용되어야 한다는 개발협력의 원칙이 적용되어야 하고, 국제사회에서 강조하고 있는 굿거버넌스(good governance)[5]를 도입하여 제도적으로 보장할 수 있는 단계까지 이르렀을 때 민주평화론에서 제기하는 이슈들을 소화할 수 있다는 논리이다(Grindle, 2007; Cornwall, 2007). 따라서 제도주의는 시장경제보다는 정부의 역량과 거버넌스를 개혁하는 국가형성 프로세스에 평화구축의 방점을 찍고 있는 것이다.[6]

중장기 중심의 민주평화론과 단기 중심의 제도주의론은 평화구축을 위한 전략적 평화론으로 포괄적인 안착이 가능하다. 총체적 관점에서 민주평화론과 제도주의론이 병렬적으로 나열될 수 있는데, 제도주의론이 우선적으로 배치되고 민주평화론의 해법이 중장기적 시점에 배치되면

5 굿거버넌스는 1990년대 후반 세계은행이 도입한 개념으로, 협력대상국 현지 거버넌스의 투명성과 법치, 부패척결 등의 보장을 원조조건으로 제도화하고 협력대상국에게 경제제도개혁 등 제도개혁을 먼저 단행하도록 종용할 때 원조효과성이 제고되는 긍정적인 결과를 도출할 수 있다는 논리가 담겨 있다(김태균, 2018: 14-16).

6 이러한 제도개선을 통한 평화구축이 더욱 세간의 주목을 받게 된 이유는 냉전 시기와 냉전 종식 이후 분쟁과 내전의 해결 방식이 물리적 충돌에 의한 한쪽의 일방적 승리에서 쌍방 간의 협상을 통한 평화공존으로 무게중심이 옮겨졌다는 사실에 기인한다(Toft, 2010: 6-7). 실제로, 1940년부터 1989년 사이에 발생한 내전의 75% 이상이 전쟁의 일방적인 승자에 의해 종결되었던 것에 반해, 1990년대에는 전체 내전의 42%가 협상에 의해 종결되었다. 쌍방의 협상을 통해 내전이 종결되었다는 사실은 어느 한쪽이 강요하는 방식의 분쟁 후 처리가 결정되는 것이 아니라 협상에 의거해 서로가 원하는 요구사항이 일정 정도 허용되는 방식이 주요하게 되고, 이는 곧 시장경제 또는 민주주의가 일방적으로 적용될 가능성이 줄어들고 서로가 원하는 제도개혁부터 진행될 가능성이 커지는 것을 의미한다.

상호 장점을 전략화할 수 있다. 상황에 따라서 특히 분쟁 이후 분쟁당사국에 제도적 거버넌스가 어느 정도 구비되어 있을 경우 제도주의적 처방과 민주평화론의 해법이 동시에 진행될 가능성도 배제할 수 없다.

3) 갈등전환을 위한 인도주의와 개발협력의 통합

평화구축의 다층적 구조는 최종적으로 '갈등해결(conflict resolution)'에서 '갈등전환(conflict transformation)'으로의 과도기적 조건에서 단기적 처방인 '인도주의'와 중장기적 처방인 '개발협력(development cooperation)' 간의 통합이라는 과제로 이어진다(김태균, 2019). 전략적 평화는 갈등해결에서 갈등전환으로 패러다임을 전환함으로써 현지 조건과 문화를 적극적으로 반영하고 평화구축의 수평적 시간 축을 과거의 치유와 미래구상을 연결하는 깊고 느린 장기지속(longue durée)의 과정으로 재인식이 가능하다(Botes, 2003; Ramsbotham et al., 2005; Davenport et al., 2018). 갈등해결은 분쟁 이후 즉각적으로 발생할 수 있는 갈등의 소지를 제거하는 것인 데 비해, 갈등전환은 갈등해결을 중장기적으로 확장하여 갈등의 소지를 원천적으로 봉쇄하고 다시 재발하지 않도록 제도정비부터 문제해결까지 갈등을 사회로 완전히 내재화하는 방식을 의미한다. 이러한 갈등전환을 위해서는 갈등해결의 즉자적인 대응으로 투입되는 인도적 지원과 대자적인 갈등전환을 목적으로 투입되는 개발협력을 총체적으로 통합하는 평화구축의 노력이 필요한 것이다. 인도적 지원은 보통 분쟁 또는 재난 등 대규모 긴급사태가 발발했을 경우 긴급구호를 목적으로 국제사회 및 주변 국가가 인도적 차원에서 지원하는 단기적 처방이기 때문에 분쟁 이후 국가재건과 평화구축을 위한 중장기적 기획과 연동되어 진행되는 경우는 드물다. 반면, 개발협력은 분쟁 이후 정부의 국가재건 계획과 평화구축 프로세스에 맞게 원조사업을 기획할 수 있으며 이를 중장기적으로 지속할 수 있기 때문에 인도적 지원보다 갈등전환의 목적에 부합한다. 분쟁 이후 평화구축을 위한 갈등전환의 방법론으로 인도적 지원과 개발협력 중 어느 하나를 배제할 수 없으며 단계적으로 두 방법을 어떻게 통합적으로 구상하고 관리하느냐가 관건이다.

평화구축을 위한 갈등전환의 구체적인 전략화 방안을 제시한 사례는 UN 전 사무총장인 부트로스 부트로스-갈리(Boutros Boutros-Ghali)가 1992년 『평화를 위한 어젠다(*An Agenda for Peace*)』에서 주창한 평화활동의 4개 축에서 찾아볼 수 있다. 4개의 축은 (1) 예방외교(preventive diplomacy), (2) 전통적인 평화유지(peacekeeping)의 확장형, (3) 분쟁·전쟁 종식을 위한 중재·조정·화해로 구성되는 평화조성(peacemaking), (4) 분쟁 이후 평화구축(peacebuilding) 등으로 이루어진다(Boutros-Ghali, 1992). 2000년에 들어와 코피 아난(Kofi Annan) UN 전 사무총장도 UN 평화작전의 제도적 역량을 강화하려는 노력을 지속하였고, 이는 동년 캐나다 정부의 '개입·국가주권 국제위원회(International Commission on Intervention and State Sovereignty, ICISS)'가 제출한 보고서 「보호책임원칙(Responsibility to Protect)」으로 구체화되었다(ICISS, 2001). 2004년에 다시 코피 아난의 선도하에 UN의 평화구축위원회(Peacebuilding Commission)가 개혁 방안을 포함하여 전쟁에서 평화로의 전환을 강조하는 『더 안전한 세상(*A More Secure World*)』을 출판하였다(United Nations, 2004). 이러한 일련의 UN 평화구축 노력은 평화구축의 프로세스를 다층적으로 장기화하고, 이를 단계별로 체계화함으로써 갈등을 평화로 전환하고, 분쟁 이후 자국민을 보호하는 제도개선을 통해 분쟁의 재발을 방지하며, 중장기적인 개발협력 등의 지원을 통해 경제재건 등 근대화를 위한 국가형성과정으로 유도하는 종합적 처방을 강조하고 있다.

4) 전략적 평화의 총체성

결론적으로 전략적 평화는 평화구축의 다층적 구조와 대립적 접근 간의 공존을 도모하며 통합적 시너지 효과를 창출할 수 있는 혼종적 맥락과 프레임을 제공한다(Boege et al., 2007). 그러나, 총체적인 전략적 평화론에 대하여 전통적인 현실주의 평화론자들은 전략적 평화론을 유토피아를 꿈꾸는 맹목적인 이상주의라고 비판한다(Nederveen Pieterse, 2001; Call and Cousens, 2008). 유고슬라비아 내전과 르완다 내전 같은 대규모의 폭력과 학살이 발생한 지역에서 어떻게 모든 영역의 다양한 행위자들을 평화구축을 위한 목표하에 일사불란하게 동원할 수 있을까? 과연 어느 특정 주체가 통합적으로 다양한 행위자와 이슈를 관리할 수 있고 누가 이 주체에게 통합관리의 정당성을 승인할 것인가? 분쟁 이후 당장 기본적인 의식주가 시급히 필요한 현지 주민들에게 평화구축을 위한 중장기적 국가개발계획이 무슨 의미가 있을까? 현실 세계에서 평화구축이라는 공동의 목표를 시도하는 다양한 행위자들은 이미 서로의 의제와 목표가 중첩된 상태로 활동하게 되고, 다양한 분야와 이슈, 그리고 평화구축의 방안이 상호교차하고 연계되어 있기 때문에 더더욱 다층적 구조를 통합하기 위한 총체적인 전략의 방법론 자체가 설득력을 발휘하기 어렵다(Philpott, 2010).

역설적이지만, 전략적 평화의 총체성은 그 총체적인 전략 때문에 현실주의자의 공격을 효과적으로 방어할 수 있다. 우선, 전략적 평화의 총체성은 단기와 중장기, 그리고 다양한 이슈와 행위자를 전략적으로 포괄한다는 의미에서 단지 단순 종합을 의미하거나 전체의 통합적 운영을 당위적으로만 강요하는 교조적인 주장이 아니다. 반대로, 전략적 평화는 총체성에 의거하여 다음과 같이 두 가지의 실천적인 전략을 동시에 적용하거나 아니면 순차적으로 동원하여 평화구축 방안을 전략화할 수 있다.

첫째, 평화구축을 위한 모든 행위자와 이슈를 연결하여 특정 국가에서 분쟁 후 평화구축의 진행과정 전체를 거시적으로 조망할 수 있으며 이러한 총체적인 접근에 의해 평화구축 과정에서 발생하는 문제와 갈등의 지점을 명확하게 파악할 수 있다(Wallis et al., 2018). 외부에서 분쟁 후 평화구축에 개입하는 국제수준의 행위자와 분쟁국 내부에서 활동하는 국내수준의 행위자가 혼종적으로 상호작용하는 전 과정을 검토함으로써 평화구축의 모든 단계와 분석수준에서 발생할 수 있는 스포일러(spoiler)를 정확하게 찾아낼 수 있다는 '혼종적 평화(hybrid peace)' 개념이 이러한 전략적 평화의 총체성과 직결된다(Belloni, 2012; Mac Ginty, 2011; Stedman, 1997).

둘째, 전략적 평화의 총체성이 다양한 이슈와 행위자를 포괄하고 있는 만큼 평화구축의 문제점을 해결할 수 있는 다양한 전략의 조합도 추출이 가능하다(김태균, 2019). 전략적 평화의 '전략적' 가치는 성공적인 평화구축을 위하여 모든 조합을 단순히 나열하는 것이 아니라 평화구축 과정의 특정 스포일러를 찾아내어 효과적으로 이를 제거하는 작전을 전략화하는 데에 기반을 둔다(Miller, 2014). 따라서 전략적 평화의 총체성은 역설적이게도 지극히 현실주의적 전략인 셈이고 이러한 의미에서 전략적 평화에 왜 '전략적'이라는 수식어가 붙게 되었는지 이해할 수 있다.

이러한 맥락에서 전략적 평화의 총체성은 혼종성을 강조하는 전략과 혼종성을 바탕으로 구체적인 스포일러를 탐색하는 전략으로 세분화된다. 혼종성은 전략적 평화를 주창한 미국 노트르담대학교 학자들에 의해 더욱 이론적으로 발전하게 된다. 이른바 '노트르담' 학파는 전략적 평화의 특성을 포괄성(comprehensive), 상호의존성(interdependent), 건축학성(architectonic), 지속가능성(sustainable), 그리고 통합성(integrative)의 5대 원칙으로 정리하고, 이러한 5대 원칙은 평화구축의 행위자, 행위영역, 행위수준 등이 전략적으로 통합되기 위해서 다시 상호보완성(complementary)이라는 운영원칙으로 재구성된다(Lederach and Appleby, 2010: 40-41; Philpott, 2010). 이로써 전략적 평화는 소극적 평화와 적극적 평화, 민주평화론과 제도주의, 개발협력과 인도주의 등의 이론적 이분법과 다양한 분석단위와 분석수준을 통합할 수 있으며 분쟁해결과 평화구축을 위한 국내 행위자와 분쟁국 현지 조건을 외부개입 조건과 함께 적극적으로 고려할 수 있는 토대를 제공한다. 더 나아가 전략적 평화의 총체성은 궁극적으로 핵심 가치를 정의(justice)에 두고 윤리적으로 정의로운 평화를 도모하기 위하여 특정 전략 간의 조화를 이끌어내는 정치적 프로세스를 동원하게 되며, 이는 곧 다양한 주체 간의 '정의로운 관계성의 복원(restoration of right relationship)'을 통한 '포괄적인 정의로운 평화(comprehensive justpeace)'를 지향하는 것을 의미한다(Lederach, 2005).

총체성을 통한 정의로운 평화의 실현이 평화구축의 궁극적인 목표이지만, 실질적으로 평화구축의 장애물인 스포일러를 찾아내고 이를 통제하거나 제거하는 전략이 동반되지 않으면 전략적 평화의 전략적 가치는 상실되기 마련이다. 스포일러의 제거와 다층적으로 얽혀 있는 전략적 평화의 구성요소 중 평화구축이 성공적으로 이행되는 데 반드시 필요한 요소로 작동했던 변수들을 찾아내는 작업이 전략적 평화가 전략적으로 수행될 수 있는 필수요건이며, 이러한 작업은 최종적으로 평화구축 노력의 성공요인과 직결된다.

3. 분쟁 이후 평화구축의 성공요인 찾기: 주요 성공사례를 중심으로

전략적 평화론의 방법론적 혼종성에 기반한 평화구축 연구를 추진할 때 어떤 요인이 평화구축 노력의 성공여부에 결정적인 영향을 미치는가에 대한 분석은 대단히 중요한 역할을 맡게 된다. 아무리 평화구축에 핵심적인 요소를 다양하게 나열하여도 실질적으로 어떤 요소가 평화구축 과정에 가장 치명적인 장애요인인가, 또는 어떤 요소가 스포일러를 통제할 수 있는 가장 효과적인 요인인가를 찾아내지 못하면 사실상 전략적 평화론은 교과서 수준의 해법을 제공하는 일반론적 접근법에 지나지 않는다. 따라서 전략적 평화론의 평화구축 연구는 반드시 평화구축 프로세스의 성공요인을 찾아내거나 실패한 사례의 스포일러를 찾아내는 학술적 노력이 필요한 것이다. 평화구축의 성공요인을 논의할 때는 분쟁국 또는 취약국의 현지 조건과 평화구축의 역량 및 정치적 의지와 노력에 관한 역사적·정치사회적 배경에 관한 논의가 수반되어야 하며, 현지 조건의 제반 설명이 배제된 채 특정 요인만을 강조하는 접근법은 전략적 평화론이 추구하는 총체적 연구방법과 달리 결정요인을 미리 선정하고 분석에 임하는 결과를 초래한다.

지금까지 평화구축을 위해 UN 및 국제사회가 펼친 평화유지활동의 결과가 성공적이었는가에 대한 학술적 평가를 살펴보면 크게 긍정론과 회의론으로 양분할 수 있으나, 양극단의 엇갈리는 해석에서도 공통적으로 성공요인을 찾으려는 노력이 시도되었음을 알 수 있다. 우선, 긍정론 시각은 분쟁 후 평화구축 활동이 대부분 실패로 귀결되었다는 비판적인 분석의 신뢰성에 근본적인 문제를 제기하며, 냉전 종식 이후 내전, 제노

사이드 및 국제분쟁의 빈도수가 현저히 감소하였는데 이러한 변화의 기저에 UN의 PKO 활동이 주요한 영향을 미쳤다고 해석하고 있다(Human Security Centre, 2005; Fortna, 2004; Caplan and Hoeffler, 2017; Howard, 2019). 긍정론의 대부분은 분쟁국 내부의 갈등해결을 위한 노력과 내부 정치 갈등의 요인 등에 관한 분석이 부분적으로 반영되어 있는 반면, UN이라는 외부 주체의 개입을 분쟁국 평화구축의 성공적 추진에 주요한 요소로 간주하고 있다.

한편 회의론의 경우, 1989년과 1999년 사이 10년 동안 11차례의 분쟁 후 평화작전이 시행되었는데 이 중 단 2개 사례(나미비아와 크로아티아)만이 예외적인 성공사례로 간주되고 그 외 대부분의 평화작전은 실패로 종료되었다는 주장이 주류이다(Paris, 2004). 이러한 회의론에서 논하는 '성공'의 기준은 보통 분쟁 후 UN의 평화작전이 갈등과 분쟁의 재발 원인을 축소하고 안정적이면서도 지속가능한 평화를 구축하는 데 얼마나 기여했는가에 달려 있다. 그러나 이에 대하여 실제 평화작전 현장에서 치명적인 실패와 부분적인 성공 사이의 차이를 명확하게 인지하기가 어렵거나 사실상 정교한 확인이 불가능하다는 반론이 제기되고 있다(Downs and Stedman, 2002; Doyle and Sambanis, 2006). 이러한 이유로 앞서 언급했던 제도주의 학자 그룹은 UN의 평화구축 노력이 성공적인 결과로 이어지기 위해서는 평화구축을 위한 분쟁국가의 제도적 장치가 우선적으로 안정화되어야 한다는 주장을 피력하게 된다(Fukuyama, 2004).

결론적으로, 긍정론과 회의론 모두 공통적으로 평화구축의 성공여부에 미치는 가장 중요한 변수로 UN의 평화작전을 통한 분쟁 조정 및 해결을 위한 개입이라는 외부요인을 상정하고 있으며, 이를 중심으로 각각의 주장을 전개하고 있다고 해석할 수 있다. 이러한 공통요인으로서

UN의 평화구축 개입이 일방적으로 외부행위자에 의해 기획되는 것이 아니라, 외부요인 자체가 분쟁지역의 내부행위자와 구조에 대한 다양한 내생변수를 고려한 복합적인 국제사회의 원조 패키지라는 전제를 국제사회 외부개입의 성공여부에 관한 논쟁의 기초적인 토대로 간주해야 한다(Howard, 2008; Wallis et al., 2018). 이는 전략적 평화가 강조하는 총체성과 혼종성이 UN 평화작전활동 과정에서 최소한의 이행기제로 수용된 결과라고 평가할 수 있다. 그럼에도 불구하고, 지금까지 평화구축의 성공여부에 관한 연구는 외부개입을 가장 핵심적인 성공요인으로 상정하고 외부요인을 중심으로 주변의 연관된 변수를 흡수하는 경향성을 보여주고 있다.

이렇듯, 분쟁 이후 평화구축의 성공여부 분석에 있어 가장 논쟁거리가 되는 문제는 성공의 기준과 그 기준에 대한 해석이라 볼 수 있다. 분쟁지역의 분쟁 해결과 분쟁종료 이후 정치체제의 안정화를 평화구축의 성공으로 규정하고 이를 정치하게 측정하는 기존의 정량적인 접근법은 현장에서의 예측 불가능한 변수와 양질의 데이터 수집이 불가능한 문제들로 인하여 사실상 객관적인 결과물을 도출하기가 어려울 가능성이 높다. 대안적으로, 성공요인의 양적인 측정기준보다 과정절차와 관계성에 기반한 성공기준을 채택하여 최소한의 성공적인 평화와 그 수준을 유지할 수 있는 '양질의 평화(quality peace, QP)'라는 구성주의적 개념이 전략적 평화론자들에 의해 도입되어 왔다(Wallensteen, 2015; Joshi and Wallensteen, 2018; Davenport et al., 2018). QP는 평화의 성공요인을 외부 또는 내부에서 찾는 이분법적 사고를 지양하고 복합적으로 QP를 유지하는데 가장 저해요인이 되는 변수를 내부와 외부에서 동시에 찾아내며 이러한 스포일러를 통제하는 제도적 장치를 설계한다.

따라서 전략적 평화로서의 QP는 평화구축 프로세스에서 방해요소가 되는 스포일러를 통제하기 위한 원조조건(aid conditionality)의 제도적 설계를 중요한 미션으로 강조하고 스포일러의 정체를 확인하기 위하여 총체적으로 국내외 다양한 변수를 동원하게 된다(Stedman, 1997). 앞서 논의했듯이, 평화구축의 성공여부는 주로 분쟁지역의 내부변수가 일정 정도 반영된 UN 등 외부행위자의 복합적인 평화구축 개입으로 수렴되고 있지만, 지금까지 스포일러의 정체는 부패와 무기력으로 점철된 분쟁국의 정부와 분쟁당사자이자 평화협상의 걸림돌이 되는 교전 집단 및 반정부단체에서 찾는 경우가 일반적인 경향이었다(Gisselquist, 2015; Goodhand and Sedra, 2006; Manor, 2007; Boyce, 2002). 다시 말해, 기존 연구에서는 성공요인을 외부변수에서, 스포일러를 내부변수에서 찾으려 하는 이분법적 접근법의 괴리현상이 발생한다. 특히, 기존 연구가 스포일러로 주목해 온 정부와 반정부단체는 모두 분쟁지역의 내부적 행위자이며 사실상 평화 프로세스 스포일러의 유력한 용의자로 당연히 소환되어야 할 대상들이자 연구의 전제조건이기도 하다. 내부행위자가 자신의 이익을 위하여 평화조건에 저항할 가능성은 분쟁지역에서 쉽게 목격할 수 있는 상수이지만, 외부행위자는 실제로 어느 행위주체가 스포일러로 작동하는지 파악하기 쉽지 않아서 평화구축의 성공사례 분석은 필연적으로 외부행위자 가운데 스포일러를 찾아내는 과정을 포함해야 한다.

이러한 맥락에서 본 연구는 전략적 평화론의 QP를 토대로 평화구축의 스포일러와 성공요인 분석을 외부변수 중심으로 통합하여 진행하고 분쟁당사자인 내부행위자 변수를 상수와 유사한 수준으로 상정하여 외부변수와의 상관관계를 분석하고자 한다. 또한 외부변수 중에서도 UN 중심의 전통적인 다자행위자 변수보다는 분쟁당사국에 직접적인 영향을 행사할 수 있는 양자주체의 개입을 외부변수의 핵심으로 간주한다. 기존 연구가 평화구축 성공여부 관련 외부변수로 UN 중심의 국제기구 평화 개입활동에 주로 초점을 맞추고 있는 경향이 강한 나머지, 실제 분쟁국에 가장 강력한 영향력을 제공하는 제3국의 개입에 관한 연구가 상대적으로 활성화되지 못한 상황이다.[7] 따라서 다자기구의 평화유지활동에 대한 제3국의 승인과 지지가 있으면 평화구축 과정이 순조롭게 이행될 가능성이 커지고 제3국의 승인과 지지가 분쟁국 내부의 행위자, 섹터, 또는 조건 등과 복합적으로 연계될 경우 평화구축의 성공 확률이 높아진다는 가설과 같은 제3국 승인과 평화구축의 관련성에 대한 연구가 필요하다 (Chesterman, 2004). 요컨대, 제3국의 양자적 승인(bilateral warranty)을 분쟁지역 평화구축 성공의 충분조건으로 설정하고, UN의 평화작전 등 다자적 개입의 외생변수와 분쟁지역 내부의 내생변수가 궁극적으로 양자승인과 연결되지 않으면 평화구축과 평화조건은 실패로 종결될 가능성이 크다는 것을 밝히는 연구가 필요한 것이다.

이는 결국 전략적 평화론에 입각하여 평화구축에 총체적인 접근법을 도입함으로써 내생적 변수와 외생적 변수를 통합하는 혼종적 프레임을 구성하는 동시에 QP를 유지하기 위하여 스포일러 추적을 진행하고 최종적으로 가장 핵심적인 스포일러를 외부변수 중 양자승인을 결정

7 제한적으로나마 양자공여국 변수를 평화조건의 성공 결정요인으로 분석하고 개념화하는 연구가 간헐적으로 진행되어 왔으며, 이러한 연구가 실제로 양자공여국을 평화구축의 스포일러로 명확히 규정하지는 않았지만 양자공여국의 적극적인 평화조건 이행과 개입을 분쟁당사자 간 성공적인 평화구축의 전제조건으로 강조하고 있다. 특히, 외부변수로서 양자공여국의 역할을 집중적으로 분석한 기존 연구는 매우 제한적이며, 대표적인 연구로는 Manning and Malbrough(2010)의 모잠비크 사례연구가 있다.

하는 제3국으로 포착하는 논리로 전개된다. 이를 토대로 다음 장에서 전략적 평화론의 평화구축을 위한 성공요인 탐색의 이론화 작업으로 아래와 같이 세 가지 사례를 검토한다. 나미비아, 모잠비크, 캄보디아는 흔히 UN의 평화유지활동 중 성공사례로 거론되지만, 나미비아와 모잠비크는 이견 없이 UN PKO 역사상 가장 성공적으로 평가되는 반면 캄보디아는 아직까지 성공과 실패에 대한 평가가 엇갈리고 있다.[8] 그럼에도 불구하고 세 나라 모두 제3국의 양자승인이라는 측면에서 성공요인을 비교할 수 있는 적절한 사례이기 때문에 비교·분석의 적절성을 보유하고 있다. 각각의 사례연구를 국가별로 나열하지 않고 세 사례에 공통적인 두 가지 요건을 적용하여 비교·분석한다(〈그림 1〉 참조). 첫 번째 요건은 각 분쟁사례에 공히 투입되었던 UN의 평화유지활동을 분쟁해결과 평화구축의 필요조건으로 간주하고 각 성공사례에서 어떻게 PKO가 전개되었는가를 비교한다. 둘째, 충분조건으로 제3국 또는 분쟁국에 가장 역사적으로, 정치적으로 영향이 큰 국가가 어떻게 UN 평화유지활동을 지지하게 되었는가를 분석한다.

8 UN의 평화유지활동의 역사적 성장과정에 대한 연구 결과에 의하면, 1990년대 초 냉전이 종료된 후 2010년대 초반까지 이행되었던 35차례의 UN PKO 중 단 6차례의 PKO만이 성공적으로 수행되었다는 평가를 받고 있는 것으로 집계되고 있다(Howard, 2008). 성공사례로 거론되는 UN PKO는 다음과 같다: (1) 나미비아(UNTAG), (2) 엘살바도르(ONUSAL), (3) 캄보디아(UNTAC), (4) 모잠비크(UNOMOZ), (5) 크로아티아의 동슬라보니아(UNTAES), (6) 동티모르(UNTAET). 이 중 캄보디아 사례는 예외적으로 아직 성공사례로 분류하기에는 반대되는 평가가 제기되어 왔기 때문에 성공과 실패 사이에서 혼재된 평가를 받고 있다. 그럼에도 불구하고 성공한 사례가 많지 않은 관계로 캄보디아는 일정 정도 성공적인 평가를 받는다는 점에서, 그리고 성공과 실패의 양면을 모두 포괄하고 있다는 점에서 캄보디아에 대한 분석은 매우 중요하다. 한편, UN PKO 중 소말리아(UNOSOM II), 르완다(UNAMIR), 보스니아(UNPROFOR), 그리고 앙골라(UNAVEN II) 등 거의 30여 차례의 PKO가 실패사례로 간주되고 있다.

〈그림 1〉에서 확인할 수 있듯이, 캄보디아 사례는 UN PKO의 성공 여부 관련 스펙트럼에서 실패와 성공 요인이 혼재되어 있는 경우에 해당된다. 특히, 제3국의 PKO 지지라는 양자승인의 성공요인에 관해서는 성공사례와 실패사례의 중간 정도 위치인 '부분적 혼합'으로 캄보디아 사례를 설정할 수 있다. 따라서 캄보디아는 주요 주변국과 캄보디아에 깊숙이 개입하고 있는 국가들에 의해 UN의 평화유지활동보다 분쟁에 관여된 국내 정치그룹과의 전략적 연대가 확장될 가능성이 높으며, 이는 나미비아, 모잠비크와 같은 성공사례와 구별되는 차별성이기도 하다. 그럼에도 불구하고 캄보디아는 UN의 PKO를 지지하는 제3의 양자승인이 다른 제3의 국가 개입과 혼재했으며 전자와 후자 간의 경쟁관계를 보여주기 때문에 두 성공사례와 같이 비교·분석함으로써 외부변수가 분쟁지역의 내부변수와 결합하는 방식을 이해하는 데 큰 도움을 준다. 따라서 캄보디아는 나미비아와 모잠비크와 같은 수준은 아니지만 성공적인 평화협정에 도달하는 과정을 보여주고 UN의 개입을 지지하는 외부 국가가 캄보디아 내전을 종료시키기 위하여 어떠한 기여를 했는가를 설명할 수 있다는 점에서 두 아프리카 성공사례와 비교할 만한 대상으로 적절하다.

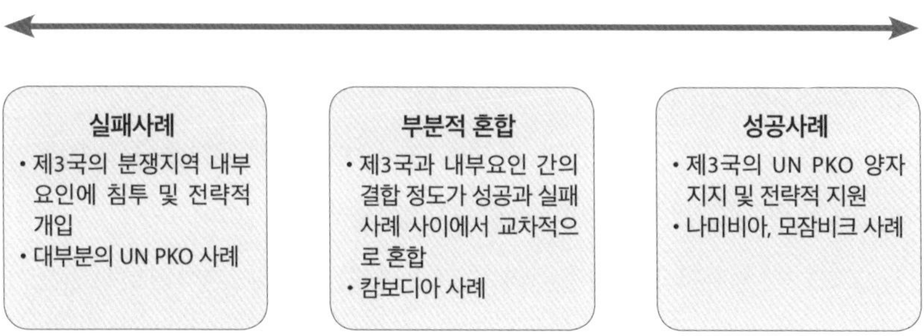

그림 1. UN PKO 성공과 실패의 스펙트럼

자료: 저자 작성

1) UN의 평화유지활동

UN은 내전 또는 인종청소와 같은 제노사이드가 발생할 경우 분쟁지역에서 평화유지활동을 펼친다. 냉전 종식 이후 2010년대까지 35차례 PKO를 실시하였는데, 이 중 나미비아에 1978년 투입된 '국제연합나미비아독립지원그룹(United Nations Transition Assistance Group, UNTAG)', 모잠비크에서 1990년 시작된 '국제연합모잠비크감시단(United Nations Observation Mission in Mozambique, UNOMOZ)', 그리고 캄보디아에서 1992년 개시된 '국제연합캄보디아과도행정기구(United Nations Transitional Authority in Cambodia, UNTAC)'가 대표적인 성공사례로 보고되어 왔다. 세 성공사례 모두 공유하는 공통점과 각각 현지지역의 맥락 차이로 인한 사례 간의 차별성이 상호 공존한다.

먼저, 공통점으로는 분쟁을 종식하는 평화협정 체결을 전후로 UN의 PKO가 시작되었기 때문에 평화협정에서 약속한 평화조건(peace conditionality)들에 의거해서 분쟁지역의 내전재발 방지와 평화구축을 위한 활동이 전개되었다는 점이다. 또한 1964년 콩고 내전에 개입했던 국제사회의 평화유지활동이 참혹히 실패한 이후 UN은 기존의 일차원적인 정전 및 휴전 모니터링 중심의 군사적 PKO가 아닌 복수의 다차원적인 임무를 전략화하는 PKO로 전환하게 되었고 UNTAG, UNOMOZ, UNTAC 모두 이러한 다차원적인 평화유지활동의 적용사례로서 그 특성상 다분히 전략적 평화론과 유사하다. UNTAG의 경우 주요 임무가 1978년 UN 안전보장이사회 결의 435 이행과 나미비아 독립 후 정치적 안정의 지속화 및 민주적 전환의 정치적 임무 등으로 다변화되었으며(Cliffe, 1994), UNOMOZ와 UNTAC도 UNTAG와 유사하게 평화유지군과 선거감시단이 동시에 파견되어 평화유지를 위한 군사활동과 정치체제의 안정된 전환을 위한 정치적 활동이 겸비되었다(Turner et al., 1998). 특히, 캄보디아의 파리평화협정은 9개 조항으로 되어 있는데, 각 조항이 UNTAC의 다양한 임무를 구체적으로 명시하고 제3국을 포함한 외부 세력은 캄보디아에서 즉각 퇴각하거나 UNTAC의 지휘를 따라야 한다고 그 권한을 강조하고 있다.

또 하나의 공통점은 분쟁해결과 평화구축을 위하여 세 사례 모두 UN PKO가 적극적으로 분쟁지역 내 주요 국내 세력, 분쟁국과 관련된 제3국, 그리고 UN 중심의 국제사회를 복합적으로 연계하여 문제의 실마리를 찾으려는 정치적 노력의 중요성을 보여준다. UNTAG는 UN 최초의 아프리카 PKO 성공사례이자 UN이 다차원적 평화유지활동을 시도한 최초의 사례로서, 나미비아 현지의 정치구조를 정확히 이해하고 평화유지활동을 추진함으로써 기존 PKO와는 달리 UN본부의 매뉴얼대로 움직이는 것을 지양하고 나미비아가 처한 지역 고유의 정치상황과 '남서아프리카인민기구(South West African People's Organization, SWAPO)'와 같은 국내 정치조직을 적극 활용하였다(Howard, 2008). 또한 UNTAG는 나미비아를 불법으로 점령하고 있었던 남아프리카공화국을 최대의 스포일러로 규정하고 남아공에 압력을 가하기 위하여 UN 주요 강대국의 지원을 받아내는 전략적 선택을 취하기도 하였다. UNOMOZ는 바로 앞서 성공적으로 나미비아의 평화구축을 이끌어낸 UNTAG의 경험을 살려 평화협정에 서명한 프레리모(Frelimo) 모잠비크 정부와 레나모(Renamo) 반군으로 대표되는 분쟁지역 내부의 주요 정치행위자를 평화구축 프로세스에 적극 참여하도록 유도하였고, 모잠비크에 역사적으로 개입해 온 주요 양자 공여국인 미국·영국·이탈리아·프랑스·포르투갈 대표를 UNOMOZ가 주관하는 평화이행 위원회인 감독감시위원회(Supervisory and Monitoring

Committee, CSC)에 프레리모와 레나모 대표와 함께 참여시켜 통합관리를 시도하였다(Manning and Malbrough, 2010; Ajello, 1999). 특히, 평화협정 체결 후 반군이었던 레나모가 장악했던 지역의 평화적 전환과 함께 레나모 반군이 정부군으로 통합되고 레나모 스스로가 제1야당으로 변모할 수 있도록 모잠비크 최초의 다당제 선거가 UNOMOZ 감독하에 이루어졌다는 사실도 UNOMOZ가 국내 정치 전환과정에서 반군까지 포용하는 전략을 취하였다는 사실을 반증한다(Malan, 1999; Manning, 1998).

그러나 두 아프리카 사례와 달리 캄보디아의 UNTAC는 파리평화협정 이후 국내 통합과정에서 국내 정치세력 간의 갈등관리에 실패하게 된다. 전략적 평화론의 관점에서 볼 때, UNTAC의 평화구축 노력이 절반의 성공이라고 평가하는 이유가 근본적으로 여기에서 시작된다. 1992년부터 1993년까지 2년간 진행되었던 UNTAC의 평화유지활동은 내부 정치세력 간에 발생하는 권력쟁탈과 권력유지가 불가능할 때 표출되는 불복종의 악순환을 정확하게 포착하지 못하였다(Peou, 2002).[9] 1970년대 이후부터 지속되어 온 폴 포트(Pol Pot)·시하누크(Sihanouk)·손 산(Son San) 등의 3계파가 연합한 반베트남 민주캄푸치아연합정부(Coalition

9 캄보디아의 정치사는 반민주주의 정치체제가 야당이나 시민사회의 강력한 저항 없이 지속적으로 반복되었다. 1954년 제네바협정에 의해 프랑스로부터 독립한 캄보디아는 1955년 사회주의인민회라는 대중정당을 창당해 정계로 뛰어든 시하누크(Sihanouk) 국왕의 압승으로 왕권지배가 이어지다가 1970년 3월 해외여행 중이던 시하누크를 미국의 후원을 받고 있던 론 놀(Lon Nol) 장군의 우익세력이 실각시킴으로써 이른바 '크메르공화국'이 출범하게 된다. 그 이후 1975년 '킬링필드'로 잘 알려진 대규모 집단학살을 자행하면서 캄보디아를 점령한 크메르루즈 폴 포트(Pol Pot)의 혁명적 전체주의가 이어졌으며, 크메르루즈 게릴라군에 자원했다가 베트남으로 넘어가 군 지휘관이 되어 1979년 베트남이 크메르루즈 지도부를 축출하는 데 절대적인 기여를 한 훈 센(Hun Sen) 총리가 1985년에 사회주의 독재를 성공적으로 쟁취하면서 지금의 캄보디아까지 이어지고 있다.

Government of Democratic Kampuchea, CGDK)와 친베트남 캄보디아국(State of Cambodia, SoC) 간에 복잡하게 전개되는 국내 정치판세에 UNTAC가 발 빠르게 대응하지 못하는 가운데 베트남·중국·미국 등의 주요 관련국과 CGDK, SoC가 합종연횡하면서 평화구축 프로세스는 오리무중에 빠지게 되었다. 따라서 캄보디아 사례는 UNTAC의 국내 주요 정치행위자에 대한 전략적 포섭의 실패가 제3국의 양자승인까지 조율하지 못하는 문제로 번지게 되는 상황이 전개되었다(Howard, 2008).

결론적으로 UN의 평화유지활동 성공사례로 거론되는 UNTAG·UNOMOZ·UNTAC는 복합적인 임무를 수행하는 다중의 PKO가 분쟁종식과 평화구축을 위하여 국내 주요 정치세력과 주요 관련국, 그리고 국제사회를 조율하는 총체적인 전략을 구사했다는 측면에서 공통점을 찾을 수 있다. 그러나 분쟁지역의 역사적 특수성과 정치적 권력관계에 따라 UN PKO가 주요 국내 정치그룹과 제3국과의 협력을 조율하고 유도하는 방식마다 차이가 발생하고 이러한 차이의 배후에는 궁극적으로 제3국 분쟁지역에의 물리적 개입 또는 제3국 분쟁지역 내부의 특정 정치그룹에 대한 전략적 지지가 가장 중요한 결정요인으로 작동했다는 사실을 확인할 수 있다. 이러한 결과는 상술한 세 사례 이외에 UN PKO 중 성공사례라고 거론되는 엘살바도르의 국제연합엘살바도르감시단(United Nations Observer Mission in El Salvador, ONUSAL), 동티모르의 국제연합동티모르과도행정기구(United Nations Transitional Administration in East Timor, UNTAET) 등에서도 유사하게 목도할 수 있다.

2) 제3국의 양자승인 및 지지

분쟁지역의 평화구축이 성공적으로 추진되기 위해서는 다양한 변수들을 동시에 고려해야 하는 것이 정답이지만, 모든 변수들이 최종적으로 수렴되는 일종의 깔때기 역할은 제3국이라 표현되는, 분쟁지역에 깊숙한 이해관계가 있는 주요 관련국의 전략적 행위에 부여될 가능성이 커진다. 그리고 이러한 주요 관련국들이 과연 분쟁국가의 분쟁해결과 평화구축을 위한 UN의 평화유지활동에 정치적 지지 또는 실질적 지원을 약속하는가의 변수가 결국 UN PKO 노력의 성공여부를 가르는 리트머스 기능을 수행하게 된다.

UNTAG가 나미비아와 관련된 제3국 중 가장 공들여야 할 주변국은 나미비아 독립에 역사적으로 가장 반발하고 물리적 개입을 서슴지 않았던 남아프리카공화국(이하 남아공)이었다. 1978년 UN 안전보장이사회 결의로 시작된 UNTAG가 1988년 평화협정의 체결로 1990년 PKO 임무를 성공적으로 완료할 때까지 무려 12년 동안 남아공이라는 스포일러를 통제하기 위하여 동원한 전략은 나미비아 독립을 위한 국내 정치집단 또는 국제사회의 지지가 아니라 남아공을 제어할 수 있는 제3국의 영향력이었다(Howard, 2008). UNTAG는 분쟁지역 내부에서는 SWAPO와 같은 국내조직을 적극 동원하는 동시에 남아공에게 압력을 가하기 위하여 캐나다·프랑스·서독·영국·미국 등 강대국의 지원을 받아내는 전략적 선택으로 UNTAG 활동을 성공적으로 진행할 수 있었다.

역사적으로 나미비아의 독립문제는 나미비아 당사국뿐만 아니라 남부 아프리카 전체의 외교적 사안으로, 특히 나미비아 지역에 가장 큰 영향력을 발휘했던 남아공에게는 힘의 균형이 파괴되는 치명적인 이슈였다(Dobell, 1995). 나미비아는 지속적으로 자국의 독립을 주장했지만 주변국인 남아공은 나미비아의 독립을 인정하지 않았으며, 1978년 UN 안전보장이사회 결의 435에 의거하여 UNTAG 활동이 개시되었음에도 불구하고 남아공은 나미비아에서 군대를 철수시키지 않겠다고 거부하면서 나미비아에서의 영향력을 포기하지 않았다. 결국 10년 뒤인 1988년에 미국과 소련의 압력으로 평화협정이 승인되고 SWAPO가 1989년 제헌의회 선거에서 집권당이 되어 1990년 3월 나미비아는 어렵게 독립하게 되는데, 이러한 독립선포까지의 전 과정에서 가장 해결하기 어려운 평화구축 프로세스의 스포일러는 UNTAG 평화유지활동에 대한 남아공의 비협조 내지 강력한 거부였다고 평가할 수 있다. 반면, 남아공이라는 방해요인을 제어하고 성공적인 평화협정 체결과 남아공 군대의 철수를 이끌었던 가장 중요한 행위주체가 UNTAG가 아닌 미국과 소련, 그리고 UN 안전보장이사회의 강대국이었다는 사실에서, 나미비아 독립에 대한 제3국의 지속적인 양자승인과 UNTAG에 대한 정치적 지지가 UNTAG의 PKO가 성공할 수 있었던 충분조건으로 작동했음을 알 수 있다.

남아공이 UN과 주요 강대국의 반대에도 불구하고 나미비아를 점령하고 무리하게 반식민화를 추진하였던 이유는 역사적으로 추적이 가능하다(Thornberry, 2004; Brown, 1995). 제1차 세계대전까지 남서아프리카(South West Africa)로 알려져 있던 나미비아는 독일과 영국에 이어 남아공(당시 남아프리카연방)의 식민지 지배를 당했고, 1920년 국제연맹(League of Nations)에 남아공의 일부로 가입하게 된다. 그 이후 1990년 나미비아가 독립할 때까지 남아공의 집요한 나미비아 개입이 이어지게 된다. 제2차 세계대전이 끝나고 UN이 나미비아를 신탁통치 대상국으로 선정하자마자, 남아공은 UN의 결정을 인정하지 않고 나미비아 식민통치 포기를 거부하게 된다. 이에 UN은 1966년에, 그리고 국제사법재판소는 1971년에 남아공의 나미비아 통치를 불법으로 선언하고 SWAPO를 나미비아의 유일한 합법적 정치기구로 승인하였으며, 남아공의 군대가 나미비아에서 철수하기를 강력히 권고하였다. 나미비아의 다이아몬드와 천연광물에 대한 경제이권과 나미비아 백인 보호를 위한 아파르트헤이트 정책 때문에 남아공은 나미비아 개입을 중단하기 어려웠으며, 이러한 불법적인 통치는 나미비아를 둘러싼 물리적인 분쟁이 점차 지역 수준으로 확산되는 원인을 제공하였다. 1990년 평화협정 체결에 남아공이 협조한 이유도 실제로 남아공의 나미비아에 대한 이해관계가 변화되었다기보다 그 당시 남아공의 지도자가 넬슨 만델라(Nelson Mandela)라는 뛰어난 민주혁명가였다는 사실에서 찾을 수 있다.

모잠비크의 경우는 제3국 승인을 중요한 성공조건으로 인식하고 있었다는 점에서 나미비아보다 UN PKO의 적극적인 중개자 역할이 돋보인다. 무엇보다, UNOMOZ가 모잠비크에 관련된 개별 국가들의 변수가 분쟁해결의 가장 핵심 장애물이자 동시에 핵심 해법이 된다는 것을 명확히 이해하고 이를 전략적으로 활용하였다는 사실이다. 앞서 언급했듯이, 평화구축 프로세스의 핵심 기구였던 CSC에 UNOMOZ는 프레리모 대표, 레나모 대표, 그리고 주요 양자공여국들을 초대함으로써 모잠비크 PKO에 양자승인을 도모하기 위한 전략적 수순을 밟게 된다. 특히, 모잠비크를 식민 지배하였고 역사적으로 강력한 영향력을 행사해 온 포르투갈을 견제하기 위하여, UNOMOZ의 책임자인 이탈리아 출신 유엔 사무총장 특별대표(Special Representative of the Secretary General) 알도 아옐로(Also Ajello)가 정무적인 감각과 전술을 발휘하여 CSC에 미국·영국·이탈리아·프랑스와 같은 핵심 강대국이 참여하도록 유도하는 동시에 스포일러로 작동할 수 있는 포르투갈을 미연에 통제하고 그로부터 지지를 얻기 위해 CSC의 위원국으로 초대하게 된다(Ajello, 1999).

이탈리아 정치인의 현실주의 정치에 대한 뛰어난 정무적 판단으로

UNOMOZ가 성공적으로 주요 관련국의 승인과 지원을 유도할 수 있었다는 개인 행위자 수준의 분석과 함께, 실제로 국가단위로서 주요 양자공여국이 어떤 이유에서 모잠비크의 평화구축 프로세스를 성공적으로 지원하거나 정치적으로 묵인하게 되었는가에 대한 분석이 필요하다. 사실상 모잠비크는 나미비아와 달리 지정학적으로 또는 경제적으로 주변국이나 주요 선진공여국에게 매력적인 지역이 아니었으나, 역설적으로 주요 강대국과 주변국의 관심거리가 아니었기 때문에 제3국의 양자승인을 UNOMOZ가 동원하는 데 나미비아보다 수월할 수 있었다는 분석이 있다(Bartoli, 1999). 모잠비크에 직접적인 이해관계가 없는 상태에서 UNTAG가 최초로 아프리카대륙에서 PKO를 성공한 이후 앙골라 내전 등 동아프리카에서는 심각한 수준의 분쟁이 지속되고 있어 국제사회의 주요 국가들은 모잠비크의 UNOMOZ를 지원하기에 큰 정치적 문제가 없었고 오히려 주요 관련국 사이에서 동아프리카의 평화구축 성공사례를 만들어야 한다는 동료압박이 작동하였다(Manning, 2002; Boyce, 2002). 더불어, 나미비아에서 어렵게 UN PKO의 성공사례를 만들었는데 그다음 바로 이어진 모잠비크 UNOMOZ가 실패할 경우 아프리카에서 서구공여국의 영향력과 신뢰도에 문제가 발생할 것이라는 전략적인 계산도 있었다.

따라서 UNOMOZ의 성공요인은 제3국의 지지와 지원이 결정적인 조건이라는 것을 UNOMOZ 스스로가 인지하여 관련된 주요 공여국들을 적극적으로 유인하고 전략적 협력관계를 형성하였다는 것과, 개별 제3국들도 모잠비크와 특별한 이해관계로 묶여 있지 않아서 자국의 현실주의적 국익보다는 국제사회의 명분과 신뢰를 제고하기 위한 전략적 선택을 하였다는 것으로 압축된다. 상대적으로 이러한 이유 때문에 평화협정과 평화구축 이행에 무려 12년이 걸린 나미비아와 달리 모잠비크는 2년 내에 평화구축 프로세스를 위한 UNOMOZ의 활동이 완성된다. 이를 통해 관련된 제3국의 지지가 빠르게 조성될수록 평화유지활동 기간과 이행 속도가 단축된다는 관련성을 확인할 수 있다.

마지막으로, 캄보디아의 UNTAC와 이와 관련한 제3국의 전략 분석은 하나가 아닌 복수의 제3국들이 정치적으로 캄보디아 국내 정치세력을 이용하는 것과 관련이 있다. 즉 베트남·중국·미국·소련과 CGDK·SoC로 대표되는 외부 개입세력 및 국내 정치세력에 의해 어떻게 UNTAC의 PKO가 왜곡되었는가에 초점을 맞추는 것이 중요하다. 캄보디아의 국내 정치그룹은 외세라고 간주할 수 있는 UN의 주요 강대국이 UNTAC에 대한 경제적 지원에 늑장을 부리거나 특정 국내 정치세력을 전략적으로 지원하고 있다고 비판할 정도로 제3국들은 UNTAC에 긍정적인 효과보다는 부정적인 영향력을 미치고 있었다(Sanderson, 1994). 이러한 문제는 단순히 UNTAC가 결성되었을 때 발생한 것이 아니라 역사적으로 캄보디아의 끊임없는 내전에서 배태된 결과로 이해하는 것이 합당하다.

우선, 서구 관련국들은 기본적으로 크메르루주 정치세력이 다시 캄보디아의 정권을 잡는 것을 원하지 않았기 때문에 크메르루주 중심의 CGDK를 약화시키는 반면에 SoC를 강화하는 전략을 선택하였다. 이러한 맥락에서, 파리평화협정 체결 이후 1993년에 치렀던 선거에서 서구 열강은 신정부에 크메르루주의 사회주의 집단이 포함되는 방안을 거부하였고, 사회주의 독재자인 훈 센(Hun Sen)이 연합정부의 파트너 정치세력을 탄압하는 행위에 대하여 묵인하는 등 크메르루주를 축출하는 데 일등공신이었던 훈 센 정부에 대해서는 관용적인 정책으로 일관하였다. 같은 맥락에서 서구의 주요국은 UNTAC의 활동에 선택적으로 지지를 표명하거나 자국의 외교정책에 우선적으로 대응하는 입장을 고수하였기 때문에 UNTAC의 PKO가 반쪽의 성공이라는 오명을 받게 되었다는 분석이 있다(Howard, 2008).

또한 1970년대 중반부터 시작된 캄보디아·라오스·베트남 등 인도차이나 국가들 간에 발생한 국경분쟁이 결국 캄보디아 내전으로 확장된 역사적 배경 뒤에는 제3국의 개입이 항상 존재하였고 이렇게 복잡하게 얽힌 제3국의 개입은 1990년대 초 UNTAC에게 불리한 변수로 작용하게 된다. 1970년대부터 소련은 군사기술과 군대요원을 베트남에 제공함으로써 전략적으로 베트남과 동맹관계를 유지하였으며, 중국은 중소분쟁의 맥락에서 베트남을 소련의 위성국가로 간주하고 캄보디아에 전략적인 지원을 시작하였다. 미국도 냉전시대 동남아시아 봉쇄전략의 일환으로 중국과 마찬가지로 캄보디아를 지원하지만 중국이 미국보다 적극적으로 캄보디아를 지지하게 되고, 소련의 지원을 받은 베트남이 먼저 1978년 12월 캄보디아를 침공하여 크메르루주 정권을 무너뜨리고 친베트남 정권인 '캄푸치아인민공화국(People's Republic of Kampuchea, PRK)'를 세우게 된다.[10] 베트남의 캄보디아 점령은 1989년까지 이어지고 중국과 아세안(ASEAN)이 베트남의 불법개입을 강력하게 비난하면서 캄보디아 내 CGDK의 설립이 가능하도록 지원한다. 앞서 언급했듯이, CGDK는 폴 포트의 크메르루주와 노로돔 시하누크(Norodom Sihanouk) 왕자가 이끄는 푼신펙당(FUNCINPEC), 그리고 손 산이 이끄는 반왕정주의당인

10 1979년에 베트남에 의해 세워진 PRK는 1989년에 SoC로 개칭되며, 1979년에는 행 삼린(Heng Samrin)이 통치하다가 후에 훈 센에게 통치권이 넘어간다.

크메르인민해방전선(Khmer People's National Liberation Front, KPNLF)이 연합한 연립정당이었으며 반베트남 전략으로 중국과 아세안의 지지를 얻게 된다. 반면, PRK는 베트남을 통해 소련의 지원을 안정적으로 받고 있었다. 캄보디아 정치 파벌과 그 후원자인 중국·소련·베트남 등의 긴밀한 전략적 밀월관계는 파리평화협정 이후에도 지속되었고 이렇게 복잡다단한 제3국의 양자승인 요인을 UNTAC가 명확하게 인지하고 전략적으로 대처한다는 것은 거의 불가능에 가까운 일이었다.

복잡한 후견인 시스템은 결국 1991년 파리평화협정에서조차 19개국이 협정의 조인국으로 참여하게 만드는 이유가 되었으며, 평화협정은 UNTAC의 권한을 구체적으로 담아내기가 어렵게 되었고 UNTAC는 파리협정의 19개 조인국이 지속적으로 UNTAC의 PKO를 지지하지 않으면 사실상 평화구축 프로세스를 진행하기가 어려운 구조가 되었다.[11] 결론적으로 UNTAC는 캄보디아의 분쟁행위 파벌을 무장해제하는 데 실패하고 크메르루주 정치세력의 선거 불참을 막지 못했다는 점에서 분쟁해결과 평화구축에 실패했지만, 체계적인 기획과 조정이 불가능함에도 불구하고 UNTAC가 갈등과 분쟁의 규모를 축소하는 성과를 창출했다는 사실은 인정해야 할 것이다(Sanderson, 1994).

11 1991년 파리평화협정에 참여한 19개의 서명국은 다음과 같다. 호주, 브루나이, 캄보디아, 캐나다, 중국, 프랑스, 인도, 인도네시아, 일본, 라오스, 말레이시아, 필리핀, 싱가포르, 소련, 태국, 영국, 미국, 베트남, 유고슬라비아.

4. 성공요인의 이론적 추출: 평화조건과 양자승인의 이중주

포괄적인 총체성과 혼종성을 특징으로 하는 전략적 평화론의 성공적인 이행과정은 앞서 분석한 나미비아·모잠비크·캄보디아의 세 사례를 토대로 분쟁 이후 평화구축이 성공적으로 이행되기 위한 이론적 성공요인으로 일반화할 수 있다. 세 성공사례에서 각각 특수성을 발견할 수 있지만 공통적으로 찾을 수 있는 요소들을 추려냄으로써 기본적인 성공요인의 프로세스를 추출할 수 있다. 먼저 분쟁지역의 문제를 해결하기 위한 평화협정이 체결되고 UN이 평화유지를 위하여 PKO를 발동하는 변수는 평화구축이 성공할 수 있는 가장 기초적인 토대와 환경을 조성하는 필요조건이라 간주할 수 있다. 이러한 기본적인 필요조건이 갖춰진 상태에서 제3국의 UN PKO에 대한 양자승인 또는 암묵적 지지는 전략적 총체성에 입각한 평화구축 노력이 성공하는 데 반드시 요구되는 충분조건으로 상정할 수 있다. UN을 비롯한 국제사회의 개입이 분쟁지역에서 성공하려면 단독행위가 아닌 분쟁해결과 평화구축을 위한 다른 행위자와의 전략적인 연대가 필수적이다(Chesterman, 2004). 따라서 〈그림 2〉가 보여주듯이, UN 평화유지개입은 필요조건, 그리고 제3자 양자공여국의 지지는

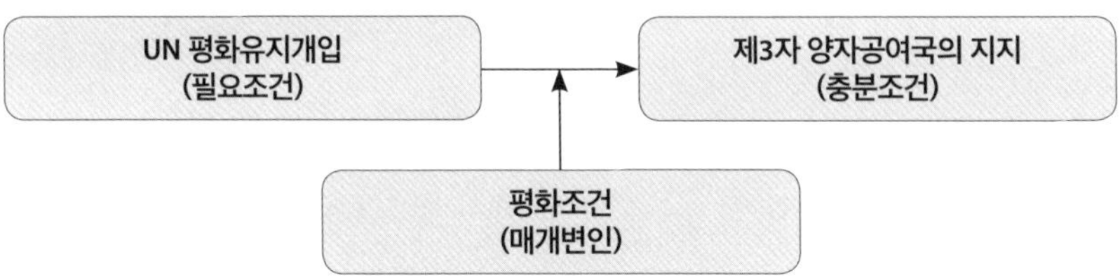

그림 2. 평화구축의 성공요인으로서의 평화조건과 제3국 승인

자료: 저자 작성

충분조건으로 순차적으로 연결되어 있다고 일반화할 수 있다.

여기서 한 가지 주목해야 되는 요건은 이른바 평화조건(peace conditionality)이라 불리는 매개변인인데, 평화협정과 평화유지활동이 분쟁지역에 남아 있는 국내 주요 행위집단과 외부에서 개입하는 제3국의 양자공여국 그룹, 그리고 국제기구 및 국제NGO 등 평화구축 프로세스에 가담하는 모든 행위자에게 평화에 부합하지 않는 행동이나 정책을 중단하고 평화협정 이후에는 평화구축에 필요한 행위·정책을 요구하는 원조조건을 평화조건이라 개념화한다(Boyce, 2002; Muscat, 2015; 김태균, 2019). 평화조건은 외부변수로서 제3의 양자공여국이 어느 정도로 평화조건에 부합하는 행동을 선택하는가로 평화구축 프로세스의 무게중심이 이동할 수 있는 계기를 마련하고, 이는 결국 제3국의 평화조건 이행 정도에 따라 UN PKO의 성공여부가 결정된다고 해석할 수 있다. 따라서 원조조건으로서 평화가 공여국에게는 대단히 중요한 행동수칙이자 UN에게는 공여국이 자국 중심의 전략적 행보를 선택하는 것을 미연에 방지하거나 스포일러를 통제할 수 있는 평화프로세스의 제도적 장치로 작동한다. 필요조건으로서의 UN 평화유지개입과 충분조건으로서의 제3국의 양자승인이 상호 유기적으로 결합하기 위해서는 평화조건이라는 매개변인이 필요하며, 평화조건을 어떻게 제시하는가에 따라 양자승인 도출의 방향과 속도가 결정된다.

평화조건의 매개변인을 중심으로 UN PKO가 제시하는 평화구축의 조건들이 어떻게 각 사례별로 성공적인 평화구축 프로세스와 제3국의 양자승인을 유도할 수 있었는가를 타진하여 앞서 분석한 UN PKO의 세 성공사례를 평화조건과 양자승인 간의 관계로 재해석할 수 있다. 나미비아의 경우, 단수의 스포일러인 남아공을 통제하기 위하여 UNTAG가 남아공의 개입을 불법화하는 등 평화조건을 제시함으로써 비록 12년의 시간이 필요했지만 주요 핵심 관련 국가들이 최종적으로 남아공의 불법개입을 비판하고 UNTAG의 평화유지활동을 지지할 수 있도록 평화조건이 적절한 매개변수 역할을 수행하였다. 모잠비크 경우, UNOMOZ의 PKO 초기 단계부터 적극적으로 UNOMOZ가 관련된 제3국들을 PKO 범주로 유인하여 양자승인을 유도하는 전략을 구사함으로써, 모잠비크 평화협정 관련 국가들이 UNOMOZ의 평화조건에 적어도 암묵적인 동의를 제공할 수밖에 없는 정치적 기회구조가 조성되었다. 캄보디아는 복수의 제3국들이 국내 정치세력과 연합되어 철저히 자국의 외교전략에 충실한 행보를 보임으로써, UNTAC가 제시한 평화협정과 평화구축 프로세스의 평화조건이 제대로 제도적인 영향력을 발휘하기가 어려운 사례였다. 이런 맥락에서 평화조건이 일정 정도로 제3국의 선택을 조정하는 매개적 역할을 할 수 있지만, 충분조건인 양자승인은 결국 제3국의 결정이고 제3국은 평화조건과 자국의 국익 사이에서 가장 현실적인 선택을 하게 되는 것이다.

마지막으로, 전략적 평화론이라는 거대 범주에서 UN의 평화유지활동, 평화조건, 제3국의 양자승인으로 이어지는 연속적인 과정을 재평가할 수 있어야 한다. UN의 평화유지개입은 평화유지군 중심의 군사적 개입을 강조하는 기존 방식과 달리 1970년대 이후부터 물리적 개입과 평화구축, 그리고 분쟁재발 방지 등의 총체적인 평화유지활동으로 전환되었다. 따라서 분쟁부터 종식까지 사실상의 평화구축 프로세스가 성공하기 위해서는 다양한 행위자를 포용하고 다양한 이슈를 포함하는 총체적인 접근이 전략적으로 수행되어야 하지만, 평화구축의 결정적인 성공요인은 스포일러로 작용하는 제3국을 추적하고 이를 미연에 방지하거나 관련 국가들의 양자승인을 유도할 수 있도록 평화조건을 통해 제3국의 태도 변화와 협력 의지를 이끌어내는 데 있다. 결국, 분쟁지역의 평화구축 프로세스 성공요인은 UN 등 다자개입의 평화유지활동 여부에 달려 있는 것이 아니라 관련국의 다자개입에 대한 적극적인 지지 또는 적어도 암묵적 동의를 얼마나 효과적으로 조성하느냐에 달려 있다.

5. 결론: 한반도 평화구축을 위한 전략적 평화의 성공요건

분쟁 이후 평화구축의 성공적 프로세스를 위하여 기존의 단편적인 평화론이 가졌던 한계를 넘어서서 평화구축에 동원이 가능한 모든 요소들을 총체적으로 통합하는 입체적인 평화의 전략화가 강조되고 있다. 전략적 평화의 총체적인 접근법은 모든 행위주체와 분석수준을 포괄하기 때문에 평화구축의 모든 가능성을 열어둔다는 긍정적인 측면도 있지만, 반대로 평화구축을 위한 평화작전의 어떤 이유로 특정 PKO가 성공하였는가를 구체적으로 설명하기가 어렵다는 단점도 동시에 존재한다. 이러한 전략적 평화론의 내재적 한계를 보완하기 위해서 총체성을 구성하는 다층적인 요소 중 어느 요인이 성공적인 평화구축을 위하여 반드시 필요한 조건인가를 선별하는 과정도 중요하다. 이에 본 연구는 총체적인 전략적 평화를 토대로 평화구축 프로세스가 성공적으로 추진되는 데 필요한 핵심요소를 복합적으로 연결되어 있는 다양한 요인 중에 제3국의 양자승인으로 전략화하고 양자승인이 성공적으로 도출되기 위한 조건으로 평화조건을 강조하였다. 평화조건과 양자승인의 이중주를 UN PKO의 대표적인 성공사례인 UNTAG, UNOMOZ, UNTAC로 비교·분석하였고 이를 토대로 한반도 평화구축을 위한 성공요건을 간단하게나마 타진해 봄으로써 결론을 대신하고자 한다.

한반도는 아직도 한국전쟁이 공식적으로 종료되지 않았고 상징적인 종전선언 또는 이를 공식화하는 평화협정이 체결되지 않은 상태이다(구갑우, 2007; 서보혁, 2019). 이는 아직 한반도가 준전시상태임을 의미하며, 앞으로 나미비아·모잠비크·캄보디아와 동일한 방식이 아니더라도 한국전쟁의 종식을 선언하는 모종의 정치적 협의가 필요하다는 것을 암시한다. 한반도에서의 전략적 평화는 평화협정의 선언이 정치적으로 필요하고 이를 인정하는 국제사회의 조치, 즉 UN과 같은 국제기구에 의한 공식적인 한반도 평화구축의 승인절차가 뒤따라야 한다는 것을 의미한다. 한반도 평화구축의 프로세스가 성공적으로 이행되기 위해서는 평화조건과 한반도에 역사적으로 영향력을 행사하고 있는 주요 강대국의 양자승인이 반드시 필요하다. 다시 말해, 한반도 종전선언과 평화구축 프로세스에 한반도에 막강한 영향력을 행사하고 자국의 외교적·정치적·경제적 이해관계가 깊숙이 투영되어 있는 제3국 중 적어도 중국과 미국이 한반도 평화구축을 지원하거나 최소한 암묵적인 동의를 해야 한다.

종전선언 내지 평화협정이 한국전쟁 당사국 간에 체결된다는 가정은 UN과 같은 국제기구가 글로벌 원칙과 규범을 근거로 한반도 평화 프로세스에 개입할 정치적 공간을 개방하는 것을 의미하는 동시에 개방된 정치공간은 단순히 국제기구의 독점물이 아니며 여기에 미국과 중국, 그리고 일본과 러시아 등 한반도에 이해관계가 있는 주변 강대국들도 자국의 이익을 위하여 개입할 수 있다는 시나리오를 상정한다(김태균, 2019). 대단히 어려운 작업이지만 중국과 미국 등의 강대국이 유사시 한반도에 개입하는 변수를 적절하게 통제하기 위해서는 전략적 평화에 입각한 사고의 전환이 필요하다. 미중 간의 갈등관계에 한반도의 평화를 위치 짓게 되면 한반도 비핵화, 군사적 신뢰구축, 그리고 한반도 평화구축에 필요한 모든 변수는 미국과 중국이라는 제3국의 결정과 입김에 의해 좌지우지될 가능성이 농후하다.

이를 극복하기 위해서는 무엇보다 UN을 비롯한 국제사회가 한반도 평화구축을 위하여 글로벌 규범에 입각한 합법적인 개입을 시도할 수 있도록 한국이 UN에 호의적인 분위기를 조성해야 한다. UN의 평화유지 개입을 평화구축의 성공요인 중 필요조건으로 간주하였듯이 한반도 평화구축이 성공적으로 이행되기 위해서는 반드시 UN의 개입으로 한반도 문제가 강대국의 양자승인 문제가 아닌 국제사회의 문제로 확장되어야 한다. 또한 UN을 통해 한반도에 개입하는 주변 강대국을 포함한 모든 행위자가 평화구축에 위반되는 행위를 하지 못하도록 평화조건을 초기 단계부터 명확하게 설정하고 제3국에게 평화조건 이행을 요구하여야 한다. 이러한 방식으로 필요조건과 매개조건이 성립되면 이론적으로는 스포일러로 움직일 수 있는 중국과 미국 및 다른 주변국이 일정 정도 전략적으로 평화조건을 승인하거나 묵인하는 결과가 유도될 수 있는 확률이 높아지게 된다. 한반도 평화구축을 총체적으로 고려하는 전략적 평화론이 적극적으로 도입되지 않으면 평화가 강대국이 생산하는 구조적 폭력에 의해 구현될 수 있다는 갈퉁의 경고를 간과하는 결과를 낳을 것이다.

참고문헌

구갑우. 2007. 『비판적 평화연구와 한반도』. 서울: 후마니타스.

김태균. 2019. 「국제개발 조건으로서의 '평화': 대북원조의 이중적 딜레마와 북한개발협력의 평화-개발 연계」. 『국제개발협력연구』 제11권 3호, 39-58.

김태균. 2018. 『대항적 공존: 글로벌 책무성의 아시아적 재생산』. 서울: 서울대학교출판문화원.

서보혁. 2019. 『한국 평화학의 탐구』. 서울: 박영사.

Ajello, Aldo. 1999. "Mozambique: Implementation of the 199s Peace Agreement." Chester A. Crocker, Fen Osler Hampson and Pamela Aall (eds.). *Herding Cats: Multiparty Mediation in a Complex World*. Washington, D.C.: U.S. Institute of Peace.

Aron, Raymond. 2003. *Peace & War: A Theory of International Relations*. New Brunswick: Transaction Publishers.

Bartoli, Andrea. 1999. "Mediating Peace in Mozambique: The Role of the Community of Sant'Egidio." Chester A. Crocker, Fen Osler Hampson and Pamela Aall (eds.). *Herding Cats: Multiparty Mediation in a Complex World*. Washington, D.C.: U.S. Institute of Peace.

Belloni, Roberto. 2012. "Hybrid Peace Governance: Its Emergence and Significance." *Global Governance* 18(1): 21-38.

Berlin, Isaiah. 2000. *The Proper Study of Mankind: An Anthology of Essays*. New York: Farrar, Straus and Giroux.

Boege, Volker, M. Anne Brown, Kevin P. Clements, Wendy Foley, and Anna Nolan. 2007. "State Building Reconsidered: The Role of Hybridity in the Formation of Political Order." *Political Science* 59(1): 45-56.

Botes, Johannes. 2003. "Conflict Transformation: A Debate over Semantics of a Crucial Shift in the Theory and Practice of Peace and Conflict Studies?" *International Journal of Peace Studies* 8(2): 1-27.

Boulding, Kenneth. 1977. "Twelve Friendly Quarrels with Johan Galtung." *Journal of Peace Research* 14(1): 75-86.

Boulding, Kenneth. 1978. "Future Directions of Conflict and Peace Studies." *Journal of Conflict Resolution* 22(2): 342-354.

Boulding, Kenneth. 1991. "Stable Peace Among Nations: A Learning Process." Elise Boulding, Clovis Brigagao and Kevin Clements (eds.). *Peace Culture and Society: Transnational Research and Dialogue*. Boulder: Westview.

Boutros-Ghali, Boutros. 1992. *Agenda for Peace*. New York: United Nations.

Boyce, James K. 2002. "Aid Conditionality as a Tool for Peacebuilding: Opportunities and Constraints." *Development and Change* 33(5): 1025-1048.

Bräutigam, Deborah, Odd-Helge Fjeldstad, and Mick Moore (eds.). 2007. *Taxation and State-Building in Developing Countries: Capacity and Consent*. Cambridge: Cambridge University Press.

Brown, Susan. 1995. "Diplomacy by Other Means? SWAPO's Liberation War." Colin Leys and John S. Saul (eds.). *Namibia's Liberation Struggle: The Two-Edged Sword*. London: James Currey.

Call, Charles T. 2012. *Why Peace Fails: The Causes and Prevention of Civil War Recurrence*. Washington, D.C.: Georgetown University Press.

Call, Charles T. and Elizabeth M. Cousens. 2008. "Ending Wars and Building Peace: International Responses to War-Torn Societies." *International Studies Perspectives* 9(1): 1-21.

Caplan, Richard. 2019. *Measuring Peace: Principles, Practices, and Politics*. Oxford: Oxford University Press.

Caplan, Richard and Anke Hoeffler. 2017. "Why Peace Endures: An Analysis of Post-Conflict Peace Stabilization." *European Journal of International Security* 2(2): 133-152.

Chesterman, Simon. 2004. *You, The People: The United Nations, Transitional Administration, and State-Building*. Oxford: Oxford University Press.

Cliffe, Lionel. 1994. *The Transition to Independence in Namibia*. Boulder: Lynne Rienner.

Cornwall, Andrea. 2007. "Buzzwords and Fuzzwords: Deconstructing Development Discourse." *Development in Practice* 17(4/5): 471-484.

Davenport, Christian, Erik Melander, and Patrick M. Regan. 2018. *Peace Continuum: What It Is and How to Study It*. Oxford: Oxford University Press.

Dobell, Lauren. 1995. "Namibia's Transition under the Microscope: Six Lenses." *Journal of Southern African Studies* 21(3): 529-553.

Downs, George and Stephen John Stedman. 2002. "Evaluation Issues in Peace Implementation." Stephen John Stedman, Donald Rothchild and Elizabeth Cousens (eds.). *Ending Civil Wars: The Implementation of Peace Accords*. Boulder:

Lynne Rienner.

Doyle, Michael W. and Nicholas Sambanis. 2006. *Making War and Building Peace: United Nations Peace Operations*. Princeton: Princeton University Press.

Fortna, Virginia Page. 2004. "Does Peacekeeping Keep Peace? International Intervention and the Duration of Peace after Civil War." *International Studies Quarterly* 48(2): 269-292.

Fukuyama, Francis. 2004. *State Building: Governance and World Order in the 21st Century*. Ithaca: Cornell University Press.

Galtung, Johan. 1969. "Violence, Peace, and Peace Research." *Journal of Peace Research* 6(3): 228-257.

Galtung, Johan. 1990. "Cultural Violence." *Journal of Peace Research* 27(3): 291-305.

Galtung, Johan. 1996. *Peace by Peaceful Means: Peace and Conflict, Development and Civilisation*. Oslo: PRIO.

Gisselquist, Rachel M. 2015. "Good Aid in Hard Places: Learning from 'Successful' Interventions in Fragile Situations." *International Peacekeeping* 22(4): 283-301.

Goodhand, Jonathan and Mark Sedra. 2006. *Bargains for Peace? Aid, Conditionalities and Reconstruction in Afghanistan*. Hague: Netherlands Institute of International Relations.

Grindle, Merilee S. 2007. *Going Local: Decentralization, Democratization, and the Promise of Good Governance*. Princeton: Princeton University Press.

Howard, Lise Morjé. 2008. *UN Peacekeeping in Civil Wars*. Cambridge: Cambridge University Press.

Howard, Lise Morjé. 2019. *Power in Peacekeeping*. New York: Cambridge University Press.

Human Security Centre. 2015. *The Human Security Report 2005: War and Peace in the 21st Century*. Oxford: Oxford University Press.

ICISS. 2001. *Responsibility to Protect: Report of the International Commission on Intervention and State Sovereignty*. Ottawa: ICISS.

Joshi, Madhav and Peter Wallensteen (eds.). 2018. *Understanding Quality Peace: Peacebuilding after Civil War*. Abingdon: Routledge.

Lederach, John Paul. 2005. *The Moral Imagination: The Art and Soul of Building Peace*. New York: Oxford University Press.

Lederach, John Paul and R. Scott Appleby. 2010. "Strategic Peacebuilding: An Overview." Daniel Philpott and Gerard Powers (eds.). *Strategies of Peace: Transforming Conflict in a Violent World*. Oxford: Oxford University Press.

Mac Ginty, Roger. 2011. *International Peacebuilding and Local Resistance: Hybrid Forms of Peace*. Basingstoke: Palgrave Macmillan.

Malan, Mark. 1999. "Peace-Building in Southern Africa: Police Reform in Mozambique and South Africa." *International Peacekeeping* 6(4): 171-190.

Manning, Carrie. 2002. *The Politics of Peace in Mozambique: Post-Conflict Democratization, 1992-2000*. Westport: Praeger.

Manning, Carrie. 1998. "Constructing Opposition in Mozambique: Renamo as Political Party." *Journal of Southern African Studies* 24(1): 161-189.

Manning, Carrie and Monica Malbrough. 2010. "Bilateral Donors and Aid Conditionality in Post-Conflict Peacebuilding: The Case of Mozambique." *Journal of Modern African Studies* 48(1): 61-84.

Manor, James (ed.). 2007. *Aid That Works: Successful Development in Fragile States*. Washington, D.C.: World Bank.

Millar, Gearoid. 2014. "Disaggregating Hybridity: Why Hybrid Institutions Do Not Produce Predictable Experiences of Peace." *Journal of Peace Research* 51(4): 501-514.

Muscat, Robert J. 2015. *Investing in Peace: How Development Aid Can Prevent Or Promote Conflict*. Abingdon: Routledge.

Paris, Roland. 2004. *At War's End: Building Peace after Civil Conflict*. Cambridge: Cambridge University Press.

Peou, Sorpong. 2002. "Implementing Cambodia's Peace Agreement." Stephen John Stedman, Donald Rothchild and Elizabeth M. Cousens (eds.). *Ending Civil Wars: The Implementation of Peace Agreements*. Boulder: Lynne Rienner.

Peterson, Jenny H. 2012. "A Conceptual Unpacking of Hybridity: Accounting for Notions of Power, Politics and Progress in Analyses of Aid-Driven Interfaces." *Journal of Peacebuilding & Development* 7(2): 9-22.

Philpott, Daniel. 2010. "Introduction: Searching for Strategy in an Age of Peacebuilding." Daniel Philpott and Gerard Powers (eds.). *Strategies of Peace: Transforming Conflict in a Violent World*. Oxford: Oxford University Press.

Philpott, Daniel and Gerard Powers (eds.). 2010. *Strategies of Peace: Transforming Conflict in a Violent World*. Oxford: Oxford University Press.

Pieterse, Jan Nederveen. 2001. "Hybridity, So What? The Anti-hybridity Backlash and the Riddles of Recognition." *Theory, Culture & Society* 18(2-3): 219-245.

Ramsbotham, Oliver, Tom Woodhouse, and Hugh Miall. 2005. *Contemporary Conflict Resolution: The Prevention, Management and Transformation*. Cambridge: Polity.

Russett, Bruce. 1993. *Grasping the Democratic Peace: Principles for a Post-Cold War World*.

Princeton: Princeton University Press.

Sanderson, John M. 1994. "UNTAC: Successes and Failures." Hugh Smith (ed.). *International Peacekeeping: Building on the Cambodian Experience*. Canberra: Australian Defense Studies Centre, University College.

Smith, Jackie. 2010. "Economic Globalization and Strategic Peacebuilding." Daniel Philpott and Gerard Powers (eds.). *Strategies of Peace: Transforming Conflict in a Violent World*. Oxford: Oxford University Press.

Stedman, Stephen John. 1997. "Spoiler Problems in Peace Processes." *International Security* 22(2): 5-53.

Thornberry, Cedric. 2004. *A Nation Is Born: The Inside Story of Namibia's Independence*. Windhoek: Gamsberg Macmillan Publishers.

Toft, Monica Duffy. 2010. *Securing the Peace: The Durable Settlement of Civil Wars*. Princeton: Princeton University Press.

Turner, J. Michael, Sue Nelson, and Kimberly Mahling-Clark. 1998. "Mozambique's Vote for Democratic Governance." Krishna Kumar (ed.). *Postconflict Elections, Democratization, and International Assistance*. Boulder: Lynne Rienner.

United Nations. 2004. *A More Secure World: Our Shared Responsibility - Report of the High-Level Panel on Threats, Challenges, and Change*. New York: United Nations.

United Nations Security Council. 2001. *Security Council Addresses Comprehensive Approach to Peace-building in Presidential Statement* (SC/7014, 4278th Meeting). New York: United Nations Security Council.

Wallensteen, Peter. 2015. *Quality Peace: Peacebuilding, Victory and World Order*. New York: Oxford University Press.

Wallis, Joanne, Lia Kent, Miranda Forsyth, Sinclair Dinnen, and Srinjoy Bose (eds.). 2018. *Hybridity on the Ground in Peacebuilding and Development: Critical Conversations*. Acton: ANU Press.

World Bank. 2011. *World Development Report 2011: Conflict, Security and Development*. Washington, D.C.: World Bank.

찾아보기

ㅍ

ㅎ

발간사

서울대학교는 한반도 평화와 통일에 이바지하기 위하여 연구와 교육, 정책개발 등 다양한 분야에서 노력해 왔습니다. 2000년 통일포럼으로 출발한 통일평화연구원은 서울대학교의 이러한 의지와 노력의 구심점 역할을 하며 발전을 거듭하였습니다.

이 과정에서 통일평화연구원은 폭넓은 경험과 역량을 축적하고, 북한과 동북아 정세, 한반도 통일에 관한 연구뿐만 아니라 한반도 문제와 전 지구적 차원의 평화 사이의 연계성에 관한 다양한 융복합적 연구와 사업으로 그 시야와 활동 범위를 넓혀 왔습니다.

COVID-19 팬데믹이 전 세계에 확산되던 2020년, 통일평화연구원은 다시 한번 새로운 도약을 위해 중요한 변화를 시도하였습니다. 서울대학교 시흥캠퍼스에 새로운 웅지를 마련하고, '통일과 평화를 향한 대화, 연구, 실천(Pioneering Dialogue, Research and Action for Unification and Global Peace)'을 연구원의 새로운 모토로 설정하였습니다.

이러한 지향 속에서 통일평화연구원은 2020년 가을부터 기존의 통일학 포럼에 더하여 평화학 포럼(Peace Research Forum)을 출범시켜 주기적으로 개최하고 있고, 세계 평화 관련 주요 이슈를 심층 분석, 소개하는 『통일평화연구원 지평(*IPUS Horizon*)』을 발행하고 있습니다. 그리고 통일학, 북한학뿐만 아니라 세계적 수준의 평화학을 함께 발전시킬 학문적,

실천적 필요에 부응하기 위해 '평화학총서'를 기획하게 되었습니다.

통일평화연구원은 이 '평화학총서'가 세계의 지속적 평화(sustaining peace)를 향한 실천적 지혜의 매체로서 그 역할을 다하도록 키워나갈 것입니다. 이를 통해 통일평화연구원은 인문사회 분야와 이공계 분야를 모두 아우르는, 명실상부한 초학제적(transdisciplinary) 평화학 연구기관으로 성장하고자 합니다.

앞으로 '평화학총서'가 평화학 연구의 지평을 더욱 확장시키면서 학술적 담론과 정책개발 역량의 수준을 한층 더 높이는 데 기여할 수 있도록 여러분의 격려와 조언을 부탁드립니다. 감사합니다.

2021년 3월

서울대학교 통일평화연구원장

임경훈

김석호 | 서울대학교 사회학과 교수

시카고대학교(University of Chicago)에서 사회학 박사학위를 취득하고 성균관대학교 사회학과 교수를 거쳐 현재 서울대학교 사회학과 교수이자 사회발전연구소 소장으로 재직하고 있다. 신고리5·6호기 공론화 검증위원장(2018)을 지냈으며 2019년부터 사용후핵연료 재검토위원회 숙의분과위원장을 맡고 있다. 주요 저작으로 『한국정치의 재편성과 2017년 대통령선거 분석』(공저), 『한국사회의 변화를 돌아보다』(공저), 『지속가능발전목표(SDGs) 시대 한국의 복지와 행복지표 측정』, "Lack of Dream-Capital among Korean Youths: Rationally Chosen or Culturally Forbidden?," *Asian Journal of Sociology* 47(3)과 「한국사회의 세대 간 공정성」, 『지식의 지평』 25 등 다수의 단행본과 논문이 있다. 현재 지역사회학회 회장과 『조사연구』 편집위원장을 맡고 있다.

김성철 | 서울대학교 통일평화연구원 인문한국 교수

캘리포니아대학교-어바인(University of California-Irvine)에서 정치학 박사학위를 받고 통일연구원 선임연구위원 겸 북한경제사회연구실장, 통일정책연구실장과 히로시마평화연구소 교수를 역임하고 현재 서울대학교 통일평화연구원 인문한국 교수 및 연구기획실장으로 재직하고 있다. 주요 저작으로 *North Korea and Nuclear Weapons: Entering the New Era of Deterrence*(공편), *Partnership within Hierarchy: The Evolving East Asian Security Triangle* 등이 있다. 현재 아시아 최초의 평화연구저널이자 SCOPUS 등재지인 *Asian Journal of Peacebuilding*의 편집장을 맡고 있다.

김태균 | 서울대학교 국제대학원 교수

옥스퍼드대학교(University of Oxford) 사회정책학 박사학위, 존스홉킨스대학교(Johns Hopkins University) 고등국제관계대학원(SAIS) 국제관계학 박사학위를 취득하고 와세다대학교, 이화여자대학교 교수를 거쳐 현재 서울대학교 국제대학원 교수로 재직하고 있다. 주요 저작으로 『한국 비판국제개발론: 국제開發의 發展적 성찰』, 『대항

적 공존: 글로벌 책무성의 아시아적 재생산』, 『북한개발협력과 지속가능발전목표』(공저), *The Korean State and Social Policy: How South Korea Lifted Itself from Poverty and Dictatorship to Affluence and Democracy*(공저) 등이 있다.

류덕현 | 중앙대학교 경제학부 교수

라이스대학교(Rice University)에서 경제학 박사학위를 취득하고 한국개발연구원(KDI) 주임연구원을 거쳐 현재 중앙대학교 교수로 재직하고 있다. 주요 저작으로 "Fiscal Spending and Economic Growth," *Journal of Economic Development* 40(4), "Measuring the Speed of Convergence of Stock Prices: A Nonparametric and Nonlinear Approach," *Economic Modelling* 51(공저), "A nonparametric study of real exchange rate persistence over a century," *International Review of Economics and Finance* 37(공저), "Do Private Tutoring Expenditures Raise Academic Performance? Evidence from Middle School Students in South Korea," *Asian Economic Journal* 27(1)(공저) 등이 있다.

전재성 | 서울대학교 정치외교학부 교수

노스웨스턴대학교(Northwestern University)에서 정치학 박사학위를 받고 숙명여자대학교 교수를 거쳐 현재 서울대학교 정치외교학부 교수로 재직하고 있으며, 2021년 한국국제정치학회 학회장을 맡고 있다. 주요 저작으로는 『동북아 국제정치이론: 불완전주권국가들의 국제정치』, 『주권과 국제정치: 근대 주권국가체제의 제국적 성격』, 『동아시아 지역질서의 보편과 특수』, 『동아시아 지역질서 이론』(편저), 『미래국가론: 정치외교학적 성찰』(공저) 등이 있다.

조용신 | 서울대학교 경제학부 박사과정 수료

서울대학교 경제학부 박사과정을 수료했으며, 주요 연구활동으로 서울대학교 통일평화연구원의 『남북통합지수』, 『북한사회변동조사』, 『북한주민 통일의식』 등에 참여한 바 있다.

주영찬 | 산동대학교 경제연구원 교수

중앙대학교에서 경제학 박사학위를 취득하고 현재 중국 산둥대학교 경제연구원(Shandong University, Center for Economic Research) 교수로 재직하고 있다. 주요 저작으로는 "Tail Risk Measures and Portfolio Selection," in S. Sriboonchitta et al. (eds.), *Behavioral Predictive Modeling in Economics*(공저), "Oil Prices and Stock Markets: Does the Effect of Uncertainty Change over Time?" *Energy Economics* 61(공저), 「분위수회귀 분석을 이용한 유가 변동성에 대한 산업별 주식시장의 이질적 반응 분석」, 『경영과 정보연구』 38(3)(공저) 등이 있다.

최규빈 | 통일연구원 부연구위원

리즈대학교(University of Leeds)에서 국제정치학 박사학위를 받고 현재 통일연구원 부연구위원으로 있다. 주요 저작으로는 『통일 연구자의 눈에 비친 사회주의 베트남의 역사와 정치』(공저), 「유엔의 지속가능발전목표(SDGs)에 대한 북한의 인식과 대응」, 『북한연구학회보』 24(1), "North Korean Refugees in South Korea: Change and Challenge in Settlement Support Policy," *The Korean Journal of International Studies* 16(1) 등이 있다.

홍석철 | 서울대학교 경제학부 교수

시카고대학교(University of Chicago)에서 경제학 박사학위를 취득하고 현재 서울대학교 경제학부 교수로 재직하고 있다. 2018년 매경 이코노미스트상 수상자로 선정되었으며, 주요 저작으로는 *The Changing Body: Health, Nutrition, and Human Development in the Western World since 1700*(공저)가 있다.

황지환 | 서울시립대학교 국제관계학과 교수

콜로라도대학교(University of Colorado)에서 정치학 박사학위를 취득하고 명지대학교 교수를 거쳐 현재 서울시립대학교 국제관계학과 교수로 있다. 주요 저작으로 『전략환경 변화에 따른 한국 국방과 미래 육군의 역할』(공저), 『한미관계론』(공저), "The North Korean Human Rights between China and South Korea: Bridging the Gap,"

Journal of Peace and Unification 10(1), 「한반도 평화체제 논의의 귀환: 미국우선평화 대 병진평화」, 『한국과 국제정치』 35(1), 「북한은 핵실험 이후 더 공격적인가?: 현상타파 대외전략과 현상유지 대외정책의 결합」, 『한국정치학회보』 52(1) 등이 있다.